图文修订版

U0625478

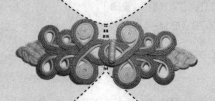

智慧与传奇

孝庄太后

李古寅　田方／主编

广东旅游出版社
GUANGDONG TRAVEL & TOURISM PRESS
悦读书·悦旅行·悦享人生
中国·广州

图书在版编目（CIP）数据

智慧与传奇：孝庄太后 / 李古寅，田方主编. — 广州：
广东旅游出版社，2015.10（2025.1重印）
ISBN 978-7-5570-0211-4

Ⅰ.①智… Ⅱ.①李… ②田… Ⅲ.①传记文学－中国－
当代 Ⅳ.①I25

中国版本图书馆CIP数据核字（2015）第237725号

智慧与传奇：孝庄太后
ZHI HUI YU CHUAN QI：XIAO ZHUANG TAI HOU

出 版 人　刘志松
责任编辑　李　丽
责任技编　冼志良
责任校对　李瑞苑

广东旅游出版社出版发行

地　　址	广东省广州市荔湾区沙面北街71号首、二层	
邮　　编	510130	
电　　话	020-87347732（总编室）　020-87348887（销售热线）	
投稿邮箱	2026542779@qq.com	
印　　刷	三河市腾飞印务有限公司	
	（地址：三河市黄土庄镇小石庄村）	
开　　本	710毫米×1000毫米 1/16	
印　　张	17	
字　　数	245千	
版　　次	2015年10月第1版	
印　　次	2025年1月第2次印刷	
定　　价	72.00元	

本书若有倒装、缺页影响阅读，请与承印厂联系调换，联系电话 0316-3153358

序 言

　　被誉为"大清兴国皇后"的孝庄，出生于蒙古科尔沁部的一个显赫家庭，十三岁时嫁给崛起于白山黑水间的后金"英明汗"努尔哈赤的儿子皇太极为妻。一生经历了太宗、世祖、圣祖三朝。她从一个风情万种的小格格，被命运推上了残酷无情的权力巅峰，大清前途的兴衰成败，因缘际会地掌握在她手中。她始终处在权力、爱情、亲情的漩涡中心。忍辱负重，苦撑危局，力挽狂澜，凭借着超乎寻常的政治智慧与坚强毅力经受了无数次风险，化解了无数次危机，最终立幼孙玄烨为帝，奠定了大清王朝康乾盛世的基业。

　　孝庄充满传奇色彩的一生，是由诸多谜团组成。

　　从姑侄一夫，到领袖后宫，此一谜也；从领袖后宫到佐夫定鼎，此二谜也；从佐夫定鼎到诱降洪承畴投清，此三谜也；从诱降洪承畴投清到扶持幼子登基，此四谜也；从扶持幼子登基到下嫁多尔衮，此五谜也；从下嫁多尔衮到皇儿之死，此六谜也；从皇儿出家到立幼孙玄烨，此七谜也；从立玄烨为帝到削平三藩，此八谜也；从削平三藩到英魂无归宿，此九谜也；孝庄和皇儿势同水火，和皇孙则水乳交融，此十谜也。

　　我们以此十谜为线索，从政治智慧、爱情、亲情三个方面进行追寻探讨，力求用历史哲学的眼光审视社会和人生。我们真诚希望广大

1

读者，特别是有志、有梦想的女读者能够和我们一起，从孝庄的非凡一生中获得一些有益的启示和教益，我们就心满意足了。

我们虽然尽了最大努力，但因学识浅薄，见闻孤陋，类例之失范，斧琢之欠工，在所难免，我们衷心欢迎亲爱的读者朋友不吝批评指正，以便再版时修改。

是为序。

李古寅

2014 年 2 月 9 日于郑州

目 录

1 序言

001 一、太后下嫁

叔嫂韵事 /001

多尔衮借着酒意，胆子渐渐大了起来，时不时直勾勾地去看太后。孝庄也不回避，直面相迎。一个卿卿我我，一个激情奔涌，多情男女美事成。

慈宁宫之谜 /007

礼成之后众人离去，摄政王的金辇驶到慈宁宫前，早有宫女上前扶进多尔衮，另有宫女搀着孝庄迎了上来。二人就在慈宁宫中并肩而立、相对而坐，一阵儿喁喁低语、绵绵情话之后，便相依相偎走进了洞房。

018 二、姑侄一夫

穿嫁衣 /018

室内的烛光映着布木布泰脸上淡淡的红晕，她知道皇太极想做什么，但她仍沉浸在对科尔沁的向往之中，呆呆地愣了好一会儿，直至自己柔软的纤纤十指被那刚劲有力的大手紧握着……

后宫相安 /022

夜深了，寝宫的灯光还兀自柔和地亮着。布木布泰听着身边皇太极均匀的鼾声，想道，汗王这半年多以来，实在是太累了。有多少军国大事、内政外交，要他一人操心哪！他不得不宵衣旰食地忧劳国事，何曾得到过片刻的

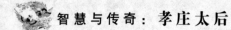

欢愉呢？而自己，博尔济吉特氏布木布泰，一定要使汗王享尽男女床第之欢，一定要替汗王理好这个家，使后宫相安，从而使汗王无后顾之忧。

领袖后宫 /031

皇太极这才明白，在自己卧床不起的这些日子里，众文武大臣皆以为自己在静心调养呢，非但没生他想，反而更加勤于国事，这一切幸赖庄妃安排得当、调度有方。想到这里，他心中的感激和宠爱之情溢于言表。

042 三、佐夫定鼎

助夫继位 /042

天命十一年九月一日，皇太极举行盛大而庄严的继位大典。这一天，天朗气清、风和日丽。天刚蒙蒙亮，以代善为首的诸贝勒大臣与文武百官齐集于大政殿等候，殿内外早已备好了一切登基大典所需的法驾卤簿。皇太极身着盛装礼服率群臣先祭堂子、焚香，向天地行跪拜大礼。

寇仇一家 /053

就这样，皇太极在布木布泰等人的佐助下，以政治家的胆识和气魄，从缓和满汉矛盾入手，果断地厘正努尔哈赤实行的一系列政策和措施，改善汉族百姓的境遇，缓和社会矛盾，起用投降的汉官汉将，从而使寇仇一家、满汉一体，和合政策成就了皇太极的事业，大金国日趋激烈的重重矛盾得以渐渐平息下来。

诱降洪承畴 /062

"洪大人，"庄妃直截了当地说，"皇上把你当作成就大事的引路人，大人为何还要执迷不悟呢？"接着又说，"皇上怕洪大人落寞孤苦已久，特命本宫服侍洪大人。"边说边俯身上前，双手扶起洪承畴，对门外吩咐道，"来人，先给洪大人沐浴更衣。"

072 四、幼子登基

以退为进 /072

在这种情况下，她仍然发挥了高超的政治才能，那就是主动提出以身生殉皇太极。诚然，夫君的去世确实使她心灰意冷，但绝不至于萌生死的念头。她是以主动要求生殉，来营造自己的悲情形象，从而在王公大臣中造成浓重的悲情影响，使他们对自己和儿子福临产生强烈的悲情之感，继而产生悲悯的同情之心。

心头上那把刀 /080

最后，她决心施展一个女人所能用的最后绝招，那便是"下嫁"，以色事他人，来笼络多尔衮，从而保住福临的帝位。这是用爱情玩政治。用政治玩爱情，男欢女乐帝王和百姓一也。

追尊多尔衮 /090

孝庄太后和顺治帝之所以追尊多尔衮为"诚敬义皇帝"这一崇高得不能再高的尊号，多出于政治权术和谋略的需要。所以，当多尔衮的至尊地位达到了这个高峰之后，便预示着由巅峰向谷底的坠落。

103 五、母子冲突

"惩忿戒嬉" /103

回到慈宁宫后，孝庄太后越想越怕：皇上亲征乃一国之大事，不到万不得已怎可轻言亲征？况且，皇上离京亲征是一大动作，还须立太子监国以谨防不测；另外，还要众多的文武大臣随驾，眼下军情紧急，事先没一点儿准备，如何亲征？现在皇上的心态如此紊乱不定、忿嬉无持，若率军亲征，不要说取胜了，就连他自己的安危也不能保证。她太了解自己的儿子了，让他去，什么事都可能发生，但不让他去又当如何做呢？

皇后立废 /114

这并不是一桩美满的姻缘。早在刚刚大婚后，顺治就和聘娶过来的表妹博尔济锦氏慧敏难以融洽，迟迟不愿册封她为皇后。后来虽勉强完婚，最终却酿成了不好的结果。到了最后，济尔哈朗等再也不能违背皇上的旨意，只得奏道："所奉圣旨甚明，臣等亦以为是，毋庸更议。"皇后遂废。

兄私弟妇 /123

董鄂氏这才明白了，当自己正与皇上在乾清宫里恣意颠鸾倒凤之时，吴良辅在门外压低声音道："皇上，太后传旨：襄王妃随侍已毕，着即刻回府。奴才已备好凤辇，速请王妃快快回府。"原来是这个老实疙瘩找到宫里去了。

情系董鄂妃 /133

想这董鄂氏不仅天生丽质，而且为人谦恭中和，还知礼仪懂规矩，进止有度，言行得体，怪不得自己那乖张的傻子福临被她迷得神魂颠倒。可是话又说回来了，董妃呀董妃，一失足成千古恨，你之贤淑你之德行，为何不用在襄亲王博穆博果尔身上？亲夫在而红杏出墙，出的还是亲哥哥，不但乱情，还有悖人伦。出道不正，其能久乎？

146 六、皇帝出家

优遇汤若望 /146

顺治自己曾对左右大臣说："汝曹只语我大志虚荣，若望则不然，其奏疏语皆慈祥，读之不觉泪下。"还说："玛法为人无比，他人不爱我，惟因利禄而仕，时常求恩。朕常命玛法乞恩，彼仅以宠眷自足，此所谓不爱利禄而爱君亲者矣。"汤若望宣扬西方宗教和科学，是西方文化的启蒙者，孝庄和顺治都为他的博学和真诚而倾倒，但他们是中国封建社会的最高统治者，他们只能对西方开明思想感到新奇，却没有付诸实践，惜乎，悲乎！

敬仰佛教高僧 /154

多尔衮专政后对他的压制，而孝庄太后忙于应对各种复杂的局面，对他亦疏于关爱，这些都使顺治的心灵成了感情的荒漠，更使他失去了凭借和依属感。所以，他才会喜怒无常，才会从汤若望身上汲取一点儿父爱，从董鄂妃身上寻找些许母爱。福临在天主教的十字架上找到了一些人间真情，但并未找到精神寄托。接触佛教后，他的心灵痛苦得到了一些缓解，精神上也得到了一定的满足，于是佛教便成了他摆脱心理痛苦的工具。

痛责爱子 /162

福临苦笑着说："大师兄，朕意早决。爱妃临去之前，曾执朕手对朕说：人生一世，一口气不来，三尺躯何托？朕一直在苦苦地参她的这一偈语。时至今日总算参悟了，她是要朕出家，离开这人世间的争权夺利、尔虞我诈、征战杀伐等孽障，离开人世间的流泪喋血之痛苦啊！"

173 七、慧眼识真

玄烨继位 /173

孝庄太后脸上静如止水，心里却如同惊涛拍岸，波澜起伏。她心如明镜，在立嗣问题上，她和儿子的看法和态度有天壤之别。索尼的话重重地敲在了太后心上，立嗣？皇上会立谁呢？皇后没有子嗣，其他妃嫔之子有四个：福全、常宁、隆禧、玄烨。皇上会立谁呢？

初识辅臣奸心 /183

四大辅臣商议已定，鳌拜当仁不让地发号施令："来人，带领大内侍卫包围钦天监，生擒汤若望一干洋人，押刑部议罪。"孝庄越想越气，抓起御案上辅臣的奏折，用力掷在地上，厉声呵斥："汤若望乃先帝信任之臣，必须释放所有洋人，一个也不准杀！"

鞠养教诲幼孙 /191

没等康熙说完，鳌拜愤然卷起衣袖，高举拳头，厉声咆哮："欺君之罪，本应凌迟处死，今斩首于市，已是从轻发落，皇上如此优柔，何以以儆效尤？不斩三人，老臣誓死不容！"康熙沉默良久，长出一口气，叹了声："唉……念三人乃大清重臣，留个全尸吧！"可惜三位忠臣就这样冤死在了鳌拜手中。

204 八、扶助孙儿

联姻纳股肱 /204

太皇太后仔细观察了每个人的表情，她能看出谁是真心拥护，谁是表面应付，谁是随声附和，但她不愿点破，而是装作满心欢喜："众卿都是大清忠臣，为了江山社稷，任劳任怨，无怨无悔。既然众位都同意皇上亲政，皇上就应亲政，亲政后辅臣仍行佐理，不负先帝之托。"

忠臣献身 /215

鳌拜见康熙的口风有松动，顿时心满意足，趁此送个顺水人情，于是说道："既然皇上说了，那就把苏克萨哈处以绞刑，留个全尸。"康熙正在琢磨下面的话该怎么接。鳌拜看康熙没说话，生怕有变，立即一个长揖道："臣这就去监刑。"说完便退了出去。可惜，一代忠臣苏克萨哈以及子孙七人、子侄四人死于奸贼鳌拜之手。

奸人就擒 /221

突然，十几个小童围成一圈，如猛虎下山般同时扑向鳌拜。鳌拜见状马上迎战，打算卖卖老，怎奈他算盘打错，前面两场是为了麻痹他。其实围过来的十几位，个个精壮勇猛，虽都不是鳌拜的对手，但俗话说"双拳难敌四

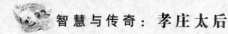

手，饿虎也怕群狼"，鳌拜终于被精心训练的小侍卫们扭捆住。鳌拜厉声叫骂，也没人理睬。费扬古与明珠迅速蹿过来，把刀架在了他的脖子上。

236 九、魂归昭西陵

平三藩 /236

孝庄沉思很久，终于下定了决心说："三藩之患，早晚都要解决，长痛不如短痛，时间越长，三藩势力越强，大清国力越弱，倘若再放纵，必将养虎为患。从此次二王上疏请求撤藩来看，他们已做好了充分的准备，再延误下去，对大清不利。"康熙也说："朕考虑了，天下大权，唯一人操纵，不可旁落。吴逆等蓄谋已久，不早图之，养痈成患，何以善后？况且事势已成，撤亦反，不撤亦反，不若先发制之。"

风雨五台山 /248

说着说着，孝庄又哭了起来。康熙忙劝道："皇祖母不要太难过，过去的已经过去了，你看孙儿现在已长大了，先帝在九泉之下会体谅皇祖母的苦心的。""儿呀，额娘对不住你啊……额娘想你了……"孝庄的哭泣声划破了五台山寂静的天空……

英魂归宿清东陵 /254

她鼓足了全身最后一丝力气，抓住孙子的手，作出了她一生中最后的决定，她谆谆嘱咐康熙皇帝："玄烨，哀家去后，要节哀，要以万机为重。我身后之事特嘱你，太宗文皇帝梓宫安奉已久，卑不动尊，此时不便合葬。若别起茔域，未免劳民动众，究非合葬之义。我心念你们父子，不忍远去，务必于遵化安厝，我心无憾矣……"

260 再版后记

▌一、太后下嫁▌

叔嫂韵事

多尔衮借着酒意，胆子渐渐大了起来，时不时直勾勾地去看太后。孝庄也不回避，直面相迎。一个卿卿我我，一个激情奔涌，多情男女美事成。

孝庄文皇后博尔济吉特氏，是一位国色天香而又颇有谋略的女人。她一生经历了清初三朝的政治风云，精心扶持两代幼年皇帝主政，是清初政坛上有着很大影响的人物。几乎与这种政治影响相"媲美"的另一种影响，则是她与多尔衮叔嫂之间的风流韵事，历数百年流传至今不衰。孝庄与多尔衮的叔嫂韵事逐渐演化为婚嫁的事实，当从清军入关、清朝迁都北京后说起。

爱新觉罗·多尔衮是顺治当朝时的摄政王，他运筹帷幄之中，完成了从清军入关到占领大半个中国的军事和政治行动。因而当时的多尔衮声名显赫，炙手可热，实际上享有皇帝的权威。也就是在这种赫赫权势在握的情形之下，多尔衮才敢觊觎如花似玉、楚楚动人的寡嫂，而盛年孀居的孝庄皇太后也才愿意遮遮掩掩、半推半就。

清朝迁都北京的这一年（1644年）似乎过得很快，转眼之间顺治帝和孝庄太后迎来了入主中原后的第一个新年，不消说自然要庆贺一番。与此同时，陕西方面传来好消息，英亲王阿济格已攻破潼关、攻占西安，李自成农民起义军已败退江南。而武昌的农民起义军张献忠部见豫亲王多铎的大军南下，仓皇南逃两广。消息传来，清廷上下一片欢腾。其中笑得最开心的当数多尔衮了，因为前线的每一次胜利都为他增添一分盖世的军功。

为了祝贺胜利，增加节日喜庆气氛，同时为了鼓舞士气，凝聚朝臣之心，孝庄太后下懿旨，请王公大臣和满族勋戚新贵到御花园赏梅。多尔衮来得最早，穿一身淡蓝色的丝锦蟒袍，戴一顶嵌着大东珠的暖帽，外罩大红披风，加之三十四五岁的英年和踌躇满志的神态，显得十分帅气。他迫切地想早点见到孝庄太后，因为自迁都北京后，这皇宫大内不能随便进出了，虽贵为摄政王也不便冒昧。可等了许久，太后却一直没有出来，多尔衮坐在交泰殿，简直觉得度时如年。

又过了一会儿，众大臣纷纷到来，见了多尔衮后恭贺之声鹊起，交泰殿渐渐熙熙攘攘地热闹起来。忽而，这熙来攘往之声冷不丁地沉静了下来，众大臣伏身跪迎孝庄太后，山呼恭贺之声又起。

"平身吧，各位爱卿！海公公，给每位臣工准备的银子送上。"

孝庄太后坐在殿上，诸王公大臣陪坐两旁。多尔衮的眼光不断溜过孝庄太后，但见她身穿黄锦缎旗装，美目含笑地注视着群臣，对多尔衮却似乎不露一点儿多余的目光。

"大清虽刚刚入关，却国泰民安、天遂人愿，我八旗将士势如破竹，江南指日可平，哀家高兴。今日请诸位到御花园赏看梅花，午时设便宴请大家痛饮几杯，以贺良时佳节。"

满殿响起谢恩和欢呼之声，之后大伙纷纷往平时宫禁森严、难得观赏的御花园而去。

大冬天里御花园中的花似乎并不太多，就连山上的树木也是光秃秃的，连个回黄转绿的小动静也没有。而当众人来到梅园之后，却忽觉眼前一亮，但见一簇簇的火红、粉红、绛紫，还有片片的雪白、蜡黄，迎着寒意还浓的微风开得热热闹闹、灿烂明媚。

多尔衮避开众大臣，在偌大的御花园中漫无目的地走着。忽见旁边有个园门，便信步拐了进去。绕过假山之后，依依杨柳围着一个池塘，树下一株株无名的花正次第开放，十分好看。多尔衮正贪看不已，临池亭子里的一片紫色映入眼帘，定睛看去，原来是孝庄太后披着一袭紫裘披风正兀自赏花，紫缀花丛、人面映花，有无穷的魅力。

"敢问太后，为何把臣等撇在一边，独自一人观景赏花？"多尔衮定了定神，故作打哈哈之态上前搭讪。

孝庄太后似惊而非惊，面露微红地转过身来，笑吟吟地道："哦，原来是摄政王，你如何也一个人？"

四目相对的时候，多尔衮只觉孝庄那双明眸微泛秋波，那凝脂般的粉面上眉横春山、春意盎然。回过神儿来后，不由得笑道：

"太后，今日是大年节里，在这朝堂之下的后宫里，我们就是一家人。一家人不拘朝礼，请不要称臣弟为王爷，而以家人称十四叔，臣弟也不称太后，而叫一声皇嫂如何？"

孝庄听多尔衮说得好像入情入理，又好像情真意切，便顺势点头道：

"十四叔言之有理，请进来坐下吧。"

多尔衮就等这一声了，于是便来到亭子里，大大咧咧地坐在太后对面。这样一来，反倒弄得孝庄面红耳热，浑身不自在起来，站也不是，坐也不是。多尔衮看在眼里，不觉心里一亮，便进一步说道：

"嫂嫂为何不坐下？是怕为弟吃了你吗？"

孝庄太后便红晕满面地坐了下来，两人面对面，相距仅一步之隔。

"嫂嫂也有闲情逸趣来赏花？"多尔衮看似没话找话，实则话中有话地问道。

孝庄太后点点头，幽幽地道："久居宫禁之地，寂寞无聊，趁今日众臣工赏花之际，哀家也想来走走看看。"

"唉！难怪呀！"多尔衮故意长叹了一声，"先皇龙驭归天，撇下嫂嫂一人独居深宫，真够寂寞的，花一样的青春年华都在寂寥之中付诸东流，可惜呀！"多尔衮亦真非真、似叹非叹地说道，那炯炯的双眼中流露出火般的欲望。

孝庄太后的粉面越发红了，更显得美目盼兮、巧笑倩兮："十四叔取笑了，哀家已是人老珠黄，早过了如花的年龄，如何谈得上花一样的青春年华呢？"

多尔衮听后忽然向前探了一下身子，似乎很动情地说："嫂嫂怎么说这样的话。依臣弟看来，你虽然已过三十，可仍像这些花朵儿似的明艳照人、风情万种、娇柔可掬。有皇嫂在，把那些花儿都比得低下头了。"

孝庄听后掩不住内心的得意，脸上漾满了笑意："十四叔真会说话，难道哀家真有那羞花之貌？"

"在臣弟眼里，嫂嫂比西施、王嫱还美丽百倍。"多尔衮开始露骨地发动攻势。

孝庄太后躲闪着多尔衮的目光，兀自喃喃地说："十四叔正当盛年，生得风流倜傥，何况府中又妻妾成群，什么样的美人没有？又何必来挖苦嫂嫂呢？"

"弟弟怎敢挖苦嫂嫂！府中那些人不过是些行尸走肉，没有一点儿温存的人气儿，怎比嫂嫂柔情似水？"多尔衮在褒贬之中继续进攻。

孝庄太后完全明白了多尔衮的意思，或者说在此之前她是揣着明白装糊涂。于是，她心里翻腾起种种异样的滋味。对满人来说，尤其满族先世女真人，由于社会发展较为落后，父死子妻庶母，兄终弟继其嫂，乃是早期族内不同辈婚制之遗俗，所以嫂嫂嫁弟弟合乎伦理。再说，这多尔衮虽不是美男子，但胸怀大志、才华出众、聪明睿智，因而是一个很耐看、很有味儿的男人。但毕竟一位是当今的皇太后，一位是权柄在握的摄政王，这段弟嫂之间的风流韵事和恋情，非比寻常，也许会牵涉到大清国的安危，牵涉到当今幼年皇帝宝座的安危。沉默、想入非非、恐惧、揪心扯肺的沉默……

突然间，一声童稚的欢叫声打破了叔嫂相对无言的沉默，"快来呀，怎么找不到了，朕就在这里！"两人吓了一跳，便急忙站了起来。四目望去，亭边假山石后，顺治皇帝福临正对远处叫着、笑着。

"皇上在干什么呢？"孝庄太后大声喊道。

"朕正在捉迷藏。"

孝庄太后刚才的想入非非，娇羞的沉默，以及掺杂其间的些许好心情全跑得一干二净，无可奈何之下只好悻悻然离开园子，独自而去。多尔衮眼巴巴地看着那娇美的身影，叹口气也怅然离去了。

多尔衮对孝庄有意已久，先帝皇太极驾崩后，这种想法就更强烈了。经过多次试探，他终于理出了一个头绪：在男女之事上，孀居多年的孝庄和自己是一样的，而在心态上却大相径庭。寡嫂想的是如何运用自己的魅力作为资本，确保当今朝廷和皇上的安危。

想到这里，多尔衮暗下决心，要在今后的剪除异己的斗争中，慢慢地让迷人的寡嫂依偎在自己怀里。

不久，多尔衮逮到了一个重大的机会。

太宗皇太极的长子肃亲王豪格在皇太极死后曾是皇位的有力竞争者，在皇位争夺战中失败后，四处大发牢骚，发泄对多尔衮的不满。此事被人向多尔衮揭发后，其党羽多人被杀，豪格也被废为普通旗人。直到顺治元年（1644年）十月，福临在北京再次举行登基典礼，颁诏大赦天下后，豪格才恢复和硕肃亲王的爵位。但多尔衮心里，始终没有放过他。

顺治三年（1646）初，多尔衮派遣豪格征讨四川张献忠大西军。豪格此次出征可谓大获全胜，厥功甚伟：先是率兵走西安，廓清李自成大顺军余部，紧接着入川，击败大西军并射杀张献忠。又用一年时间，略定全川，于是"川寇悉平"。当顺治五年（1648年）初豪格凯旋班师回京后，不但没有封赏，一场噩运却悄悄地降临到他头上。多尔衮以三大罪名，将豪格交诸王、贝勒、贝子、大臣会议议处。

豪格被拘押议罪，家里人知他因对多尔衮多有得罪而凶多吉少，这可急坏了他的母亲太贵妃。于是，她连忙赶往慈宁宫，痛哭流涕地跪地不起，哀求孝庄太后救救肃亲王。在推托不过的情况下，孝庄只得答应向摄政王打听打听缘由。

这一天，多尔衮正在自己府中看正蓝旗固山额真何洛会等人告发肃亲王豪格的奏折，慈宁宫管事海中天求见称："奉太后旨意，特请王爷前往后宫，太后新得蒙古进贡的奶茶，请王爷品尝。"

多尔衮忙不迭地到了慈宁宫，但见正殿上早已摆好一桌子的美味佳肴，还在冒着腾腾的热气。

"摄政王到——"

随着这一声高喊，孝庄携着顺治的手走了出来。多尔衮见了皇上和太后俱立于殿上，不由得不行君臣大礼："臣多尔衮叩见皇上、皇太后。"但那动作是象征性的，因为下跪尚未及地便又站起来了，动作之中带着许多的勉强。

"福临，快见过你十四叔。"孝庄推推顺治道。

顺治也带着几分勉强地行了家礼，而多尔衮却没顾上看他，只一个劲儿地看他的额娘。

多尔衮已有许多时日没见过孝庄了，原本以为忘了她，可今日却体会到，对她的想念时时刻刻都在心里翻腾，从不曾停止过。在太后笑盈盈的示意下，多尔衮只顾看她，忘了谦让，坐在首席上。

坐在了首席上的多尔衮感觉到这就是个家宴，自己一家三口坐在一起吃饭，没有什么摄政王、皇上、太后之分，而只有阿玛、额娘和自己的儿子。这种感觉真好，它使多尔衮心中泛起了幸福感，不由得脸上也泛起了笑意。

坐在多尔衮身边的太后，轻轻地笑着说："十四叔，今日为嫂请你来是让侄儿给你赔礼的。"

孝庄转向顺治，道："福临你要记住，虽然你贵为皇上，但扶保你登基的是你十四叔，咱这大清的入关、进京也是你十四叔打下来的。前几天朝堂上，你不该顶撞十四叔。现在听额娘的话，向十四叔敬酒，赔个不是，咱们娘儿俩今后还全仰仗你十四叔呢。"

顺治看额娘这种样子，颇觉不快，又是殷勤着劝酒，又是笑脸媚人，这岂不是……虽然他很清楚，这一切都是为了自己，可也不必如此吧？虽说心中有气，但顺治看看额娘那期望中含着威严的目光，便端起酒杯起身对多尔衮道："皇叔见谅，都怪侄儿少不更事，不该当廷顶撞皇叔，今日侄儿为叔叔敬两杯酒，深表歉意。"

多尔衮接过酒杯一饮而尽后，孝庄又伸出纤纤玉手，一边亲自为多尔衮把盏，一边又笑盈盈地道："十四叔，俗语说得好：'子不教，父之过。'只可惜先帝突然驾崩，哀家又管教不严，福临年已十岁，尚不知礼，都怪我这做额娘的，哀家也敬十四叔两杯，算是赔礼。"

孝庄说完此话后，不由得勾起内心的悲伤，不禁明眸含泪，盈眶欲滴。

这娓娓道来的自责话语，这盈眶的眼泪，勾起了多尔衮惜美之心，他不由得动情地说："皇嫂但请放心！福临年幼，本王怎会与他一般见识！有皇嫂在，本王绝不会错待了你们母子，也绝不允许别人对你们不敬！"

几杯酒下肚，多尔衮借着酒意，胆子渐渐大了起来，时不时直勾勾地去看太后。孝庄也不回避，直面相迎。于是两人四目传情，秋波频送。一边的顺治见此情景，有点儿气不过。他已年满十岁，朦朦胧胧地懂得些男女之事，额娘与十四叔这番情景让他看着别扭，便借口道："额娘，儿臣用膳已够，宫中还有事，先行告退了。"

说罢便径自起身而去，把这叔嫂俩撂在桌旁发愣。

孝庄主动打破了这尴尬局面，笑笑说："你看这孩子多不随和，十四叔还要多包涵。"

多尔衮不接这茬儿，反倒觉得顺治走了，自己想纵情纵意也没人碍事。说笑当中，孝庄忽而像漫不经意地想起了什么似的，微微正色道："十四叔，肃亲王到底犯了何罪，让你和福临当廷吵了起来？"

多尔衮听后微微一愣，收住心猿意马，对此一言不发。

孝庄似乎知道他的心思，微笑道："哀家知道祖上的规矩，后宫不得干政。只是想提醒十四叔一句，不杀亲王也是祖上的规矩。再说，肃亲王也是十四叔的亲侄子，虎毒尚且不食子，何况人呢？"

多尔衮回过神儿来，只淡淡地笑笑说："肃亲王之罪当由朝廷大臣议定，不过太后所言，本王也多有听说。太后想也知道，我多尔衮做事不会让众人指着脊梁骨说三道四的。"

"那就好，有十四叔这话，哀家就放心了。来，我们再多喝几杯。"

于是，双方重又堕入温柔之乡。秋波传情、话语达意，把盏举杯，你来我往，一直饮到月上柳梢头。一个卿卿我我，一个激情奔涌，多情男女美事成。

慈宁宫之谜

礼成之后众人离去，摄政王的金辇驶到慈宁宫前，早有宫女上前扶进多尔衮，另有宫女搀着孝庄迎了上来。二人就在慈宁宫中并肩而立、相对而坐，一阵儿喁喁低语、绵绵情话之后，便相依相偎走进了洞房。

当诸王、贝勒、贝子、大臣会议议处豪格之罪后，其结论为："如此怙恶不悛，仇抗不已，不可复留，豪格应拟死。"多尔衮便摆出一副仁慈的面孔和博大的胸怀，说："如此处分，诚为不忍，不准行，免肃亲王死，幽系之，夺其所属人员。"于是剥夺了肃亲王所有属员，幽闭高墙。豪格对此无端陷害，实在忍无可忍，性情愈加暴躁，也更加口无遮拦，重蹈他以前因此获罪的覆辙。有一天，他对阿济格、尼堪、苏拜说："将我释放则已，如不释放，毋谓我系恋诸子也，我将诸子必以石掷杀之。"不久后，豪格突然死在狱中。多尔衮将自己的亲侄儿迫害致死后，又将其福晋博尔济吉特氏纳作妃子，吹吹打打热热闹闹地迎入府中。

多尔衮为了树立自己至高无上的权威，也逐步将迫害之手伸向了与他共同辅政的郑亲王济尔哈朗。顺治四年（1647年）正月，多尔衮以济尔哈朗府第"殿台基逾制及擅用铜狮、龟、鹤"等因，罚银二千两，并以徇情不举为由，将其较为亲近者刑部尚书吴达海等人"革去世职"。借此机会，多尔衮让自己的同母弟弟多铎与济尔哈朗共听政务。

顺治四年七月，在多尔衮的操纵下，罢郑亲王辅政，只让辅政的豫亲王多铎与闻内院、六部、都察院、理藩院事务。由此，多尔衮最终将济尔哈朗排挤出辅政的圈子。

对此，多尔衮心里犹有不甘。果然到了顺治五年（1648年），对济尔哈朗更沉重的打击开始了。这年三月，济尔哈朗的几个侄子投入多尔衮的麾下，对他反戈一击，讦告郑亲王种种罪行。多尔衮抓住机会，立即召集诸王会议，决议要处死济尔哈朗。最后，多尔衮裁定：济尔哈朗免死，降为多罗郡王，罚银五千两。从此，济尔哈朗一蹶不振，只得乖乖听从多尔衮的差遣。

孝庄太后自从那天夜晚与多尔衮分别之后，一边回味着两情相悦的温柔种种，一边看着朝廷上发生的大事，她亦喜亦忧，常常是甜美和惊惧参半。

春心和新旧情爱，使孝庄魂牵梦萦以致魂不守舍，而如今朝廷上发生的几件大事，更使她昼思夜想、寝食难安。当郑亲王济尔哈朗被罢去辅政、降为郡王，尤其是当肃亲王豪格不明不白地死于幽闭的高墙之内的消息传来，孝庄重重地跌在御座上，好半天说不出话来，心里浸满着恐惧和无助的感觉。她隐隐地觉得，豪格的命运说不定哪天便会落到自己和皇儿的头上！该怎么办才好？如何是好呢？……她心中一直反反复复地盘旋着这个念头。倏然间，她想起了一个人，那便是清朝开国时期的第一大谋士，后来被康熙帝称为"元辅"的大学士范文程。

"海公公，哀家在宫里闲得慌，为打发时光，学看一些汉文典籍，有许多地方难解，你去请范学士闲暇之时，来后宫为哀家讲经解典。"

这一日，孝庄正在宫中愁肠百转，只见海中天匆匆而来，忙喝问道："海公公，为何范学士还不入宫？哀家的旨意传到了吗？"

"回太后，奴才早已将懿旨传到，只是范学士近日过于繁忙，一时无暇进宫，还请太后见谅。"

怎么？他是不愿来还是不敢来呢？难道为太后讲经也会招来不测横祸？看看这多尔衮已经专横到了何等程度！看看这朝臣惧怕多尔衮竟然到了如此地步！孝庄心里咯噔一声，心中袭来了一阵阵恐惧之感。

肃亲王不明不白之死，对孝庄的打击太大了，加之范文程的召而不至，使她的每根神经都绷得紧紧的，风声鹤唳，宫里宫外稍有大一点儿的响动都会受惊。

时间长了，她实在忍受不了这种精神的折磨、心灵的酷刑，于是便产生出反作用力，准备去找多尔衮，向他摊牌。

可没等她去找多尔衮，有人却找上门来。

"臣范文程拜见太后。"

孝庄瞥了一眼跪在面前的范文程，冷冷地道："哦？是范大学士，今儿个是哪阵风把你吹到我这冷寒宫里来了？"

范文程听后忙伏地不起说："臣忤旨来迟，罪该万死！不过，微臣近日实在没有闲暇，要不然敢不来后宫问安！"

"平身吧！范学士军国大事繁忙，想来大学士颇得摄政王之器重，以致万机缠身、难以拨冗呀！"孝庄仍然话中有话地道。

范文程早听出太后对自己的不满和嘲讽，但他不便说什么，只得正面答道："臣自入后金以来，始得太祖起用，后又得太宗器重，沐浴皇恩已久。故而，臣每思报效，时时刻刻都在心中想着大清，愿为大清献出自己的一切。能为大清忙碌，那是老臣的本分和荣幸。"

好在多年来孝庄素知范文程的人品，于是便放缓了语气，对他道："范学士，哀家翻看宫中藏书，其中颇有难解之处，所以请大学士入宫，为哀家解疑释惑。"

"为太后效劳，更是臣的荣幸。"

"汉人书中无处不讲'仁、义、忠、孝'，哀家浮光掠影地看去，无法将它们连贯起来加以比较，不知这四字何者为先、何者为重？"

太后的心思范文程虽说早已明白，但这一来更清楚了太后召见所为何事，并不是要与他探讨经典之深奥。于是答道："此四字者，当以忠字为先、忠字为重。忠君报国，实乃做人臣者之第一要义。"

这句话听来似乎在一味地顺着孝庄说，有阿附之嫌，实际上范文程也只能这样说。一是因为它是当时的顶天大道理；二是范文程对此也是有感而发，而这与他的经历颇有关系。范文程少年好学，才思敏捷，善于谋略。入金之后，其才能真正受到赏识和重用，却是在皇太极执政之后。直到皇太极晚年，许多亲王、大臣动辄得咎，而对范文程却始终宠信不衰。每次召见，"必漏下数十刻始出，或未及食息，复召入"。每当议论大事，必问："范章京知否？"范文程有病时，对一些事情的处理，也命"待范章京病已裁决"。

声望过隆的范文程，同好独揽大权的多尔衮不可能不发生矛盾，而两者在许多政策上也存在着分歧。同时，范文程对多尔衮过分宠信和依赖冯铨等阉党，也有所不满。

太后听了范文程的回答，不由得心里暗喜。她之所以找范文程来，也是有缘由的，也是费了一番思量的。于是她带着盈盈笑意，对范文程道：

"哀家风闻摄政王正筹划着要为皇上建造新宫，学士对此有何见解？"

范文程听后一愣，他原想到太后会问一些朝政，但没料到会这么快这么直截了当地发问。

"老臣以为，建造新宫并非不可行，只不过……"

"只不过如何？"太后见范文程嗫嚅着不敢说出口的样子，忙示意左右退下后，急切地问道。

范文程待众人远远地退去后，才放低声音道：

"只不过此事怕有他谋。虽说大内宫室为前朝所建，已历百年，但仍可住用。即使需建新宫也应在大内之中建造，也不需另选他址。"

太后点了点头，心想果然所召之人不负自己所望。沉默少许，她忽然单刀直入地道：

"不知学士以为摄政王如何？"

范文程内心咯噔噔跳了几下，果然问起其人其事了，忙跪地颤声道：

"恕臣不便言，也不敢言，太后！"

太后站起身来走上前去，双手扶起范文程，动情地说："范学士，哀家深知你受先帝太宗的知遇深恩，常常一心想报之于当今皇上。从哀家独召你进宫来看，即可明了哀家对你的无比信任。哀家能问你这种事，也出于此。学士该不会眼睁睁地看我母子被废，先帝开创之基业在你我手中葬送吧？"

"太后所言毫厘不爽。臣夙夜怀想，每思先帝便不能成寐，报效之心如何敢忘！摄政王与先帝一样，也是有雄才大略而胸怀天下之人。唯其如此，当今朝势才万分紧急。其辅政之初，尚能行臣道、一心为国，而随着丰功伟业的建立，他的权力欲也在不断地膨胀：剪除异己、迫害政敌、扶植党羽，以致横行朝野，顺我者昌、逆我者亡。如今已置皇上、两宫太后于不顾，而独专朝政、一意孤行，长此以往，恐生不臣之心。"

"学士可有良策挽此危局？"

范文程连连摇头："今日的摄政王早已位高权重，又有丰功伟业在身，而且羽翼已丰，朝中大臣俱已归顺。虽有当年拥立皇子登基的两黄旗大臣不满其专横，但经他数度刻意找碴打击，早已是七零八落、势单力薄，无力自保，更休说与之抗衡了。"

太后又点了点头，她看到范文程那发自内心的失望之情，对他又添了几分信任和好感。

"范学士，假如能使摄政王视皇上如己出，可否保住皇上的帝位？"

范文程看了孝庄太后一眼，见她一本正经，不像是笑谈或者妄语，遂答曰："微臣实在无法回答太后此言。摄政王虽无子嗣，但早已过继了豫亲王一子。即便没有这个继子，要让摄政王视皇上为己出，也无从说起呀！"

太后看着范文程一个劲儿地摇头，用微笑掩饰下心中的不悦，徐徐地说："学士，且莫说有没有办法，而先说果能如此，可否保住皇位。"

范文程沉吟良久，摇摇头道："此事难测，微臣也拿不准，从历史上看，倒有太上皇废子而复自立者。不过，太上皇不废儿子帝位的还是占绝大多数。"

"依此看来，只要能让摄政王视皇上为己出，差不多就能保住皇上的大位了。"孝庄仿佛在无边的黑暗之中看到了光明，迫不及待地道。

"假若真能那样，或许可保皇上不被废，但要让摄政王视皇上为己出，可就难了，谁能担当此任？"

"哀家能。"孝庄轻轻地脱口而出的一句话，在范文程听来恍若电闪雷鸣。紧接着，他从太后脸上读懂了此三字的意义，也验证了一些流言。早听说摄政王净往后宫跑，可谁也不敢想象太后能下嫁。但今天看来，此事极有可能。再进一步想想，太后寡居、摄政王丧妻，按满人之俗，这寡嫂孤弟倒也挺合适的。姻缘成就之后，皇上不就成了多尔衮之子。这老子夺儿子的天下之事，见于史籍的，毕竟少而又少，况且中间还有一位美太后在黏合着。

见范文程深思许久，孝庄知道他已想得入路，遂娇羞满面地含笑道："此事还需烦劳范学士。"

范文程何乐而不为，忙道："但请太后放心，微臣当尽力去办。"说完后，便拜别太后而去。

这一日，多尔衮正坐在睿王府的正殿之上，似乎怀着几分心事在寻思着什么。多尔衮厚自奉养，睿王府宏伟壮丽，甚过帝居。时人杨义记载："墨尔根王府莺飞鸟语，虎踞龙盘，不惟凌空斗拱与帝座相同，而金碧辉煌，雕镂奇异，尤有过之者。"

"启奏摄政王，大学士范文程谒见。"一内侍来奏，打断了他的思路。

多尔衮听后一愣，范文程与自己素有嫌隙，不知此时求见，会有何事？

"微臣范文程拜见摄政王。"

多尔衮尽力作出一丝微笑来："范学士，你已是三朝元老了，对本王可不必如此拘礼。"

"多谢摄政王隆恩。"

沉默了片刻之后，多尔衮问道："范学士前来，可有公事要奏？"

范文程笑了笑说："摄政王，老臣此来并无公事，只是想向摄政王请安问好。不知王爷近来身体、心情可好？"

多尔衮听后觉得有几分受用，便一声长叹道："唉，多亏学士挂念。福晋仙逝、辅政豫亲王多病，加之江南贼寇猖獗，本王这心情能好得了吗？"

范文程先是陪着多尔衮叹了几声，转而劝道："摄政王，凡事要看开些，不然会伤身体的。王爷的身体不仅是自己的，还是大清万里江山的，一身系天下之安危，请王爷多保重。"

这话多尔衮听来十分受用，心中对范文程便有了一些好感，他好像很近乎地拉知心话似的说："这是心里面之事，说不想就能不想？能由得人作主吗？"

范文程仿佛想起了什么似的，慨叹道："可也是。微臣近来奉诏进宫为太后讲经，见孝庄太后也是愁眉苦脸，心事重重的，听着听着就走了神儿。想来这人哪，无论贵为天子、太后，还是平民百姓，总得有个知冷着热的伴儿，相依相存才好。"

多尔衮听了"孝庄太后"四字，来了精气神儿，耳朵也竖了起来，可脸上仍装作淡漠的样子，微笑不语。

说话之间，范文程好像忽然想起了什么似的道："摄政王，老臣有一事不知当说不当说？"

多尔衮伸展了一下身子，笑笑道："范大学士，你随本王有些年头了，怎么今日也吞吞吐吐起来？这可没有平日里侃侃而谈的风度呀！但说无妨，本王恕你无罪。"

范文程面对多尔衮的微笑，似乎欲说还休，犹豫再三，终于说出："王爷英年丧妻，冷帐孤身，不免忧从心起，久则伤身；而太后盛年孀居，郁郁寡欢，漫漫长夜寂寞难耐，日久天长也能生出病来。依老臣愚见，你们不如结秦晋之好，连理之缘。于国，可合力同辅幼主，共创万世基业；于私，可相依相偎，以续夫妻之欢。"

多尔衮只是微笑着，漠然地听着，看上去满脸无可无不可之神情，可那内心里却是热乎乎、美滋滋的。良久之后，多尔衮突然正色道："范学士，本王作为男人来说，有点儿风流韵事倒无妨。可太后贵为一国之母，怎当得任人胡说，此话太后若知道了，怪罪下来，叫本王如何自处？"

范文程听了这话头儿，心知多尔衮在故作姿态。虽然如此，那话中的话儿不但没有坚拒，还挺愿意的。知道了多尔衮的底线之后，范文程打起了精神，微笑中也含着正色，说道：

"王爷，你身为大清摄政王，伟功盖世，娶当今太后不但不为过，还是珠联璧合、顺理成章之事，更哪里说起无法自处之言！"

多尔衮听后，心里那个舒坦劲儿溢于言表，便不再装腔作势，不由笑着说："范学士，这男女之事可不是一厢情愿的，就是本王愿意，怎知那太后会不会答应。"

"只要王爷答应了，臣自去太后那边劝说。只是事成之后，臣可要向王爷讨杯喜酒喝了。"

多尔衮听范文程如此话头儿，心想太后也有此意，看来此美事儿有可能成。谁承想，本王朝思暮想的大玉儿，这大美人儿就要拥在怀抱里，这不比什么都强？

"放心吧范学士，只要此事能成，本王所有之贡酒，足以令你大醉三年。"

范文程摸到了多尔衮的底牌，遂赶忙到了慈宁宫，带去了多尔衮的意思。孝庄听后喜中着羞，红着脸问：

"范学士，你见多识广，看看哀家下嫁可有不妥之处？"

生长在关外的范文程，自然早知满人之婚俗，便说："太后，弟娶寡嫂比比皆是，乃我满人由来已久的风俗，并无不妥之处。"

孝庄听了此话，而且此话出自三朝元老的大学士之口，像吃下了定心丸。于是点了点头，又道："哀家虽嫁，但身份不废，故仍居后宫。至于摄政王，可与哀家居后宫，亦可居睿王府。"

范文程连连点头："那是自然。太后下嫁已是不易之事，够抬举摄政王的了，他更不会强求太后去睿王府了。"

"那就有劳大学士，剩下之事全由你操持吧。"

范文程走后，一时间孝庄心里乱糟糟的不能平静下来。静定之后，她知道要下嫁还有一件大事要做。她心里像打碎了五味瓶似的，亦喜亦羞甚至亦泪亦忧，好一番梳洗打扮之后，吩咐备轿到孝端太后的宫中。

孝端太后乃皇太极的清宁宫正宫皇后，是蒙古科尔沁贝勒莽古思之女，乃孝庄的姑姑。

孝庄入宫之后，孝端太后看了她一眼，淡淡地笑问道："大玉儿，你是无事不登三宝殿，今儿个来，该不是有什么事吧？"

孝庄也微微笑着说："姑姑，侄女今日来是想跟您拉拉家常，解解闷。"

"拉家常解闷？你还有那份儿孝心！"孝端太后保持着皇后和长辈的威严。

孝庄这才道："侄女有事想和姑母商议。"

"看看，哀家说你无事不登三宝殿，没错吧？有什么事，就直说吧。"

到了这时候，孝庄倒显得十分平静地道："侄女想嫁给摄政王。"

"什么？你，你再说一遍。"孝端一个趔趄，差点儿栽倒在地，瞪着眼前的孝庄。

许久之后，孝端才缓过劲儿来，脸色凝重地道："快四十的人了，儿子都那么大了，怎么就熬不住了。"

"姑姑，夫唱妇随、男欢女爱，人人都想。说实话，侄女是有点儿喜欢多尔衮，但想嫁给他，并非全为了这些。"孝庄含着眼泪说。

"你想过先帝爷吗？你想过自己的身份吗？如果是普通女人，按我满人素有之俗也没啥说的，但你是当今的皇太后，当今皇上的亲额娘，却嫁给一个王爷。百年之后，你的梓宫葬在哪儿？你的牌位怎么摆放？"孝端连连质问，越说越气。

"姑姑，你问的这一切我都反复想过。可这些都是百年之后的事，也是我们都看不到的事，而眼下我们所看到的事却让侄女顾不了这许多了。多尔衮独断朝纲，权倾朝野，只要他愿意，随时都可废当今而自立。至今之所以尚未动手，是因为他尚在举棋未定之际，而一旦思考成熟，决心已下，我母子甚至连同你都会成为第二个肃亲王，第二个郑亲王的。这一切，姑姑该不会看不到吧！倘若嫁给他，除了可以收拢其心之外，同时福临也就成了他的儿子，而废子自立，与儿子争天下，会让当今朝野震动、天下哗然，因而成为其大忌。为了保住先皇的帝业，只能顾眼前而管不了百年之后了。"

孝端太后听了这一番话，沉默良久后态度也缓了下来，"此事你可要认真想好，一旦迈出这一步就后退无路了，千万别弄得'一失足成千古恨'。"

"侄女思虑已定，这一步不迈出去，我们没有退路且不说，怕的是死无葬身之地呀！"

"唉，孩子，也真难为你了。"孝端太后长叹一声，随即慢慢地站起身来，老态龙钟地向卧室走去，眼里似乎含着几丝泪光。

孝庄回到慈宁宫中，来不及休息，只稍微定了定神，便吩咐侍立一旁的海中天："快传懿旨，太后身体欠安，请皇上速来慈宁宫。"

顺治到来之时，孝庄正躺在床上闭目养神，她确实觉得十分劳累，而心里尤其烦躁不安。

待顺治不冷不热，官样文章般地下跪请安之后，孝庄屏退了太监、宫女们，又伸出手来拉起顺治，指指床边说："快坐在这儿，陪额娘说说话。"

顺治的眼中似乎露出几许温暖之意，遂温顺地点了点头，坐在孝庄面前关切地问："额娘生了什么病，要紧不要紧？传太医来诊治了吗？"

"我儿，额娘所患的是心病，太医又如何能诊治？"孝庄在百感交集之际听了这句问候的话，感动得眼含泪水。

"额娘有什么心病，说出来让儿臣听听。"

"儿呀，额娘的病根就生在你身上，只要你能稳稳当当地坐在御座上，额娘就什么心病也没有了，儿要为额娘争气呀！"说着说着，孝庄的眼泪就落了下来。

顺治挺挺身子，懂事地点点头："额娘放心，一切不顺之事都会过去的，待儿臣亲政之后，慢慢地会越来越好。"

"儿呀，额娘还想与你商量件事。"听了儿子这句少有的自信话语，孝庄似乎看到了自己左右为难的希望和价值。

"什么事，但请额娘明示。"

"额娘准备嫁给你十四叔，我儿意下如何？"

顺治好像听到了一声闷雷，猛地站了起来，陌生地望着额娘，面色沉重，目光冷漠，许久说不出话来。

孝庄看着顺治的神色和目光，等待着儿子撒泼、发火，甚至拂袖而去，但这一切都没发生。顺治只是淡淡地说了一句："额娘，不嫁给十四叔行吗？"

孝庄看看儿子，眼里满噙着泪水，摇了摇头。

顺治再没说什么，慢慢地、默默地转身走了出去，直到出了宫门也没有回头。

又是一个朝廷议政的日子，议政大臣们齐聚东暖阁，范文程首先言道："启奏摄政王，臣今日有一事想请诸位大臣议议，也请摄政王示下。"多尔衮早知他所言何事，微微点了点头。

"我大清入关已有数载，虽尚未四海一统、天下太平，但中原早定，乾坤已明，仅余区区南明余孽已不足为患。中原百姓尚沐浴皇恩，生活于安居乐业之中，而摄政王功高盖世，然福晋离世，孤身鳏居，论身份位极人臣，论谋略才智为国之第一人也，实不该如此凄惶。而我皇太后盛年寡居，长夜孤灯、孑然一身，春花秋月、心神难怡，后宫沉沉、夜长梦多。依臣之愚见，宜请摄政王与皇太后合宫同居，让太后与摄政王重效鱼水之欢，而尽皇上之孝道。"

此言一出，虽语惊四座，但事涉多尔衮与皇太后，众大臣皆屏息闷声，大殿内静悄悄的。再去偷偷地窥视顺治，但见他神色漠然、目视殿顶，心知皇上对此早已了了，且并无异议。于是众人争先恐后纷纷表态：

"范学士所言极是，臣等附此议。"

"此事还得与皇太后商议，不可仓促造次。"多尔衮极力克制内心的那股高兴劲儿，平静地说道。

范文程忙道："启奏摄政王，臣已取得太后首肯，方敢奏议此事。"

"既然如此，着礼部即草拟诏书，以诏告天下。"

几天之后，慈宁宫里喜气洋洋、一片欢腾。成群结队的宫女、太监笑模笑样地进进出出，他们抬着、抱着、拎着、背着各种各样的家具和物品，为太后的婚礼做准备。

吉期到来之前的一日，宫里派出的正副使引导摄政王到午门外行送彩礼：睿王府总管把一张大红礼单捧给早已迎立午门的慈宁宫执事海中天；多尔衮挥手示意，身后的差役们抬着礼物，浩浩荡荡进了皇宫，计有锦缎五百匹、布帛一千匹、黄金千两、白银二千两、甲胄五十副，最后是头扎红绸的战马二十匹。

这些礼物全放在太和殿上，上面蒙着大红丝绸，还写着汉字的大"喜"字，给宫中带来了喜庆的气氛。

六日后便是迎娶的日子，天刚蒙蒙亮，紫禁城里早已灯火辉煌、人欢马嘶。皇城收拾得干干净净，到处挂着大红的纱灯，宫门之上贴着大红对联和红喜字。旭日初上的时候，阳光给紫禁城抹上一层金辉。城外的大街上万人空巷，人头攒动、人潮汹涌，十分热闹。摄政王的迎亲队伍已到了午门，走在最前面的是百名宫廷乐工，操着各色各样的乐器，吹吹打打、鼓乐齐鸣。之后是各色的旌、旗、幡、纛、伞盖等，让人目不暇接、眼花缭乱。队伍中间竖一面黄龙大旗，旗下是四匹赤红马拉的金辇，马头系着红绸、辇上披着红绫。多尔衮端坐在辇上，身着崭新滚龙黄袍，头戴圆顶王帽，上系大红绸带，身上斜披红绫，胸前戴一朵大红花，虽然年近四十，但看上去仍是一表人才，威风凛凛之中透出风流倜傥。辇后是千名御林军，手执枪刀弓矢，全副甲胄，骑在高头大马上，威武雄壮。

近千名宫里的太监捧着金炉、拂尘、金爨、金水瓶、交椅等物什，一队队缓缓地走进宫门。其后是身着崭新朝服的百官，众大臣来到午门之后便与迎亲队伍分开，直接去武英殿恭候圣驾。

姗姗来迟的顺治终于来到了武英殿，他似乎对喜洋洋的热闹场面视而不见，简直就像个木偶，面无表情地任人摆布。几声礼炮响过之后，司仪范文程引领皇上率百官到慈宁宫向太后问安、辞行。

孝庄端坐在宫里，一身盛装衬着精心的打扮，显得娇艳夺目。在这重披嫁衣、梅开二度之时，其心情虽然复杂，酸中有甜、甜中带苦，但表情却是温柔可人、风情万种的。顺治深深地看了看孝庄太后，呆了片刻之后，行了三跪九叩大礼，双目低垂，泪水似乎要从中溢出。百官紧随皇上身后，也行了大礼。

礼成之后众人离去，摄政王的金辇驶到慈宁宫前，早有宫女上前扶进多尔衮，另有宫女搀着孝庄迎了上来。二人就在慈宁宫中并肩而立、相对而坐，一阵儿喁喁低语、绵绵情话之后，便相依相偎走进了洞房。

▌二、姑侄一夫▐

穿嫁衣

　　室内的烛光映着布木布泰脸上淡淡的红晕，她知道皇太极想做什么，但她仍沉浸在对科尔沁的向往之中，呆呆地愣了好一会儿，直至自己柔软的纤纤十指被那刚劲有力的大手紧握着……

　　要知来自科尔沁草原的孝庄太后早年穿嫁衣之谜，还得从后金的开创者、英明汗努尔哈赤大破九部联军说起。

　　明万历二十一年（1593年）九月，叶赫部贝勒布寨、纳林布禄纠集哈达、辉发、乌拉、科尔沁、锡伯、瓜尔佳、纳殷、朱舍里，组成九部联军，合兵三万，共分三路，向建州的古勒山方向扑来。努尔哈赤立即派人到各路侦察敌情，根据探骑送来的情报，对双方力量作出了分析判断。他认为，"来兵部长甚多，杂乱不一，谅此乌合之众，退缩不前"，"我兵虽少，并力一战，可必胜矣"。叶赫等九部联军先攻打建州的扎喀城，久攻不下，又转攻黑济格城，仍未得手。此时，努尔哈赤领兵来到黑济格城附近的古勒山，这里"寨陡峻，三面壁立，壕堑甚设"。他于是充分利用有利地形，埋伏精兵，然后派人"以百骑挑战"，九部联军不知是计，便放弃围攻黑济格城，全军直奔古勒山下。当全军进入埋伏圈时，建州伏兵四起，像山洪暴发似的从四面八方冲杀出来。一时间杀声如潮、矢石如雨，杀得遍地殷红。九部联军溃不成军，遭屠戮、被践踏者，不可胜数，尸横遍野。叶赫部贝勒布寨及其手下四千人被斩杀，乌拉部首领布占泰被俘，缴获甚丰。

科尔沁部的明安贝勒落入了陷马坑，坑内满是泥浆，他弃鞍解衣，从坑内爬出。双脚尚未站稳，他就觉得眼前白光一闪，接着一把冰凉的战刀架在他的脖子上……

"刀下留人！"努尔哈赤边惊呼边冲上前去，然后不顾明安贝勒的遍身泥浆，上前相扶相抱，"久闻科尔沁贝勒大名，今日相会，实乃缘分哪！"

明安贝勒满脸羞惭之色，低垂着头，恨不得找个地缝钻进去："败军之将但求速死。"

努尔哈赤微笑道："莫非贝勒不想和我努尔哈赤交朋友？哪里说得上死不死的！来人，伺候贝勒沐浴更衣。"

马奶子酒醉人，奶茶飘香。努尔哈赤亲自把一只烤羊腿递给明安贝勒，知心地说道："我知道，其实你们也是迫不得已被拉下水的，科尔沁部的日子不好过呀！"

一句话说到了明安贝勒的痛心之处，勾起他一阵子沉思。是呀，自身弱小，不得不依附于人、仰人鼻息。如今科尔沁所屈从的察哈尔部不但不能平等相待，还以强横的手段来掠夺财富。

"对于科尔沁部，我努尔哈赤一直想与之通好，就怕引起察哈尔人的猜忌。"努尔哈赤道，"其实，我也同样想和察哈尔交好呀。"

明安贝勒从努尔哈赤的话语和目光中读到了热情与真诚，他不无感激地笑了笑，拱手相揖道："明安回去之后，即遣使修好！要不然，我心中有愧呀！"

"努尔哈赤在这里专候佳音，蒙古人是成吉思汗的后代，他可是我心目中的大英雄，说一不二、令人敬仰。"

听了这句话中有话之言，明安贝勒惭愧地低下了头。他思来想去，深知经此大败，蒙古各部已无力再与努尔哈赤抗衡，弱者、败者的生存之道古已有之，那就是对强者的交好与归附。

第二年，科尔沁明安贝勒遣使通好，后来喀尔喀五部贝勒相继追随。

努尔哈赤深知通好的最牢固纽带便是通婚。他自己先后所娶的妻子，除了大福晋佟佳氏是糟糠之妻外，余者皆为"战利品""贡品"和"交易物"。因此，

努尔哈赤领兵来到古勒山

他积极响应并遣使回访通好，除了厚加赏赐、馈赠之外，还提出联姻。于是，努尔哈赤自己率先娶了科尔沁明安贝勒之女和郡王孔果尔之女为妻，又令诸子陆续迎娶蒙古各部首领之女。

后金天命十年（1625年），一支马队拥着车驾，风尘仆仆地进入后金都城辽阳。四贝勒皇太极的宅第里张灯结彩、喜气洋洋，入城的正是给皇太极送亲的队伍。那位新嫁娘不是别人，正是科尔沁草原上显贵的寨桑贝勒之女——博尔济吉特氏布木布泰，也就是后来的孝庄，这一年，她才十三岁。当四贝勒府的喜筵开始的时候，努尔哈赤得意地笑了：如今又多了一根绳索，将科尔沁和后金拴在了一起。

室内的烛光映着布木布泰脸上淡淡的红晕，她知道皇太极想做什么，但她仍沉浸在对科尔沁的向往之中，呆呆地愣了好一会儿，直至自己柔软的纤纤十指被那刚劲有力的大手紧握着……

比布木布泰大二十来岁的皇太极，给她的感觉更像是父亲或长兄，当然也更加靠得住。大金兵精粮足，汗王深谋远虑，越来越强大，大有取天下而代之之势。而皇太极在众多贝勒之中愈来愈显得光彩夺目，此次西征林丹汗就被汗王委以重任，为前敌先锋。那么将来的汗位，很有可能……

一场连绵的阴雨过后，一个秋高气爽、晴朗明媚的白昼到来了。熹微的晨光夹着清冷的气息穿过木制的窗户，在布木布泰慵懒的裸露的肩上、背上印下几条明暗相间的线条，因而更使得她的肌肤泛起诱人的光彩。

蒙眬睡意中，布木布泰哼了一声，微开双目感知了晨光，说道："贝勒爷，天将大亮了，你还不去大政殿吗，不是说要商议出兵的军机大事吗？"

皇太极听后有点微微吃惊。这小女子对军国大事似乎比自己还要上心。

布木布泰坐起身来，披上外衣，坐到一张木制的矮桌前，对着一面木框的铜镜，细心地梳理起她那一头长长的秀发。

淡黄的光柱照在她的背上，给她丰盈温热的胴体更增加了一种暖色调，这恰与灰蓝色墙壁的冷色形成一种对比，而她那柔润而富有弹性的肌肤与木桌、木椅、木盒子等无处不在的木制品，也形成一种质感上的对比。

心里充满了对布木布泰的爱意的皇太极，在晨光里敏感地觉察到了这些对比，他意识到了什么，颇有歉意地说："爱妻，你这里确实有些简陋了。"

此时，布木布泰梳理已毕，迎着晨光站起，说道："贝勒爷，科尔沁的姑娘习惯了简朴的生活。再说，咱大金现在还比不上大明朝富裕，而且国家的文治武功都需要钱。贱妾深感，哪怕生活再简朴一些，只要大金繁荣昌盛起来，就有希望，就有盼头。再说，大金强大了，科尔沁就不会再有刀光剑影、生灵涂炭、血雨腥风，那样我就会感到无比满足了。"

皇太极听后低声道："爱妻，这次我率军前往科尔沁，真想把你带在左右。"这带在左右可不是随便说的，说明皇太极深知布木布泰有被带在左右的资格，而不是像寻常那样的随军妻妾。

布木布泰听后微笑着说："贱妾有何德何能，敢随贝勒爷左右出征？要说随军回科尔沁探亲，那也轮不着我呀！大福晋、二福晋可都嫁过来许多年了，何曾回去省过亲呢？贱妾还是盼着贝勒爷功成归来吧。"

听了布木布泰的一番话，皇太极心里有说不出来的滋味儿。是爱心，是敬意，是惋惜，还是深受启发后的明白，是又都不全是。于是，皇太极心里怀着不尽的回味，告别了布木布泰。

布木布泰并不礼节性地挽留，也不远送，只是倚在门框边，目送皇太极渐渐远去。

当皇太极行至庭院门口时，不禁留恋地回望，只见灰蓝色的墙壁上早已斑斑驳驳，印满了沧桑的痕迹。而倚在那里的布木布泰则与这老态龙钟的痕迹形成了鲜明的对比，那是青春的鲜活生命，那是古老得以延续的希望。

后宫相安

夜深了，寝宫的灯光还兀自柔和地亮着。布木布泰听着身边皇太极均匀的鼾声，想道，汗王这半年多以来，实在是太累了。有多少军国大事、内政外交，要他一人操心哪！他不得不宵衣旰食地忧劳国事，何曾得到过片刻的欢愉呢？而自己，博尔济吉特氏布木布泰，一定要使汗王享尽男女床第之欢，一定要替汗王理好这个家，使后宫相安，从而使汗王无后顾之忧。

孝庄之所以能够在皇太极登基之后，在复杂的后宫中相安无事，除了她年轻美貌、聪明伶俐之外，还与她当贝勒福晋时的所作所为密切相关。

后金天命十一年（1626年），这年的春天来得格外早，早得让人明显感到不同往年。昨天还是朔风劲吹、枯草发抖、冷气透骨，似乎一夜之间便春光和煦、柳条儿泛青。

一天清晨，布木布泰去给大福晋请安，刚走至门前，一个婢女便上前施礼，说："哟，这不是侧福晋吗，怎么不让苏麻喇来呢？叫苏麻喇这丫头来看看就行了呗，我这是回不回禀呢？"

"乌巴音，你这是什么意思？每日清晨的问安，我有哪一天落下过呢？至于晚上，倒确实有让苏麻喇过来的时候，这一日两次的问安，有何不妥呢？乌巴音，我是来看姑姑，不是听你来饶舌的。"布木布泰边说着，边往里走。

大福晋的婢女乌巴音也不是一个好打发的主儿，她也根本没把这位小女子放在心上，遂上前拦道："还真多亏了侧福晋的一番惦念，不过呢，今日大福晋身体不适，就不见诸位福晋了，刚刚有几位侧福晋来拜见都被挡回去了。"

病了？布木布泰微微一怔，昨日不是还好好的吗？她正想再问一些诸如什么病、病情如何之类的话，却听得大门后传来其他小福晋们的咻咻笑声。布木布泰一下子明白了。自己刚入宫一年左右的时间，就深受皇太极的恩宠，朝夕相伴、日夜不离，享受着其他福晋难以期遇的隆恩厚泽，这就在其他福晋那里掀起了醋海风波。由此，那些不论是曾经受宠或是不曾受宠的福晋，都由妒而生怒，由怨而生恨，她们无事生非、疏远、中伤，甚至在大福晋那里挑拨她们姑侄之间的关系……

想到这儿，布木布泰默默地转身离开了。她之所以没有强自进门去为自己辩白一番，是因她想到在其他福晋在场的情况下向姑姑讨说法，不但会损害她的颜面，更会损害大福晋的形象。尤其重要的是，她更不想让皇太极因为这些家庭琐事而不安、而分心，那些至关重要的军国大计需要他啊。何况，她自己也不是个争风吃醋的浅薄女人，同时她也相信自己的本家姑姑。于是，从那天以后她从未停止过向大福晋的请安问好，尽管依旧被三番五次地挡了回来。

又是一个早晨，苏麻喇的手中拎着一包沉甸甸的东西，这是布木布泰亲自选定的礼物：一包人参、两包丹参、几支大羚羊角和四瓶蜂蜜。她只有少许的金银首饰和玉器，多是陪嫁过来的，皇太极也曾送给她一两件，但她都不便拿出来送人，她怕这样一来别人会猜想她房里不知道有多少金银珠宝呢。

苏麻喇的小嘴高高地撅着，她是在替自己的主人抱屈。她思来想去，也不明白自己这位正受宠的主人遭冷遇后为何还是一如既往地不停地前去问安。忍了几次，苏麻喇还是忍不住说道：

"姐姐，今儿个这么冷，不知大福晋起来没有？"

而这时从远处的庙宇之中传来隐隐的钟声，那浑厚圆润里又有金石之音的响声，刹那间在布木布泰的心中漾起层层涟漪。哦，那么美妙的玄音，仿佛是来自佛陀的觉音妙法，再一次唤醒了她深藏于心的佛性。布木布泰不由得止住了脚步，静听着、寻觅着那袅袅不绝的余音，似乎全然没有听见苏麻喇的怨言。

"是呀，姐姐，"苏麻喇说，"我们还是回去吧，免得又遭拒绝，受不冷不热的奚落。"她见布木布泰停下来凝神思索，以为她采纳了自己的建议，也停下来作往回返之状。

布木布泰对自己的婢女总是以诚相待，很少有主人的架子，尤其对这位从科尔沁草原陪嫁过来的贴身丫头，私下便以姐妹相称。由于年龄相仿，彼此说话少了许多尊卑上下的障碍。她见苏麻喇转身欲回，连忙说：

"苏麻喇，可不许乱来。大福晋见与不见，那是她的事，而去与不去则是我们的事，礼不可偏废，再说大福晋还是我的本家姑姑呢。你听见刚才从庙宇里传来的钟声了吗？那是在提醒我们要以真正的诚心，要以无量的大彻大悟从容应付一切烦恼。这样去做，即使结果不遂人意，我们也能够心安理得，何必斤斤计较呢！"

苏麻喇听得一会儿明白一会儿糊涂，说：

"姐姐的意思是，我们非要用热脸去碰冷门神了？"

布木布泰听后，连开导带宽慰道："姑姑到底是我们的本家自己人，我料想连续几天给咱们吃闭门羹，她一定过意不去，保准会想我的。别忘了，当初她也是极力要我到大金来。"

布木布泰知道，嫉妒是女人最突出的天性之一，她现在还没有品尝到嫉妒的真正滋味，但也能从某种程度上理解嫉妒，从而宽容别人的嫉妒。影子是由光产生的，但不怨光，似乎只怨借光的物体，即使物体也有一肚子冤枉话要说，只要把话说开了，就能消除许多无端的猜忌和妒意。

到了大福晋宫门前，苏麻喇迟迟疑疑地上前，正欲要门房通禀，那位让苏麻喇厌烦的大福晋的贴身婢女乌巴音，一脸疲惫、憔悴地走了出来。见到寒风中的主仆二人，布满血丝的眼睛一亮，说道："侧福晋，果真是你吗？我家大福晋昨儿个念叨了你一夜。"

布木布泰急忙进了大门，边走边问："怎么了，姑姑她到底怎样了？"

乌巴音用干涩的嗓音说："大福晋真的病了。昨日天气骤暖，大福晋吩咐熄了火。谁知夜半时分她竟咳嗽不止，额头冒冷汗，一个劲儿地喊冷，我好几次用热毛巾给她热敷，至今仍不见好转。本想夜里去叫汗宫中的太医，但路途太远，放心不下这边，急得我不知如何才好！"

布木布泰忙道："那你现在就去吧。"转身又对苏麻喇说，"快去把咱们带来的蜂蜜熬熬。"

大福晋的屋子比起布木布泰的房子要大上三四倍，房里透出依稀的烛光。半靠半躺在榻上的大福晋看到布木布泰走入房内时，眼神儿忽然亮了起来，黄惨惨的脸上蓦然间露出几许宽慰之色。

布木布泰俯在床边上，秀美而聪慧的眼睛望着姑姑，看到她病恹恹的样子，心中油然生出愧悔之意，要是皇太极昨夜能陪在大福晋身边，那对她该是多大的一种安慰呀。她情不自禁地伸出双臂，将这位本家姑姑揽在怀中，用自己的体温，向大福晋送去缕缕温柔的暖意。布木布泰还柔声自责说："姑姑，都怨侄女不好，昨晚没能来探望你。我知道姑姑并非有意不见侄女，唉，侄女确实……"

大福晋睁开了睡意蒙眬的双眸，看到了布木布泰那双写满忧愁的眼睛。听了这话，她脸上漾开了一层红晕，说道："快别说这些了，来了就好。"稍停了半刻，清了清嗓子，"哎，到底是我们姑侄最亲。昨夜姑姑又梦见科尔沁草原了，那蒙古包、敖包、炊烟和酥油茶、青草的香味儿，还梦见小时候牙牙学语的你。"说着，她微微移动身体向上坐了坐，觉得全身的筋骨酸痛，"近些日子，让你受委屈了。姑姑其实早知道，你心里一定不好受。可……可是你该知道的，其他的福晋都对你心生怨言，说是从你嫁过来之后，贝勒爷就时常黏在你那儿，别人那儿便无暇顾及了。这在妻妾成群的贝勒府可不是好事，最易招来别人的忌恨，我多日不见你，就是要叫你好好想一想，给贝勒爷吹吹枕头风，雨露均沾、不可独专。要知道，我们这些女人不同于普通的平民之妻，我们只有共同的一个。"大福晋轻声慢语地说完这些开导话，喘了口气，"自然，姑姑知道，似你这般娉娉婷婷、如花似玉的容貌，豆蔻梢头二月初的年龄，是咱科尔沁草原的格桑花，受到贝勒爷的格外宠爱也是情理之中的事，可……"

"姑姑，你的教诲侄女谨记了，今后当时刻不忘这些做人的道理。"布木布泰拉着大福晋的手，诚恳地说，"烧了一夜，想喝点什么？我叫苏麻喇给您熬蜂蜜汤了，还让人去弄乌梅糕来，好让你改改口味。我知道夜里发烧的症状，嘴里无味，不想吃东西，是吧？"

大福晋试着抹去心中那淡淡的醋意，绽出一丝微笑，她不想让侄女看出她心中因人老珠黄而生的失落感和落寞感，以及由此而起的汹涌波涛。她享受着侄女的细心关照，万万没有想到布木布泰的心地竟如此淳厚善良，她被侄女的真挚关怀所感动。

"开春了，初春的草原该多么美呀！"被本家侄女服侍着的大福晋，不禁勾起浓浓的乡情，像是对布木布泰，又像是自言自语地说。她依稀看到了，一座座的牛皮毡帐外，缕缕轻烟在袅袅升起，小草儿从地下钻了出来，舒腰展身似的萌发着嫩芽。而眼前的大金都城沈阳却到处充斥着浓浓的炭火味儿，城里各处的匠铺整日整夜都在打制着铠甲盾牌、弓箭长矛之类的武器，到处都是一派开战前的气氛。这样的气氛不要说科尔沁草原上的故乡了，就连最普通的农家田园风光也比不上呀！

一句话也勾起了布木布泰的思乡之情，她本是性情中人，同样的思绪更在她心头飞扬。她多么想从喧闹的市井中，从滚滚的红尘中抽身而出，让自己的灵魂放飞在生机勃勃的大自然里，无拘无束自由自在。可这行吗？要知道，自己是贝勒府的侧福晋啊。而且皇太极这位贝勒远比其他贝勒出众，实乃人中之龙呀。近来，她从汉人的典籍中读到了"修身齐家治国平天下"的经典名句，常想要使皇太极做到这一步，自己就必须努力使家齐、使诸位福晋相安，才能使他不分心，专心致志做事，而现在，这样的一次机会到了，于是她说：

"姑姑，等您身体安康后，叫上其他福晋，咱们一起到东山踏青去。"布木布泰边说边到热水盆中取出蓝色方巾，稍拧了拧，又在自己脸上试了试温度，便轻轻地给大福晋擦拭额头，然后折叠起来放在上面，"对了，还要请汗王的大妃阿巴亥也去。"

大福晋叹口气道："请她干什么！我们又不巴结她，她除了在汗王面前撒娇献媚外，哪里将我们姑侄放在眼里。我已有两年多未去向她问安了，见了心烦。"

布木布泰道："也罢，就依姑姑之意。不过，现在不行，姑姑还是保养身子要紧。要不然，户外的风一吹，恐怕姑姑会受不了的。"

大福晋无力地抬起手臂，轻轻地拍了拍本家侄女，笑着说："姑姑哪里有什么病。你一来，这不全好了。"

"还说没病，看看姑姑这张脸，都瘦了一圈。"布木布泰边换方巾擦拭边心疼地说，"要是侄女有什么不对的地方，就请姑姑明着指出来，侄女可是每天不落地来问安的呀。"

大福晋奄拉下眼皮，不无酸意地道："唉，姑姑何曾说过你有不对的地方呢？而其他几位福晋对你颇有看法倒是真的，你可别怨恨姑姑。实际上，贝勒爷的福晋中，有几人的地位、得宠能比得上我们。可她们偏偏争气，先后生了贝勒爷的脉种，而姑姑至今只生了几个女儿。所以，贝勒爷宠幸你，我高兴还来不及，真希望你能为贝勒爷生下脉种。"

大福晋这番推心置腹的体己话，让布木布泰心里温暖极了。她虽然低头不语，眼神中却透露出一种异样温馨的光来。于是她柔声说道："姑姑教诲得极是，侄女以后一定多加检点。"

大福晋那张病脸上有几条明显的皱纹，看上去苍凉而冷峭，仿佛有一缕缕的寒气透出。布木布泰忙惊异地问："姑姑，还有什么地方不舒服吗？"

大福晋叹口气道："我是没有什么希望了，还想那么多有什么用呢？我真担心，有一天我这大福晋的位置会被人占了去，要占也要让你占上。但是你心里要清楚，我们姐妹姑侄三人的地位，首先是靠偌大的科尔沁草原换来的。一旦科尔沁被察哈尔占去，或大金全部征服了蒙古部落，我非常担心我们能否长久，而这能否长久，在很大程度上将要看我们姑侄今后的作为了，而我们长久了，科尔沁也就能长治久安了。"

布木布泰心想，别看姑姑没有自己那样识文断字，居然有此般心思，居然想得这样长远。看来人生的道理，天下的大势，不但能从书本上学到，还可以在姑姑这里学到不少呢。

大福晋喘了口气，接着又说："所以我想，我们科尔沁的姑娘应当把眼光放长远些，处处检点自己，要给其他福晋们和侧室们留下好印象，做出好榜样，让别人无话可说。"

"姑姑的训诫，侄女谨记在心，不敢须臾忘怀。"

布木布泰的一颗心，像被重重的鼓槌擂了起来似的跳了起来，心里又像火锅里的汤汁开了锅，除了滚烫滚烫的热之外，还上下翻腾不休。姑姑说得太对了，这些谆谆教诲都是一心为我们的家园科尔沁着想，一心为我们亲姑侄着想啊！布木布泰呀布木布泰，你一定要牢记在心、身体力行呀！

布木布泰就是这样暗暗下定决心的，自此以后也是这么做的。

1626年，后金天命十一年八月，努尔哈赤病逝，九月，皇太极即位，改次年为天聪元年。

刚即位不久的皇太极，便遇到了一件令人十分不快的事。有一天，在后宫书房里，阿巴泰贝勒派来的人正向皇太极不停地说些什么，皇太极的脸色看起来好似十分平静，只是手指不时地在桌面上弹着。最初，布木布泰并未在意，但听弹击声越来越重，到后来干脆就变成重重的敲打了。她侧目望过去，就见皇太极一挥手，道："你回去好好劝劝他，不要胡思乱想，只有一心一意地多为国出力，本汗才会考虑的。"

阿巴泰是努尔哈赤的第七子，为侧妃伊尔根觉罗氏所生，皇太极即位时，他也对天盟誓效忠。但他却自恃战功，而不甘居于一般贝勒之位，常对人言：我阿巴泰为何就做不了大贝勒呢？难道我的战功还不如阿济格、多尔衮、多铎三兄弟吗？风言风语传入皇太极耳中，起初皇太极并不在意，心想，大贝勒的名分是先汗所定，怎能违背先汗遗命呢？再说阿济格三兄弟虽然无功，但仅凭其母为先汗生殉就是大功一件。在这一点上，皇太极心里至今仍有隐隐的愧意。要说清这种愧意，还得从努尔哈赤临终前谈起。

天命十一年（1626年），努尔哈赤在攻打宁远时失利负伤，忧愤成疾，遂于七月二十三日赴清河汤泉疗养，但病情日益恶化。努尔哈赤便于八月初七乘舟回沈阳，召阿济格兄弟三人的生母阿巴亥往迎，二人在浑河相见后，十一日便与世长辞了。

努尔哈赤临终前召见爱妻乌拉氏阿巴亥，似乎要授遗命。努尔哈赤生前对阿济格三兄弟及其生母阿巴亥十分宠爱，众贝勒早就担心三兄弟的力量迅速壮大，便在代善的推举下，拥戴皇太极继位为汗。九个时辰之后，皇太极等贝勒逼令阿巴亥自尽殉夫，声称是太祖的"遗命"。明明是太祖努尔哈赤临终前只召见了阿巴亥，这种遗命从何而来可想而知，其目的只有一个：为争汗位而灭口。所以，至今皇太极对此事还有愧意呀。

布木布泰听皇太极打发来人回去，她是何等精细之人，就知道皇太极是强压不快，忙跟着来人去问个究竟。原来，阿巴泰这次派人来说："以后，我不愿再出席汗王所赐之宴。打仗的时候，我阿巴泰披甲胄而行；出猎之时，我佩弓箭前往；可出席聚宴时，我却只能坐在一般子弟的席上，觉得太羞耻了。"

皇太极对此十分恼怒，但毕竟刚刚即位，不宜责罚贝勒大臣，何况即位时"要善待众兄弟"的誓言还在他耳边回响呢！于是，他强压心中怒火，只吩咐来人回去多加劝谏，不了了之。

不久之后，昆坤杜陵归附大金，皇太极大喜，便于后宫设宴招待，召诸贝勒作陪。阿巴泰又派人送来一封奏折：

"我因无裘可衣，所以不能赴宴。汗王原先所赐的裘衣已改成短襟给两幼子穿着。况且每次汗王聚宴，我只能坐于诸位小贝勒之间，就连蒙古的明安、巴古都坐在我之上，这让别国人看到，我还有何脸面？"

皇太极阅后脸色铁青，在短暂的沉默之后，终于按捺不住，拍案道："阿巴泰如此怨恨本汗，尚可容忍，可现在却貌视诸兄弟子侄，不敬以至于此，难道我还能容忍吗？诸位还能再保持沉默吗？"龙颜大怒，谁还能不附会圣意，更何况阿巴泰的骄横也着实引起诸大小贝勒的不满，于是纷纷要求议罪。

布木布泰眼见阿巴泰犯了龙颜和众怒，忙站起来劝道："臣妾以为，还是派人去询问一下真情，再议不迟。"

皇太极听后也借机表示宽容，遂派长子豪格前往。布木布泰托词急忙跟出。没过多久，阿巴泰便带着妻儿老小匆匆来到后宫，跪倒在皇太极面前，沉痛地说："过去的种种行为，都是我的错。多亏汗王您宽宏大量，不仅不怪罪，还多次赐衣于我。今后，我一定要痛改前非，尽忠尽力，以报效大金和汗王。"

既然阿巴泰认错知改，又在自己面前服了软，皇太极的怒火平息了下来，自然不再追究。但那"多次赐衣"之说，却让他十分惊奇。刚想就此发问，身后的布木布泰轻轻地拉了拉他的衣角，皇太极似乎明白了什么。于是，赶忙扶起阿巴泰道："你我乃是弟兄，虽然不是一母所生，但仍情同手足，家中拮据只管说来，又何必争一时的位置高低？再者说，只要你尽心尽力为大金，又何愁不会得到升迁呢？"

罢宴之后回到内室，皇太极颇有责难之意地问布木布泰道："你身居后宫，却私自赐衣给贝勒，就不怕落下私交大臣之罪吗？别忘了，大妃阿巴亥当年之所以受到先汗的处置，不就是因为私赠礼物给大贝勒代善吗？"

布木布泰抬起头来，一脸诚挚之色地答道："汗王，你看臣妾是那样的人吗？臣妾只是想使汗王兄弟和好，同心协力，以成就千古大业。倘若连自己的骨

阿巴泰带着妻儿跪在皇太极面前

肉兄弟都要背叛了，如果别人知道了，还有谁会来辅佐汗王您呢？"

布木布泰稍许停顿了片刻，似在斟酌着字句，然后又说："先汗辞世后，大妃阿巴亥生殉。除此之外，差不多每位兄弟后面都站着一位先汗的后妃，她们哪一位都有着不可低估的影响力。汗王想想，如果处理不得当，她们中的一个人就会影响一大片呀。后宫深似海，看不见摸不着，汗王不可不慎呀。正是有鉴于以上两方面的考虑，臣妾才这样做的，想来汗王不会怪罪吧？"

皇太极大为感动，一时无言以对。沉默了好一会儿，皇太极才说出两个字："爱妃！"

"嗯。"布木布泰轻声地应答着。她的脑海中又浮现出大妃阿巴亥的面容，话语中似乎透出无限的幽怨。

"睡吧，"布木布泰说，"今日十分劳累，而明儿个汗王还要西征呢。"

夜深了，寝宫的灯光还兀自柔和地亮着。布木布泰听着身边皇太极均匀的鼾声，想道，汗王这半年多以来，实在是太累了。有多少军国大事、内政外交，要他一人操心哪！他不得不宵衣旰食地忧劳国事，何曾得到过片刻的欢愉呢？而自己，博尔济吉特氏布木布泰，一定要使汗王尽享男女床笫之欢，一定要替汗王理好这个家，使后宫相安，从而使汗王无后顾之忧。

而得到皇太极饶恕和布木布泰安抚的阿巴泰，自此以后屡立战功，恪尽职守，到皇太极改政定制时，得到了升迁。

领袖后宫

皇太极这才明白，在自己卧床不起的这些日子里，众文武大臣皆以为自己在静心调养呢，非但没生他想，反而更加勤于国事，这一切幸赖庄妃安排得当、调度有方。想到这里，他心中的感激和宠爱之情溢于言表。

清天聪十年（1636年）的四月十一日，皇太极终于接受贝勒大臣们"上尊号"的请求，并将这一天作为黄道吉日。

按照礼仪规定，首先是祭告天地。在此之前，皇太极已沐浴净身，虔诚地斋戒了三天。这一天，晨光微熹中皇太极便穿戴一新，在前呼后拥下骑马前往新建于盛京郊外的天坛，祭告天地。但见盛京郊外茫茫无际的原野上，数十万军民聚集，此起彼伏的鼓乐号角之声、隆隆不绝的礼炮之声以及几十万人的欢呼声，汇成山呼海啸般的雷鸣。大金国皇帝在仪仗和大臣的簇拥下，缓缓拾级而上，然后落座于金光闪亮的绣榻龙椅之上。

天坛正中置一张香案，上面铺着黄色锦缎。香案正中设"上苍"牌位，牌位侧面放着玉玺一方，上有汉篆"制诰之宝"四字，两边各有一条飞龙。除了贝勒大臣们的多次"劝进"之外，正是这块玉玺促使皇太极下定了登基称帝的决心。这块玉玺在皇太极看来，就是"天兆呈祥"的见证和标志。据说此宝乃汉代遗物，后为元朝所得，一直传到元顺帝。元朝灭亡时，顺帝于仓皇之中也不忘携此宝出逃。后来，出逃的顺帝身死，国宝自此湮灭得无影无踪，在地下埋藏了二百多年。有一天，一位蒙古牧民在元上都北边的草原上放牧，发现有只羊三天不吃草，总在一个地方以蹄刨地，得到一块白玉大印，他虽不认识上面的文字，却从飞龙图案上看出这是一块罕见之宝，便将它献给领主博格硕图。后来，被林丹汗得知，便派人索要，索要不得便兵戎相见。博格硕图兵败被俘，逼迫之下献出了玉玺。林丹汗得此宝后，便自称天命蒙古大汗，遂引起使蒙古草原动荡不安的九年战争。天聪九年（1635 年）二月二十六日，皇太极命多尔衮等率精兵一万肃清已客死在青海大草滩的林丹汗之残部。四月二十日多尔衮率军渡过黄河，并于四月二十八日趁大雾天昏地暗之时，包围了林丹汗之子额哲所部，使人劝其归顺，双方盟誓而回。此次出征，除了不费一刀一枪平定了林丹汗残部之外，更具重大意义的则是从额哲之母苏泰太后那里，得到了遗失二百余年的这块玉玺。大金得此后，皇太极便获得了称帝的根据和收买人心的工具。

皇太极坐定之后，全场立时鸦雀无声。多尔衮手捧满文《劝进表》，土谢图济农手捧蒙文《劝进表》，孙有德手捧汉文《劝进表》，一齐走向祭台。三人一到高台，便跪伏在地，然后依次宣读。读毕，三人齐声高呼：

"恭请大金汗王即皇帝位！"

继而，以大贝勒代善为首的文武大臣及在场的数万军兵齐声高呼：

"恭请汗王即皇帝位！"

呼颂已毕，皇太极在天坛上缓缓起座，上前两步，接过典礼官递上的一炷香，将它缓缓举过头顶。就在这一刹那间，往事历历在目：自己随父兄戎马一生，出生入死，在内外的激烈征讨杀伐之中，独领风骚，先荣登汗位，再登帝位，何等艰难困苦啊！一幕幕的人生画卷在眼前闪过，他感到视线渐渐模糊起来，高举香火的手也有些颤抖。在赞礼官高呼"上香"之声中，皇太极连上三炷。然后，分别把锦缎、盛满酒的爵恭敬地放在香案上。他又接过祭文，跪伏着向苍天祝祷。

祭天毕，在王公贝勒和全体文武大臣的再三劝进中，皇太极接受了"宽温仁圣皇帝"的尊号，改元崇德，建国号为大清。

第二天，皇太极于太庙追尊祖先，从始祖至祖父都尊奉为王。尊父亲努尔哈赤为皇帝，尊号为承天广运圣德功肇纪立极仁孝武皇帝，庙号太祖。

两天后叙功封王：其兄大贝勒代善为和硕礼亲王，贝勒济尔哈朗为和硕郑亲王，多尔衮为和硕睿亲王，多铎为和硕豫亲王，豪格为和硕肃亲王，阿济格为多罗武英郡王，杜度、阿巴泰等也各有封赏；又封大明降将孙有德为恭顺王、耿仲明为怀顺王、尚可喜为智顺王，而范文程等几名文臣则被封为大学士、学士。

当年，英明汗努尔哈赤在沈阳开了四个城门，率文武百官、六宫后妃迁都于此后，改名为盛京。皇太极即汗位后，变四门为八门，更加气派。尤其受皇帝尊号后，在盛京大兴土木，中建大殿，名笃恭殿。其前殿为崇政殿，后殿名清宁宫，均雕梁画栋、金碧辉煌。其东有翔凤楼，西有飞龙阁，楼台掩映、花木扶疏、流水潺潺。崇政殿宏伟壮观，清宁宫雅致恬静，不逊大明宫阙。

在皇太极受尊号后，布木布泰成为庄妃，这一天她正徜徉在盛京后宫的御花园里。婀娜的身姿如风中的杨柳，高耸的云髻，鬓角弯弯压在白嫩的颈上，显得黑白分明。淡施的粉黛，反倒比那些浓妆艳抹的嫔妃们更胜一筹。只是岁月的风尘在她脸上写下几分凝重，眼睛里流露出几许淡淡的忧郁。是呀，她如何能不忧郁呢？在嫁给皇太极的十来年中，她凭着自己的美貌动人、远见卓识和聪明才智，博得了皇太极的宠爱；又凭着自己与人为善之心和机警伶俐，周旋于后宫之中，不但使后宫相安无事，还取得了许多信任和称许。但仅仅这些就够了吗？不，这与她的抱负相差太远了。她清楚地知道，要实现自己的远大抱负，就必须领袖后宫。而要做到这一点，实在是太难了，宦海浮沉、后宫险恶，是许多人都知道的呀！领袖后宫，除了聪明才智之外，更重要的，则是凭地位、机遇和母以子贵。其中仅就地位而言，她在皇太极的"崇德五宫"中，是位居最后的永福宫庄妃。

夕阳的玫瑰色余晖在布木布泰看来，有一种淡淡的失意和感伤。她静静地倚在凭栏之处，默默地望着御花园中莺歌燕语的后宫佳丽们，一时间陷入了深思。

在庄妃的记忆中，因宠妃生子而颁大赦诏令，并在笃恭殿举行盛大庆典者，关雎宫宸妃是第一人，也是唯一的一人。庄妃就这样沉思默想着，随着思绪的翻腾变化，那迷离而深邃的眼神儿也在不断地透露出令人难以捉摸的忧郁。

就在此时，侍女苏麻喇急匆匆地赶来，老远就见主子站在湖边水榭中怔怔地出神儿，便碎步追风似的走上前，轻声唤道：

"庄妃娘娘，皇上驾临永福宫了。"

庄妃将远望的目光缓缓收回，骤然间听说皇上驾临，不觉之间心潮激荡澎湃，溢出的泪花润湿了她的眼睛。

幽静的青石板路上传来清脆的"的的笃笃"之音，那是高屐的木底所发出的声音。庄妃循声望去，但见宸妃带着几个随身侍女正款款而来。她那乌云般的秀发披散在滚花镶边的素色旗袍上，远看亭亭玉立、飘然出尘；渐走渐近，近看则眉如远山含黛、目似秋水盈盈，肤似软玉、肌如羊脂，恍若神女再世。

庄妃于是急忙转身迎上去，施礼道：

"宸妃姐姐吉祥！听说皇上回宫了，说不定要去看八阿哥呢，请姐姐赶快回去，当心着了风寒。"

宸妃点头应道："皇上已来看过了，还亲了皇子几下呢，说不定现在已转到永福宫里了。你还不快快回去，姐姐看皇上今天特别高兴。"

关雎宫宸妃和永福宫庄妃姐妹同侍一夫，这既让她们能够互相关照，又让她们常常感到些许的不安。这微妙不可言的不安，来自女人不可避免的天生性情，那就是嫉妒。

五宫后妃中，皇太极最喜欢的有两位，那就是她们姐妹两个。关雎宫宸妃，生性贤淑文静、温柔可人，且又美貌动人，与皇太极感情极深。皇太极取《诗经》中以表达爱情著称的"关关雎鸠"诗句，来命名她的宫室；当宸妃的皇八子出生后，又破例破格地颁诏大赦天下，从中都可以看出皇太极对她喜爱的程度。

正是由于这种微妙不可言的不安和自己不争气的肚子，庄妃的心间、脸上，才有那朦朦胧胧、不可捉摸、无以言说的忧郁。但她们毕竟是亲姐妹呀，加之庄妃的正派和与人为善之心，尽管不安、郁郁寡欢，还是与自己的姐姐保持着十分亲近的关系。

但世事难料，崇德三年（1638年）正月二十八，对关雎宫宸妃来说，无异于天崩地裂的一天。还不到一周岁，未及命名的皇八子命如纸薄，从发病到夭折，前后仅有三天时间。

当年皇八子诞生后，对他的宠爱，上自皇帝下至皇亲国戚都到了绝无仅有的地步。为了这个有着"非常之贵征"的皇八子，皇太极特颁大赦诏令，成为轰动一时的大事。就连崇德二年（1637年）正月刚刚臣服于清的朝鲜国王李宗也特敬"皇八子"贺表，进献许多礼品。皇太极为宸妃生子而举行的庆典，更引来了八方祝贺，轰动盛京内外。当年八月，皇八子满月，作为宸妃娘家的蒙古各部落及所有的皇亲国戚，不远千里，闻风而来。他们驱赶着驮载各式各样土特产的驼马牛羊，络绎于奔赴盛京的途中。皇太极大宴宾客于崇政殿、清宁宫，盛况空前。

然而，就是这个皇太极最宠爱之妃所生，被视为"天命神授"的高贵小生命，在不测的风云和旦夕之祸中，未及命名便夭折了。沉重的失子之痛一下子将宸妃击垮了，经过多少次的晕厥和昏迷不醒，至今仍郁郁寡欢，终日处于失魂落魄之中，身染沉疴。

而偏偏在皇八子夭折两天后，即崇德三年（1638年）正月三十日深夜，盛京城内朔风凛冽，随着一阵啼哭，庄妃的儿子降生在永福宫中。这一消息虽然传得飞快，但谁都知道大清皇帝正逢丧爱子之创痛，那心情比肃杀的天气有过之而无不及，谁敢欢颜笑语！当值事太监急速将喜讯传到关雎宫时，皇太极脸上只挤出了一点儿淡淡的笑容，淡淡地说道："好啊。"太监大事渲染皇九子降生时，如何红光照耀、香气经久不散，皇太极听后又道："先定名为福临吧。"如此，庄妃的福运也就降临了。

当时两宫的情形，真可谓百年难见的一景。关雎宫内哀痛之音未绝，永福宫中张灯结彩。庄妃一再吩咐，大喜宫灯只挂到厅堂，宫门口就不要挂了。皇太极既痛心爱子，更心疼爱妃，为安慰爱妃，已几次辍朝罢政，哪里还有心看一眼皇九子的容颜和神态？庄妃明白，自己生皇子的喜庆已被皇八子之丧冲得淡而又淡。因为五宫中的宠妃生子，先不要说礼遇，就连待遇也如天壤之别，庄妃心里自然不会好受。但她识大体、懂大义，知道宸妃姐姐比自己不知要难受多少倍，丧子的巨痛比天大，相比之下自己还是比较幸运的。于是，她压下心中的不快和难受，感同身受般地替姐姐、替太宗皇帝难过起来。

在皇太极的崇德五宫中，庄妃和宸妃既是亲姐妹，也最为投机。虽说皇太极对宸妃的宠爱到了极致的地步，庄妃也并没有什么深忌大恨，只偶尔有点儿失意而已，故而仍时常到关雎宫走动。她常常从关雎宫华丽的建筑中，感受到皇上对宸妃的无比深情。关雎宫坐东面西，五间前后廊式建筑，屋顶铺琉璃瓦加绿剪边，正脊为五彩琉璃，其纹饰为五彩琉璃火焰珠，两侧有做前进状的行龙、振翅欲飞的凤凰、含苞待放的荷花和莲藕，四条垂脊亦为五彩琉璃。这座建筑的式样与华美，与中宫皇后的清宁宫完全相同，只是台基稍低一些而已。庄妃心里明白，台基虽稍低但人不低，有皇太极的多年宠幸，台基再低又有何妨。想想过去，再看看宸妃羸弱的身躯、日暮西山的精气神儿，心中不禁唏嘘悲叹不已。

中宫清宁宫孝端皇后穿戴着凤冠霞帔，虽说年事已高，但还是兴致勃勃地走在祭祖队伍的最前面。

城外一带土丘上，矗立着几座豪华气派的建筑，正是清官祭祖的地方。此刻已近午时，春日的阳光洒在众人的身上，令人感到暖洋洋的。孝端皇后在两位宫女的搀扶下，不时地向后面望着，心里像喝了蜜似的高兴。她时不时地和麟趾宫贵妃、衍庆宫淑妃高声交谈着。使她高兴的不是别的，而是这五宫正妃全是蒙古女人。她常常自豪地矜夸，爱新觉罗的男人们打天下、统治天下，而蒙古博尔济吉特氏的女人则治理着后宫。

庄妃紧靠在宸妃的身边而行，默默地想着自己的心事：现在总算好多了，孝端皇后与自己和宸妃的关系越来越好。以前曾有一段时间，自己去向时为大福晋的本家姑姑请安时，常常被挡在门外，令她扫兴得心灰意冷。但她并没有浅薄地东家长西家短地到处议论此事（她也绝不是这种人），也没有心怀忌恨，而是一如既往，终于感动了大福晋。对于姐姐宸妃的受宠，孝端皇后同样表现出了心胸狭窄的一面。为了消弭隔阂，庄妃偕宸妃一同去拜见她，又被挡在了门外。望着姐姐那委屈而无奈的表情，庄妃忍不住闯了进去。孝端只是冷冷地看了她一眼，不屑地说："汗王如此宠爱你们，还用得着向我请安吗？"布木布泰忍无可忍，但还是平心静气地责问："您是大福晋，又是我们姐妹的本家姑姑，给您请安是我们应该做的。再说，我们都是博尔济吉特氏这个大家庭的女儿，理应相互扶助。倘若连我们自己都听信谗言而致亲情相欺，连自家人都不能互谅互敬、互携互助，难道还能指望别人对我们这样做吗？"一席话不但说得孝端无言以对，心里也不得不点头称是。

现在，孝端皇后对自己早已佩服得五体投地，宫中的大事小情都来商量，对宸妃的打扮虽略有微词，可也越来越近乎。

"姐姐，累了就歇歇吧。"庄妃柔声说道。

宸妃确实有点儿累了。她伸手抿起耳边的鬓发，回想这些年来的宫廷生活，阴郁的心境无法排遣。虽然有皇上的百般呵护、御医的精心诊治，但那浓重的阴影始终无法驱散，像草原上突然袭来的乌云，在不断地扩大、弥漫，终于遮蔽了清澈而高远的碧草蓝天。宸妃的神思恍惚和形销骨立，令所有在场的人目不忍睹。

庄妃看得出来，孝端皇后在高谈阔论中时不时地向宸妃瞥过来怜恤的眼神。皇后吩咐宫女们打扫布置殿堂后，便转身过来，双手拉着宸妃骨瘦如柴的手仔细打量，她难以相信，眼前之人如何会和那位风情万种的人儿联系在一起。所以，她未曾开口，眼圈儿倒先红了起来，千言万语只说出了一句：

"宸妃，别的不说，你要为皇上着想啊！"

明清对峙的松锦前线，战火纷飞，战云笼罩着大地。此时，锦州外城已完全被清军占领，而以明蓟辽总督洪承畴为主帅的明军，则牢牢地掌握着松、杏二山和锦州内城。清军虽发动了多次大规模的攻势，但均被明军击退，损失惨重。于是清军坚守而暂不进攻，采用铁桶般的围困之策，同时紧急调兵增援。

就在这两军相持不下的当口儿，传来大清后宫的八百里急报：关雎宫宸妃病重。在此两军对垒的关键时刻，皇太极比谁都明白，身为三军统帅的自己不应离开前线，但爱妃病重，似乎更使他放心不下。无奈之中，皇太极立即召集军前的将领、谋士，重新作了部署，自带一千人马星夜兼程地返回盛京。一路上马不停蹄地走了三天三夜，弄得人困马乏、几乎到了不支的地步。在众臣的极力劝说下，才在距盛京不远的一个小地方驻跸歇宿。夜里一鼓时分，后宫遣人飞报宸妃病笃。皇太极下令连夜拔营，同时即遣大学士希福、刚林快马疾行，以先趋问候。此时的皇太极，真是心急如焚，恨不得插翅飞到爱妃身边。五鼓时分，天还未明，銮驾刚入盛京之际，便传来宸妃薨逝的噩耗。

永诀之际未能与心爱的人见上一面，对皇太极来说太残酷了。他犹如五雷击顶，痛失所爱而悲不自胜，抢入大清门，弃辇大步直奔关雎宫。当皇太极看到已香消玉殒的宸妃遗体时，似乎还不愿相信这是真的，怔忡了好大一会儿工夫，才悲从心来、声泪俱下，痛哭而至失声中，晕厥了好几次，把也在痛哭的上上下下弄得手忙脚乱。一时间，清宫上下哭得天昏地暗，日月无光。

庄妃强抑悲戚，忍住哭声，劝慰皇太极道：

皇太极带千人返回盛京

"皇上，宸妃走得安详，临终念念不忘要皇上节哀，保重龙体要紧，大清江山要紧。"

"爱妃，你听得见吗？卿此一去，幽明阻隔，永世再难见一面，怎不令朕肠断啊！"凄恻悲怆之中，皇太极又自责不已，"爱妃与朕情深意长，指望着长相厮守。可为什么朕要在爱妃生病之时驰骋沙场，擐甲而执兵呢？以致与爱妃如此长诀！以致哭天天不灵，叫地地不应，让朕到哪里去寻找你呀！"边哭边顿足捶胸，泪飞如倾盆大雨。突然，鼻孔中涌出两道血流，遂哑然失声、胸闷气短，歪倒在庄妃的怀中。

庄妃的泪水自打姐姐辞世就一直没断过，此刻带着哭腔摇着唤着皇太极："皇上，皇上快醒醒。太医，快传太医！"经过好一番忙碌，皇太极才慢慢醒转过来。

醒来后的皇太极一只手紧紧地抓住宸妃冰凉的手，另一只手则一会儿挥舞、一会儿伸缩着，像是在两处茫茫皆不见中，上穷碧落下黄泉地寻找着他的爱妃。然后，他又双手抓住庄妃的手，不停地说着问着："宸妃，你如何就先朕而去了呢？庄妃，宸妃到底为什么不等朕啊，是不是朕对她有薄情之处呀？"

庄妃回答不了这一连串的提问，只是拼命摇头，反复劝慰："臣妾请求皇上爱惜龙体，节哀顺变。"

中宫孝端皇后带领后宫的嫔妃们齐刷刷地跪下，哀求皇上节哀顺变。皇后又道："外面的大臣都跪在关雎宫前，请旨如何料丧。"

庄妃听后忙敛起哭容，正色对皇太极劝道：

"皇上，自古人死不能复生，皇上要以天下为重，化解悲痛振作起来。"接着，又借宸妃遗言来劝，"这也是宸妃的临终遗言。皇上深感遗憾者，是未能与宸妃见上最后一面，想来这也是宸妃怕皇上过于哀恸，先逝而去的原因吧。"

皇太极听后，不得不强忍悲痛，渐渐止住了涕泣。稍微平静之后，即颁旨："一切丧殓之礼悉从厚。"又命在关雎宫内临时搭"御尾"，以示哀悼、怀念。而他自己则饮食俱废、神思恍惚，终于病倒。

都察院参政祖可法等上疏："万乘之尊，中外仰赖，今皇上过于悲痛，大小臣工不能自安，皇上要自保圣躬，勿为情牵，珍重自爱。"于是，众王公大臣纷纷进谏。

然而，皇太极深陷于对宸妃的魂牵梦萦之中而难以自拔。他抱病参加对宸妃的各种祭奠活动，以满、蒙、汉三体制诰追封宸妃为敏惠恭和元妃，并亲撰祭文。每临祭必恸哭以致失声，终致病不能起。

庄妃日夜侍奉在侧，寝不解衣，煎药倒茶熬红了双眼，也哭干了眼泪。她为皇太极身体的每况愈下而担心落泪，也为皇太极对姐姐的一片真情而感动落泪。

这一天，皇太极悠悠然睁开了双眼，蒙眬迷离之中，恍惚见红纱灯影下，一妇人端坐，那背影十分眼熟，不禁脱口而出："宸妃，你让朕找得好苦啊！"

"皇上，臣妾是庄妃。"庄妃忍泪强笑着说，"皇上龙体欠安，臣妾这里整日侍候着。"

皇太极想要挣扎着起身，但力不能胜，庄妃忙将他扶起靠在绣枕上，端过来汤药，道："皇上正好醒来，先让臣妾喂些汤药吧。"

"噢，"皇太极怔怔地仰脸望着帐顶，觉得头脑昏昏沉沉的。忽然间，他瞥见文案上的一大摞奏折足有二尺多厚，不觉心中一惊，忙问，"庄妃，想来朕耽误国事了吧？"

庄妃不语，轻轻搅匀刚煎好的汤药，凑在自己唇边，尝了一尝，而后垂首道："皇上，松山决战已近尾声，睿亲王多尔衮八百里快报奏捷，恐怕要不了几日，他就要凯旋回京了。"

皇太极听后似有所悟，虽然形容憔悴，但神思恍惚之中，那双眼渐渐明亮起来，精神也随之有所振作，说道："朕生天地之间，当为抚世安民，而今过分悲悼，庶几不能自持，实乃朕之大过。朕自今日始，当善自排遣。"

庄妃听后，十分高兴地道："皇上能如此想来，就是大清国的幸运，就是天下苍生的福气了。"一边说着，一边一勺又一勺细心地给皇太极喂下汤药。

皇太极喝着汤药，打量着庄妃，觉得她清瘦了许多，显得清秀的脸上笼着淡淡的愁容。倍生爱怜的皇太极拉着庄妃的手，感激地道：

"爱妃，朕今日就去上朝，你不必再忧愁了。"

"那倒无须太急。朝中诸军政事宜有范文程大学士暂主持着，一切都井然有序，各得章法。皇上，这折奏疏就是范大学士所上，臣妾看了，方知松锦会战就要结束了。"

皇太极接过来细细阅过，深为范文程的忠心所感动，奏疏上写道："得悉皇上病体康泰，微臣感到十分安慰。臣以为凡心劳则动气，故愿皇上清心定意，万寿无疆！一切细务，交由各部分理，不劳皇上费心，臣唯以圣躬为重，伏望皇上息虑养神，则天下幸甚。"字字诚恳，句句情真意切。

皇太极这才明白，在自己卧床不起的这些日子里，众文武大臣皆以为自己在静心调养呢，非但没生他想，反而更加勤于国事，这一切幸赖庄妃安排得当、调度有方。想到这里，他心中的感激和宠爱之情溢于言表，紧紧地握着、拍着、抚摸着庄妃那温润的玉手，情不自禁地和庄妃深吻拥抱在一起。

自此以后，庄妃就成为皇太极后期生活中的唯一爱妃，成了崇德五宫中领袖后宫的宠妃。

▌三、佐夫定鼎▐

助夫继位

天命十一年九月一日，皇太极举行盛大而庄严的继位大典。这一天，天朗气清、风和日丽。天刚蒙蒙亮，以代善为首的诸贝勒大臣与文武百官齐集于大政殿等候，殿内外早已备好了一切登基大典所需的法驾卤簿。皇太极身着盛装礼服率群臣先祭堂子、焚香，向天地行跪拜大礼。

明天启二年（后金天命七年，1622 年）正月，明军在广宁大败后，明朝廷以日讲官孙承宗为兵部尚书兼东阁大学士，督师山海关，专主辽事。孙承宗督师四年，惩逃将，"清冒破"，汰冗兵，练士卒，筑城堡，缮甲仗，买马匹，采木石，军备大整。他在战略上坚持"以辽人守辽土，以辽土养辽人"思想，使辽东形势开始向有利于明朝的方向转变。特别是他重用杰出的军事将领袁崇焕，对遏制后金的进攻，起了很大的作用。袁崇焕力主积极防御的方针，坚守关外，屏障关内，营筑宁远城，以图进取。到天启五年（后金天命十年，1625 年），孙承宗与袁崇焕决计，遣将率兵分据锦州、松山、杏山、右屯及大、小凌河，修城池，驻军队，进而图恢复大计。但是，由于朝中党争激烈，孙承宗被魏忠贤参奏罢官。阉党分子高第成为兵部尚书，并代为经略辽事，使辽东形势急转直下。

高第其人素不知兵，以谄附阉党得受封疆重任。其到任后，色厉而内荏，畏敌如虎。下令尽撤锦州、右屯、大凌河诸城的守军，将器械、粮秣、枪炮、弹药全部移至关内，放弃关外四百里之地。袁崇焕力争兵不可撤，城不可弃，民不可移，田不可荒。高第凭借其势焰，不但执意要撤锦州、右屯、大凌河三城，竟然还传檄撤防宁远、前屯两城。时任宁前道的袁崇焕，决心与宁地共存亡，誓死不撤兵，高第对此也无可奈何，只能撤防其他守地，将兵民尽驱入关，丢弃粮谷十余万石，其他辎重无数。导致民怨沸腾，哭声遍野，军心委靡。到了此时，宁远已是一座孤城，只有袁崇焕率领的一万多官兵在此驻守，誓与城池共存亡。

努尔哈赤在占领广宁后的五年里，虽派兵夺取旅顺，但尚未大举进攻明朝。这一方面是由于他在整顿内部，训练军队，忙于镇压统治区内广大汉人的反抗；同时，更由于孙承宗、袁崇焕守边有方，无懈可击。一向善于伺机而动的努尔哈赤，当得到孙承宗罢官、高第庸懦、袁崇焕宁远孤守的探报后，便决定出师兵临宁远城，进攻孤立无援的袁崇焕。

天命十一年（明天启六年，1626年）正月，努尔哈赤亲率十三万大军，号称二十万，从沈阳出发，直扑宁远。高第闻言丧胆，唯恐不能自保，龟缩在山海关，拥兵而坐视不救。袁崇焕在大敌压境、外无援师、孤城自守的危急时刻，临危不惧，指挥若定。他采纳参将祖大寿的意见，闭关死守，不与争锋。袁崇焕"刺血为书，极以忠义，为之下拜，将士咸请效死"。

努尔哈赤统率八旗劲旅西渡辽河之后，"如入无人之境"，兵锋长驱直指毫无外援的孤城宁远。大军兵临城下后，首先派人传大汗之旨，劝说投降，但遭到袁崇焕的严词坚拒。后金军队遂对宁远城发动了猛烈进攻。骑兵步兵一拥而上，万箭齐发射向城上，并险些掘开城墙，攻陷城池。明军则在城发矢镞、掷雷石、飞火球、投药罐，并用红衣大炮轰击，就连努尔哈赤本人也被红衣大炮炸伤，于是被迫全部回师。宁远之役，成为努尔哈赤起兵四十二年以来的第一次败战。

努尔哈赤回到沈阳后，一直焦躁不安，忧愁难眠，积劳成疾，加之宁远之役受的伤尚未痊愈，痈疽突发，于是前往清河汤泉沐浴休养。后来病势危重，天命十一年（明天启六年，1626年）八月十一日，在由清河返回沈阳的途中死去。

努尔哈赤到了晚年，经常考虑汗位的继承问题。但因其曾经立过的长子褚英、次子代善均未如愿而作罢。于是决定不再立继承人，日后由众贝勒推举新汗，并实行八和硕贝勒共理国政，凡军国大事都要共同商讨处理，不许一人独断专行。努尔哈赤死时的四大贝勒为代善、阿敏、莽古尔泰、皇太极，四小贝勒是阿济格、多铎、岳托、豪格。

从当时的情况来分析，阿敏是努尔哈赤的侄子，属旁支而不能争位；莽古尔泰生性鲁钝，曾手刃其犯有过错的生母，为许多人所不齿，更没有希望了。而比较有条件争夺汗位者，一是代善，其身为两红旗旗主，且有几个能征善战的儿子为后盾；二是皇太极，其人智勇双全，聪明过人，善弄权术，功勋卓著，主正白旗，在八旗贝勒、王公大臣中颇有威信；三是多尔衮兄弟，努尔哈赤生前对其兄弟三人及其母亲阿巴亥十分宠爱。

就这样，虚空的汗位所造成的权力真空，在大金统治集团内部引发了一场争权夺位之争。幽深的皇宫里，笼罩着阴郁惨淡的氛围。

安葬汗王及其身后一应事项的处理，均由以四大贝勒为首的诸子及其他贝勒大臣紧张而秘密地进行着，墓地、葬仪、日期……再加上四大贝勒公布的汗王"遗命"：

"后大妃，饶丰姿，然心怀嫉妒。每致汗不悦，虽有机变，终为汗之明所制。留之恐后为国乱，汗预遗言于诸王曰：俟吾终，必令殉之。"

就这样一纸由别人叙述出来的所谓"遗命"，就决定了多尔衮三兄弟之母、大妃阿巴亥的命运。

恐惧、绝望、疑惑……一时间阿巴亥心中涌出无尽的情绪和思想。这怎么可能呢？汗王生前对我无比宠爱，就在汗王乘舟回盛京的途中还召我一人往迎，并在浑河相会，又如何忍心让自己殉葬呢？但是，在这危急时刻，除了悲切哭泣之外，阿巴亥却一句话也说不出来。她只是无奈地摇头、摇头，乞怜的目光在众贝勒的身上扫过，而碰到的都是无情而决绝的面孔，恨不得她早早从命的眼神。

身后隐隐传来的啜泣声，在促使她拼尽全身的力气做最后一搏。阿巴亥想到，自己从十二岁侍奉君王，竟落得如此下场，天理何在、公道何在？这绝不是什么汗王的遗命，为了他生前十分宠爱的三个孩子，汗王也不会留下这样的遗命！而现在，她也要为了身后三个啜泣的儿子作最后的挣扎。阿济格、多尔衮、多铎，他们都还小啊！虽然年方冲龄便被封为和硕额真，但毕竟没有战功在册，人心难测，谁知自己一死，情形又会如何呢？

于是，在哭了大半响之后，阿巴亥抬起泪眼，下定决心对各位贝勒说："汗王生前对本妃恩爱有加，各位应有目共睹，尽管本妃曾有过失，但早已蒙汗王饶恕，不再追究……"

等不得她继续说下去，四贝勒皇太极说道：

"先帝有命，虽欲不从，断不可得。"

阿巴亥支吾着说不出话来，目光乞怜地投向大贝勒代善，代善忙将头扭向一边。于是其他贝勒纷纷效仿皇太极，以先帝之命为据，毫不相让。

在这样的情形之下，阿巴亥只得无奈地起身走出大殿，一路上放声悲哭不止，三个儿子掉着眼泪默默地跟随身后。回到卧房，想起先帝生前和病中对自己的恩爱种种，阿巴亥不由得伏地痛哭："汗王啊，汗王！臣妾深知，你十分眷恋与我的深情，可你就不想想三个爱子丧父之后又失娘的百般痛楚吗？为什么，为什么啊！偏偏命运就不肯放过我，也不肯放过孩子们吗？难道，这就是我一生侍君的报应吗？"哭声凄凄惨惨，真可谓哭天天不应，叫地地不灵。

次日辰时，阿巴亥艳妆而坐。芙蓉如面柳如眉，海棠花开春带雨般的娇艳，其凄艳之美，令人看上去怦然心惊。生殉，这一奴隶制社会的遗俗，在满人中是普遍存在的。《宁古塔志》载："夫死，必有一妾从殉。当殉者必于生前定之，不容辞，不容僭也。主妇皆率下拜而享之。及时，以弓弦扣环而殉之。倘不肯殉，则群起而扼之死矣。"

布木布泰也在下拜之列。她目不转睛地定神望着大妃阿巴亥，不由得内心一阵阵悸动。她不敢相信眼前这一切都是真的，难道年仅三十八岁的阿巴亥就这样了此一生吗？她擦了擦眼睛，该不会是在梦中吧？她仔细地盯着阿巴亥的那双眼睛，茫然、散乱的目光了无生气，那两颗偶有些微转动的眼球，像两个安放进去的琉璃珠子，似乎随时都有掉下来的可能，看上去可怕、渗人。好在嘴角有些自然的上翘，使人觉得带着笑意似的。

诸命妇拜别已过退下后，众贝勒上前依旧当着众人宣读老汗王的所谓"遗嘱"，按长幼顺序，阿巴亥的三个儿子排在最后。排在众人之末的多尔衮，此刻忍不住高喊了一声："额娘，一路走好啊！"

阿巴亥听后仿若万箭穿心，自己生殉倒也罢了，她最不能放心的便是自己的三个儿子，他们年龄尚小，既无军功又无势力，一旦受人欺负，又有谁会为他们撑腰呢？尽管他们三个中的两个承老汗王的荫庇，以冲龄之祚而各领有一旗属地，在八大贝勒之中；而多尔衮也是除四大贝勒及其兄弟阿济格、多铎二旗主贝勒之外，领有牛录最多的主子，但如果没有人保护，自己身后的事变幻莫测，怎能料想到将来呢？阿巴亥用力噙着欲滴的泪眼，她知道自己此刻不能哭，便努力抑制自己，向诸贝勒作临终时的最后哀求：

"本妃自十二岁侍奉先汗，丰衣美食已有二十六年，先汗待我情深似海，本妃实在不忍相离，愿以生殉相从。但本妃有最后一个要求，本妃死后，各位贝勒所推举之新汗王无论如何都要照顾我的三个幼子，使他们长大成人，这也是先汗生前的意愿，本妃在这里拜托再三了！"

皇太极上前截住话头儿，道："大妃娘娘，我等皆已谨记，就请娘娘上路吧！"

布木布泰听了暗暗吃惊，她好像还是第一次看见夫君说话的表情那么生硬、冷漠，话语也是那么斩截，丝毫没有商量的余地。但细想之后，又觉得这也在情理之中。倘若阿巴亥留下来，势必位居太妃中宫，无论立谁为汗王都绕不过这个门槛，加上阿济格、多尔衮、多铎三兄弟一旦成人稍有异志而内外配合，那么取大金的天下如探囊取物。但是，从人之为人的感情上，她确实替阿巴亥感到心痛，她听出了阿巴亥临死前要面子的话。

在议推新汗王的头几天，皇太极曾离开先汗的灵柩忽然回府，而后派人四出打探，其着重点是联络二贝勒阿敏、三贝勒莽古尔泰，用意无非是联合他俩共同对付大贝勒代善，推举自己为汗。

布木布泰当时就感到这样做十分不明智，当即劝皇太极道："此时可不是相访的时刻，以微妾看来，在众贝勒之中您的威望最高，除功勋卓著、智勇双全外，还没有半点瑕疵。可是在这种时候，您派人去找两位贝勒议事，倘若走漏了风声，别人会说你结党营私，素怀野心，有谁还能推举您为汗呢？"然后，又给皇太极详细分析了八大贝勒的具体情况，指出只有他才是继任汗王的最有希望之人选。皇太极听后才恍然大悟，方知举措失当，遂打消了念头。

此后，在议立新汗王的那一天，众贝勒大臣齐集大政殿。这时的大政殿，笼罩着一种悲哀而又肃然的氛围。一开始谁都不愿说话，似乎不是沉浸在哀伤之中，就是在想心事。此时的皇太极似乎悲戚难当，沉浸在丧父之痛中，对立新汗一事缄口不言。

过了良久，代善作为大贝勒、皇长子不得不首先打破沉默："国不可一日无主，我们当尽快推举新汗，以避免节外生枝，被人乘虚而入。最近得到探报，蒙古察哈尔部林丹汗又在与大明勾结，意图一统蒙古各部落从而与我大金国抗衡；而明朝的宁远守将袁崇焕也是跃跃欲试，企图东征而夺我抚顺、辽阳、广宁直至盛京。"

众贝勒大臣听后毫无反应，仍沉默不语。这似乎是代善意料之中的事，他知道自己的话无人响应，足以说明众人都否决了自己。作为长子，身为大贝勒，居四大贝勒、八大固山额真之首的自己，已没有希望被立为新汗了。而实际上，他本人也早已没有继承汗位的奢望了。

代善与其兄褚英，皆为努尔哈赤元妃佟佳氏所生。他很早就随父东征西讨，因卓有功勋，曾赐号古英巴图鲁，在八旗中领有两红旗。在其兄褚英的太子位被废，又被杀之后，他曾被立为太子。后来因为过失，于天命五年（1620年）九月，又被父汗努尔哈赤废黜太子名位。代善为人性格宽柔，但时有庸俗、低劣的表现，尤其是与大妃阿巴亥的关系被揭露后，不但在父汗那里渐渐失宠，也在诸贝勒大臣的心目中，声名狼藉，声望日落。此后，又接连发生了两件事，其一是代善听信福晋谗言虐待前妻之子；另一件则是他嫌自己宅第太小而抱怨不已，遭到了努尔哈赤的痛斥，责他对天盟誓，痛改前非。从此，努尔哈赤越发对代善日渐冷落。

过了许久，大殿内仍是一片沉寂。

烛火高照的大殿内，身着缟素的贝勒大臣们仍在沉默着。仿佛除了代善的泛泛而谈之外，其他任何一句话都有可能引来一片刀光剑影，一场血光之灾。漫长的沉寂中隐伏着龙争虎斗的杀机，谁都昼思夜想着登上汗位，但谁都没有把握一定能登上汗位。以大贝勒身份统理军政要务的代善，四下里遍望了几遭，仍是没有人回应他的话。

又过了片刻，似乎仍在丧父的沉痛之中的皇太极，慢慢地扶案起身，说道："长兄之言甚为有理。我们应及早推举德才兼备者为新汗，主持军国大计。我等当尽力辅佐，上下同心，以壮我大金，完成先汗遗愿。"

代善在听此言之时，频频点头，真希望皇太极说出自己的名字，推举为汗。可听完之后，皇太极并没有推举哪一个，他的这一番话并没有实质内容，只是想打破尴尬的场面，也算是给了自己面子。

二贝勒阿敏身为镶蓝旗旗主，有实力、有战功，也有称汗之心，但毕竟是努尔哈赤之弟舒尔哈齐的儿子，是旁支。阿敏的头垂得很低，他不但知道自己是旁支，还知道父亲就是因为闹独立、谋反而被处死的，倘若他站起来争位，必将成为其他执政的七大贝勒之共敌，更不要说成功的希望了，那就索性连一句话也不说。

三贝勒莽古尔泰拥有正蓝旗，但为人桀骜不驯、鲁莽暴躁，曾手刃生母，声名狼藉，更没有希望被推举为汗。可有一样，倘若他对所推举为汗的人不满意的话，谁也预料不到他能干出什么事来。

阿济格、多尔衮、多铎三兄弟，虽然努尔哈赤生前对他们及其母亲阿巴亥十分宠爱，并且已领有父汗自将的两黄旗，但毕竟一个刚成年不久，两个尚未成年，显得太嫩了一点儿；同时，众贝勒早就担心多尔衮三兄弟的势力过于膨胀而迅速壮大，所以他们也没有多大希望被推举为汗。

如此仔细地翻检之后，剩下的就只有四贝勒皇太极了。

又沉寂了良久之后，大贝勒代善像是下定了最后的决心似的，缓缓站起身来，说道：

"国不可一日无君，立君大事，宜当早定。"他停顿了一下，似乎还抱有一线希望，想让别人顺着他的话说下去，但仍然无人响应，于是他知道若要别人推荐自己为汗笃定没戏了，便干咳了几声，接着说，"依我看来，四贝勒皇太极乃当今人杰，智勇双全、才德冠世，最符合先汗心愿，又深得人心，众皆悦服，可立为汗，尽快继登大位。"

众贝勒大臣愕然地看着代善，眼神既惊奇，又透出不解的迷惘，难道大贝勒真不想继承汗位吗？可他们二人明明一直暗中较量，各施招数，对汗位虎视眈眈，何以今日代善倒主动放弃了？自觉不济，放弃也就罢了，他又为何力荐自己的竞争对手呢？莫非他想反激四贝勒一下，再由四贝勒的谦让而顺口推举自己吗？

莽古尔泰就有这种想法，他听大贝勒首推皇太极之后，不给别人留下任何一点说话的空儿，立刻便站起来大声说：

"皇太极足智多谋，勇猛善战，我等皆不如他，当立皇太极为汗。"

代善一看这情形，就明白了这个汗位彻底与自己无缘了。努尔哈赤身死的当日，代善特意叫来两个儿子问话，谁应继承汗位？长子岳托、三子萨哈廉吞吞吐吐半响，最后岳托才嗫嚅着说，论德才应当推举皇太极。连自己的儿子都认为皇太极是首推人选，更何况别人！那自己还争个什么劲儿呢。

皇太极脸上的悲戚之色，仿佛笼罩着一层乌云般凝重。他早有谋取汗位之心，曾想四处联络而被布木布泰劝阻，现在听大贝勒代善和三贝勒莽古尔泰推举自己，正中下怀。但他又是一个极为精明和善弄权术之人，心想父汗生前没有遗命，又有长兄在，还是应该向众弟兄谦让一番才对。他深知，越谦让便越会获得别人的拥戴。于是他缓缓站起，说道：

"父汗并无立我为君之遗命，今若嗣立继位，既害怕不能上继父汗的遗志，又害怕不能很好地统领群臣以开疆拓土、安抚百姓。而我这样一个没有出众才能的人，是很难做好这些事的。"

这番话是皇太极经过深思熟虑，有的而发的。其要点有二：一是自己谦让归谦让，但绝不反推任何人继位为汗；二是针对自己登基后，诸贝勒大臣能否真心拥戴，从而能否做一个真正令行政通的汗王，而发出的一种试探，以求得事先的保证。

代善道："我大金面临强敌，若无深孚众望的人领导，则极有可能重新成为明朝之附庸。只有皇太极这等智勇双全、才德服众者方可主持大局，我等当倾力相助，共同御敌，共同治国，则大金可日益强盛，老汗王的远大抱负才能实现。"

而后，众贝勒大臣纷纷劝进。皇太极像是实在拗不过众人意愿似的，才表示接受大家的请求，同意继位。

就在众贝勒大臣在代善的推举下，拥戴皇太极继位为汗的九个时辰之后，就发生了前述的一幕，代善、皇太极等迫令阿巴亥自尽殉夫。

听了皇太极绝情的催促之言，阿巴亥落下了一行难尽的伤心泪。二十多年的后宫生活，已使她了解了宫廷斗争的残酷，所以她知道抗拒是徒劳的。虽然她不相信这是什么先汗的"遗命"，但不管是与不是，她知道自己是必须死了，她也知道，或许只有自己的死才能保住三个年幼儿子的安全。她不愿却又不得不将自己的儿子托付给这些逼己自尽、玩弄阴谋的先汗子臣们。

皇太极似乎对自己的催促之言觉得有些欠妥，忙又泣下说："大妃娘娘，多尔衮、多铎二幼弟，我们当然善以恩养，要不然，此乃忘父也。岂有不好好恩养之理？"代善等人也随声附和。

艳妆盛饰的阿巴亥，最后看了几眼多尔衮、多铎，遂决然地走上了生殉之路，时为天命十一年（1626年）八月十二日辰时。

阿巴亥的生殉，为努尔哈赤身后的汗位之争抹上了殷红的一笔，留下了血淋淋的一幕。

天命十一年九月一日，皇太极举行盛大而庄严的继位大典。这一天，天朗气清、风和日丽。天刚蒙蒙亮，以代善为首的诸贝勒大臣与文武百官齐集于大政殿等候，殿内外早已备好了一切登基大典所需的法驾卤簿。皇太极身着盛装礼服率群臣先祭堂子、焚香，向天地行跪拜大礼。礼毕，返回大政殿，群臣行三跪九叩大礼后，新汗皇太极宣誓：

"皇天后土保佑我皇考创立大业，今皇考已逝，众兄弟子侄共议皇太极承父基业，推我为君，我唯有承继皇考业绩，遵守皇考遗愿。我如不敬兄长、不爱弟侄、不行正道，明知非义之事而故做，或因兄弟子侄微有过愆，便削夺皇考所予之封地、户口、财产，天地必加谴责。如敬兄弟子侄、行正道，天地护佑，国祚昌盛！"宣誓已毕、焚烧誓词后，皇太极又亲率诸贝勒向大贝勒代善行三拜礼，不以臣下之礼相待。

接着，大贝勒代善、二贝勒阿敏、三贝勒莽古尔泰率众兄弟、子侄向天地宣誓：

"我等兄弟子侄合谋一致，奉皇太极继位为汗，作为宗庙、社稷、臣民之依赖，如有心怀嫉妒，损害汗位者，一律不得好死！我代善、阿敏、莽古尔泰三人，如不教养子弟或加以诬害，必自罹灾难。如我三人善教、善待子弟，而子弟不听父兄之训有违善道者，天地谴责，如能守誓约、尽忠良，则天地爱护。"

听着这样的誓言，望着这宣誓的人们，皇太极感到由衷的高兴和满意。人畏天命，对天发誓，就是要用不可抗拒的天之意志来约束他们自己的行为，从而达到上下同心同德，人心安定，服从新汗的统治，维护新汗的地位。皇太极还看到，位居嫔妃之列的布木布泰终于露出了久违的笑容。

继位大典之后，改元明年为天聪元年。

天聪元年（1627 年）七月的一天夜里，皇太极半躺在后宫的御榻上，捧着一部《孙子兵法》挑灯夜读。内室里传来一阵窸窣之声，还有轻轻的脚步声从一间屋里传到另一间屋里。

后来，那脚步停在了皇太极跟前。

"汗王，臣妾看你连日操劳，身子骨日渐消瘦，起来用些点心吧！"布木布泰手捧盛着点心和时新鲜果的托盘，款款而来。

"噢，"皇太极听后侧过身子，"先放下吧，还有几份奏折没看完呢。刚才看了这汉人的《孙子兵法》，心里还真亮堂不少，看来打仗着实是门大学问呀！唉，悔不听范文程的话，还有爱妃你的意见。"

皇太极向天地行跪拜大礼

布木布泰微微一笑，说："汗王，事情过去了就过去了，要紧的是以后。正如范先生所言，不必和明朝争一日之短长。臣妾倒十分关心这次出征林丹汗的大事，汗王不能休息一下，让其他贝勒去吗？"

皇太极听后不禁一笑，说："爱妃可知，父汗在世时，哪一个大仗不是他老人家亲领八旗子弟冲锋陷阵？"

布木布泰知道多劝无益，于是取一块糕饼递给皇太极。皇太极接过之后，遂坐了起来，又接着刚才出征的话茬问："爱妃，我出征的日子里，你在宫中做些什么，不寂寞吗？"

布木布泰柔情地说道："除了思念汗王，还能干什么呢？有时去找大妃娘娘、二妃娘娘说话谈心，有时闲着无事，就看书写字，还随便涂抹几笔画。"

"好啊，取来看看。"皇太极兴致来了，"再添些点心，上壶进贡的好酒。"

布木布泰听了这声吩咐，心里有说不出的高兴。要知道，这是自皇太极登基以来，第一次要在后宫中饮酒。在布木布泰看来，皇太极似乎已渐渐从宁锦大败的阴影中解脱出来了。当初，宣誓继位才几个月的皇太极急于报父仇，亲率十余万八旗健儿围攻宁锦。当时，范文程竭力反对而被斥被贬，而布木布泰则根本插不上嘴，只于后宫中瞅机会劝几句而已。

像布木布泰这样的宠妃都插不上几句话，那是因为大金国是男人的天下，不像大明那样今天西宫无事生非，明天奶妈子就能翻云覆雨。当时的明熹宗天启帝就特别信任自己的乳母客氏，尊其为奉圣夫人。而与奉圣夫人结成"对食"（明后宫太监的相好）的太监魏忠贤也陡蹿而上至九千岁（即一人之下万人之上之意），闹得大明宫廷污秽熏天，朝纲废弛，正直大臣都战栗在血雨腥风之中。唯有宁锦的袁崇焕封疆在外，加之抗金有功、守土有方，就连魏忠贤也不敢贸然下手。原本以为会马到成功的皇太极，于1627年，即明天启七年、后金天聪元年，亲自率领大军进攻宁锦。谁知甫一交战，即损兵折将。本为报父仇同时开疆拓土的皇太极，继父亲之后又一次惨遭失败，明人称此役为"宁锦大捷"。皇太极遇到的对手袁崇焕是有胆有识、有智有勇之人，他既叹服，又顾忌甚深。为此，皇太极几乎患上了心疾，近两个月来从不曾开颜释怀。

"好酒，"皇太极端起酒杯，一口喝干后赞道，"爱妃也喝一口暖暖身子吧。"

布木布泰端起酒杯，皱着眉头喝了一口。那热辣辣的感觉随即涌向全身，带着酒意的潮红布满了她那秀美的脸庞。布木布泰揉着凤目，说道："三五之夜，明月临轩映窗，臣妾此时尤为思念汗王，就画了一轮明月，烦请汗王给起个画名。"

带着几分兴致和酒意，皇太极接过画来，就着明亮的烛光，仔细欣赏起来。

画面上为一轮满月，月中绘有广寒宫、桂树、玉兔等物，广寒宫前坐着一位仙女，眼神茫然而迷离地远望月光普映的下界。

皇太极越看神色越凝重起来，若有所思。"爱妃，"皇太极道，"看出来了，这广寒宫里的嫦娥不就是你的写照吗？我知道，爱妃为本汗受苦了，除了处心积虑地佐助之外，还忍受了多少寂寞，经历了多少个不眠之夜啊！来，本汗敬你一杯。"说着，皇太极端起酒杯爱怜地看着布木布泰。

看着布木布泰接过酒杯一饮而尽，皇太极又开玩笑地说："'嫦娥应悔偷灵药，碧海青天夜夜心。'爱妃还记得这两句汉诗吗？爱妃嫁给本汗，悔不悔呀？"

"臣妾嫁给如此英明有为的汗王，是臣妾的福分，每每思来，深感足慰平生，哪里还有悔意呢！"乘着酒兴皇太极和庄妃极尽床第之欢。

寇仇一家

就这样，皇太极在布木布泰等人的佐助下，以政治家的胆识和气魄，从缓和满汉矛盾入手，果断地厘正努尔哈赤实行的一系列政策和措施，改善汉族百姓的境遇，缓和社会矛盾，起用投降的汉官汉将，从而使寇仇一家、满汉一体，和合政策成就了皇太极的事业，大金国日趋激烈的重重矛盾得以渐渐平息下来。

皇太极终于凭着自己的才干和权术争得了大金国最高统治者的宝座，这年他三十五岁，正当雄心勃勃、大有作为的壮年。皇太极决心继承父志，完成父汗未竟的事业，使后金国家不断发展，最后完成"入主中原"之大业。

然而，要实现这一政治理想，展现在年轻汗王面前的并不是一条畅通无阻的坦荡之途，而是一条危机四伏的崎岖山路。他从父亲手里接过的并非一个繁荣昌盛的汗国，而是一个依然贫穷落后，而且矛盾重重，割据一隅的民族政权。在使后金政权不稳固的种种矛盾之中，最主要、最突出的还是尖锐的民族矛盾。

努尔哈赤在征服辽东地区的过程中和进占辽东地区以后，这个已步入暮年的老人，虽然烈士暮年壮心不已，但被固有的奴隶主阶级意识、狭隘的民族仇视情绪控制着，因而不能提出适应新形势的有效治国方略，而把"诛戮汉人，抚养满洲"作为基本国策，实行错误而罪恶的民族屠杀和高压政策。"抗拒者被戮，俘取者为奴"是他征服辽东地区的行动准则。例如，1619 年攻占开原城时，"屠害人民亡虏六七万口，子女财帛抢来者，连络五六日"。这样的情形岂止一处，据史记载，每攻占一地，都是如此。这些大量的俘获人口都分给满族官兵做阿哈（奴隶），仅攻占抚顺一地就"将所得人畜三十万散给众军"。这些沦为奴隶的汉族人民完全失去了人身自由，被编在庄园里进行农业劳动，如同牲畜一般被役使，受欺凌，"连年苦累不堪"，劳动所获全部被满族奴隶主占有。

努尔哈赤在辽东地区实行"编庄"，以便进行统治，强令满汉"合居一处，同住、同食、同耕"。他认为满族移家而来甚为劳苦，汉人向他们供应粮物是应该的。他说："与女真同住的汉人等，尔等勿匿粮食，家有几斛几升，都应据实上报，报后计量，按人口每人每月四升之数，给至九月，所余粮食，归粮主本身。"如此"三同"表面上看似乎是搞民族平等共处，促进民族融合，实际上是作为征服者的满人凭借武力，野蛮地闯进汉人家园，凌驾于汉人之上，随意向汉人"索取诸物"，甚至包括凌辱合居汉人的妻女。汉人要向满人供应住房、粮食、耕地以及草和马料，成为地道的奴仆。所以，皇太极即位后，明确地讲这是"分给为奴"。

很明显，这种满汉合居的编庄形式，其实质是以奴隶制生产方式取代或改造封建制生产方式，这是历史的倒退。这种倒退是落后的，是阻碍社会生产力发展的，而对汉族人民来说，生产力和生活方式的倒退是不能容忍的。为了民族的尊严，为了挣脱满族统治者强行套在他们脖子上的奴隶枷锁，恢复他们作为一个封建生产方式下的农民的自由，他们纷纷起来进行自发的斗争，采取各种或公开或隐蔽的形式反抗后金汗国的统治。

汉人进行反抗斗争的最普遍形式就是"叛逃"。仅以明天启三年（1623 年，后金天命八年）六月为例，先是夹山河的十二家人逃走，又有一面山的人逃走，复州汉人的"叛变"；继而，青苔峪、岫岩地方的汉人"全部叛变"；刘齐屯五村的人，乘高粱秆编成的筏子渡过辽河"叛变"。还有鞍山、海州、金船、首山及其周围堡的汉人，都纷纷"叛逃"。汉人的"叛逃"何止这一年，而是自努尔哈赤进占辽东后，始终没有间断过。正像《满文老档》所记载的那样："汗最初占领辽东后，南到旅顺口，东到镇江"，汉民"每年都有叛逃的"。

比"叛逃"更为激烈的反抗就是"暴动"。1621年，愤怒的辽阳人民揭竿而起，聚众五六百人，吓得满族贵族"仓皇逃走"。暴动的汉人重创后金兵之后，便"结队南行，建人不敢逼"。明天启三年（1623年，后金天命八年）四月二十一日，不堪忍受满族统治的岫岩汉人，约有一千余众，分乘船八艘、独木船十四条，沿岫岩河逆水而上，炮击苏纳额驸布置在五个地方的前沿哨探，沉重地打击了后金官兵。只是因为双方力量过于悬殊，最终千余名汉族百姓全部战死。规模更大的是铁山农民起义，仅一次战斗就打死后金官兵三四千人，至于小规模的暴动，更是此起彼伏，难以计数。

除此之外，富有斗争经验的汉族人民，还经常采取暗杀、绑架、投毒等隐蔽的手段，使满族统治者陷入穷于应付的困境之中。例如，明天启三年（1623年，后金天命八年）三月二十六日，岫岩的汉人逮捕了催征公粮的满族官吏，并"捆绑放在车上带走"，最后将其杀死；同年四月初，在通往威宁的大道上，鄂善牛录的纳米达哈里被堵住嘴杀死；同年四月十二日，绰和诺带人到南路向汉人征粮，与其同去之人因单独行动，被汉人杀死。

同年四月中旬，盖州以南的汉人逃走时，以交朋友为名，将哈哈纳牛录守台的诸申三人，骗到家里杀死；还有一个地方，汉人用毒酒药死守台满兵七人；另一个地方是先用酒灌醉，然后杀死满兵五人。还有的地方把毒药放在水和盐里喂猪，然后把猪卖给满人吃。类似记载，在《满文老档》里比比皆是。

此起彼伏的反抗斗争随处可见，弄得满族统治者胆战心惊，防不胜防，努尔哈赤被这些所谓的"精心策划的奸计"搞得十分恼火和无奈，不得不下令禁止单人行走，务必十人以上"结伙同行"，满人外出必须携带弓和撒袋，还规定"住在台的诸申（满人），驻在各处的步兵、骑兵放哨的人，无论谁也不许和尼堪（汉人）交朋友，也不许去尼堪家"，违者"将治以重罪"；甚至发下文书，要满人"注意水和盐"，甚至"对于葱、瓜、茄子、鸭、鹅、鸡等各种东西也要注意"，真可谓草木皆兵、风声鹤唳了。由上述可见，汉族人民的反抗斗争，给后金统治和满人安全造成了极大威胁。

为缓和汉人的反抗斗争，努尔哈赤采取了招降和屠杀两手。所谓招降，就是把俘获的和没有逃亡的，"全部给房、田、粮食，加以收养"。但实际上，这并没有改变汉人被欺压、被凌辱的地位，所以他们"不念收养之恩"，"逃叛的人并不断绝"。对此，努尔哈赤看不到问题的实质，当然也就寻找不到适应形势、解决问题的积极办法，只有懊丧地慨叹"我等不断招降汉人，而汉人置备棍棒不止"。于是，动用重兵残酷镇压。大贝勒亲统二万兵，平叛复州；参军苏巴海率兵同戍守南境之兵会合，平叛岫岩；游击里善与辽河渡口的伊奇纳副将会合，乘独木舟渡辽河，追击牛庄、娘娘宫"叛逃"的汉族百姓。后金官兵所到之处，堵追"围剿"、"搜索捕杀"。仅大贝勒在复州一地，就血洗了十八天，仅"病弱的男人、儿童五百人免死"；除此之外，复州则"男人都杀了"，其数约在"一万一千有余"。屠杀后，又将死者的子女、牛、马抢掠一空。

皇太极即位之时，满、汉两个民族之间的矛盾斗争就是这样尖锐激烈，这是后金汗国的主要矛盾。而这一矛盾的实质是奴隶制与封建制两种政治制度、两种生产关系的矛盾，也就是倒退与前进的矛盾。面对如此严重的局势，在社会发展的紧要关头，两种前途、两种命运在等待着皇太极作出选择：一是按照父汗既定的方略，继续诉诸武力，残酷镇压汉人反抗，用高举的屠刀逼迫辽东人民沿着奴隶制的道路缓慢爬行，使文明屈服在野蛮的铁蹄之下；一是从实际出发，不断改革父汗强加在辽东人民身上的奴隶制生产方式，适应原有的封建制生产方式的要求，缓和民族对立和矛盾，从而使整个后金汗国迅速向封建制过渡，使落后奔向先进和文明。何去何从，皇太极面临着严峻的考验。

历史一再证明，倒退是没有出路的。皇太极清醒地意识到：前者是一条走不通的死路，单纯的屠杀和高压政策解决不了后金汗国尖锐激烈的矛盾，他说："民饥为盗，可尽杀乎？"以为"自古及今，文武并用，以文治世，以武克敌"。用武力打天下，但不能用武力治天下。而"治国之要，莫先安民"。只有改变策略，缓和矛盾，才能使动荡的社会秩序稳定下来，才能巩固统治，国家才能得到发展，从而才能实现"入主中原"的远大抱负。

皇太极这些清醒的认识来源于历史之鉴和对现实的清醒分析，而这些清醒分析和历史之鉴，除了皇太极本人和一些文臣谋士的见地之外，庄妃起了很大作用，功不可没。对此史有明载，她"赞助内政，越既有年"，"佐太宗文皇帝肇造丕基"。

关于这一点，从当时发生的故事及其情节中，可以更明显、更清楚地看到。

明崇祯元年（1628年，后金天聪二年），皇太极率军亲征蒙古察哈尔部。远征察哈尔部，目标就是直捣林丹汗的巢穴，并一举荡平察哈尔部全境，统一漠南蒙古。千里驱驰、强大攻击后，林丹汗已成惊弓之鸟。正当他驱赶百姓与大批牲畜抢渡黄河时，后金军队以迅雷不及掩耳之势，直趋归化城（今内蒙古呼和浩特）。林丹汗抛下大批百姓、辎重，日夜狂奔地逃命而去。皇太极下令火速追击，务必全歼。

历时月余，皇太极便将林丹汗的人马打得七零八落，林丹汗虽然西逃，但已渐渐陷入不可自拔的困境。

后金大军东归，将近正午时分，天空湛蓝清澈，骄阳似火当头，阳光刺目，酷热逼人。前面是一片茫茫无际的沙海，漫漫黄沙一望无际。后金兵征战几千里，此时早已人困马乏，不想动弹了。阿济格建议，不如找一处水草丰美的地方，大军休整后再行班师，但遭到了皇太极的坚决拒绝，这是因为范文程传来了八百里快报。近期，明廷提拔袁崇焕担任辽东督师，袁崇焕刚一上任即诱杀了驻守鸭绿江口的皮岛总兵毛文龙，宣布了他的十二条罪状，激起毛文龙部下叛变。那些与毛文龙有着深厚的手足之情的干将，如登州巡抚孙文化，中军孔有德，参将耿仲明、尚可喜竟然一齐扯旗呼啸而去，带着登州的红衣大炮、莱州的粮草，一起从海路归顺了大金。皇太极接快报后，耳边不断响起庄妃布木布泰的话："要使大明的能臣骁将为大金所用，就要像对待一家人那样对待大明降将，这样一传十十传百，则贤者相率来归，寇仇化为亲朋，何愁大金不兴！"所以，皇太极当然要急着赶回盛京，以优礼、盛宴款待。

落日下的大漠格外壮观，血色残阳把浩瀚的沙漠镀上了一层金黄色，浮光跃金、辉煌灿烂。连续两天的急行军，使骑在宝马良驹上的皇太极也感到头晕眼花、口干舌燥。夜幕降临后，沙漠里寒风骤起，一扫白日的酷热，变得寒冷难当。皇太极仍传下命令，大军星夜回师。皇太极忍着困乏，两匹坐骑轮流骑，一刻不停地赶路。骑兵还好一点儿，可苦了那些步卒，有人掉队了也没人知道，派出去找水的几十个牛录额真，回来者寥寥无几。沙丘上一丛丛密密麻麻的蒺藜，把许多人的腿脚都划破了，鲜血淋漓。那白日里腾腾的热气，都冻结在沙粒上，冰冷生硬的沙子被风一吹，不断地抽打着伤口，队伍里响起了此起彼伏的呻吟声。

但皇太极仍不为所动，率军继续前行。

整整一天一夜，大军艰难地跋涉出那片茫茫的沙海之后，眼前似乎有些生气了。耐旱的灌木在风沙中昂首而立，几颗经年的果实，紫红而干瘪地揸在密密的刺丛里，偶有几匹野骆驼不时地跑跑停停，偶尔抬头间，几十只秃鹫正盘旋在上空，久久不愿离去。

渐渐地，路旁出现了倒毙的尸体，血液渗进了沙中，泅出片片殷红，浮尘在上面流动着，透出阵阵的血腥之气。皇太极看出来了，这就是一个月前的战场。他知道，前面不远的地方，翻过一座山就到科尔沁草原了，这就是他的宸妃和庄妃布木布泰的故乡。

前面峡谷中袅袅地升起了一缕缕乳白色的雾霭，又在阳光的照耀下分散开去，看上去清晰而分明，像是有一双无形的纤手在轻轻地撩动着，温柔地拂弄着一样。

穿过峡谷，眼前豁然开朗。

碧绿的草原之上，风吹草低见牛羊，蓝天上白云朵朵，悠闲地徜徉，白云与白羊相映，分不清人间天上，倒是几只盘旋在空中的雄鹰，在提醒着到来的人们；皇太极率军走上前去，但见一顶顶五彩斑斓的毡帐前，无数身着节日盛装、头戴金银首饰的科尔沁姑娘在翩翩起舞，那龛张的口齿好像在引吭高歌，以迎接凯旋的军队，渐渐地，连她们的容颜都能看得清清楚楚了。皇太极正在疑惑间，就见科尔沁的王公贵胄们列队前来，欢迎凯旋的大金将士。

科尔沁贝勒寨桑以及诸王公显贵手捧哈达一一敬献，皇太极等欢欣起来，一路征战的疲惫顿时烟消云散了。礼毕，皇太极一行被让进五彩的蒙古包。两个侍女端着热水，手持脸巾，躬身送上。擦洗已毕，皇太极饮着茶和寨桑等人攀谈起来，说起追击林丹汗的经过，听得寨桑等人一会儿惊呼，一会儿感叹，一会儿兴高采烈。

架不住热情好客的蒙古人的极力挽留，皇太极本已答应稍事休息，再行班师。可盛京又传来快报：二贝勒阿敏派兵到永平等新占四城驻防，正值袁崇焕率明军大举反攻，包围了滦州城。由于阿敏救援不力，金兵血战多日，力竭而城破。而阿敏得报后，吓得惊慌失措，未派一兵一卒，未发一箭一矢，便下令撤军。非但如此，更要命的是，撤军前他还无视皇太极出征前反复强调的训谕"毋侵害归顺之民"，而大肆屠城，致使明朝军民视金兵为嗜血之鬼，连新降的汉将们也惶恐不安。

皇太极急忙辞别了好客的科尔沁，率军赶回盛京，一路上不敢有片刻的停留。

匆匆回到盛京的皇太极顾不上到后宫休息片刻，便急忙召集贝勒大臣到大政殿合议辽东大事。

皇太极对众臣道："本汗即位之初，就曾尝试与辽东明将袁崇焕议和，以休养生息，养精蓄锐成就大业。""然袁崇焕假议和，真谋地，众位臣工想来，我大金当何以应付？"

二贝勒阿敏因救援不力，尤其破坏了皇太极的怀柔训谕而获罪，便只是垂首而不敢言，而范文程似乎在冥思苦想。

大贝勒代善道："汗王出征的这些日子，袁崇焕也曾试探着求和，只因朝中无人敢作主，便一直没有下文，若汗王真想议和，不妨一试。"

皇太极斜瞅着坐在左侧的代善，心中极为不快：什么无人作主，你们三大贝勒不都和我同坐听政吗？他想起范文程曾说过的汉人朝廷的事情，绝不会有这样的情形出现。

"范学士，本汗让你分管的屯田之事如何？"皇太极撇开议和之事，发问道。

范文程出班奏道："禀汗王，臣下办事不力，仍有许多荒地未垦。"

"这是为何？"皇太极纳闷。

"有旗主说，私家田地不许官屯。"范文程小心应道。

"各旗都有自己的领地，本汗王要的是荒田即垦。"皇太极大为不悦，怎么就没有一件让自己省心顺心的事呢！

范文程面有难色，似有难言之隐，皇太极觉得不便追问，因为他还看到代善、莽古尔泰等人就在自己身边嘀咕着什么，言语中仿佛对范文程多有不满。原来，努尔哈赤实行的所谓"编庄"，就是将汉人编入各旗之中，实行农奴制经营。因此，各旗领主都在屯私田，即使是荒地也纳入私旗中。而后金的赋税却不见增加。为了摆脱阿哈的身份，大批的汉人逃跑到辽东的明朝之地，帮袁崇焕屯田而去。反过来，造成后金的大批荒田无人开垦。皇太极曾下令实行满汉"分屯别居"，各自"独立屯田"，即按汉人的原有村治编庄，不属各旗，但实行起来谈何容易！

追问倒是不追问了，但皇太极并没有放松此事，又道："此事最重要，乃当今头等大事，至于袁崇焕尚不足为虑。要紧的是，大金国如何才能让跑了的汉人再回来，又怎样才能让现有的汉人不再跑，这才是立国的根本。"

嗯，这话是谁经常说起的呢？皇太极在寻思。哦，不错，这是庄妃布木布泰常常挂在嘴边的话。

范文程应道："汗王所见英明，但要令行禁止，切实实行起来。"

话虽不多，皇太极却听得心头沉甸甸的。

皇太极愤然道："治国要像建房一样，不能苟且而成，只有夯土坚实，垒石为基，才能永固。为此，明令如下：一、解除不许农民迁徙的禁令；二、坚决实行满汉分治；三、举凡筑城、征战，均不以违农时为前提；四、各贝勒大臣等所属旗地不许出现荒地。"

众人纷纷应答，而三大贝勒却一言不发。

一年后的一天，皇太极正在后宫和庄妃布木布泰一起商议如何重用汉官事宜，传来了袁崇焕被千刀万剐于北京菜市口的消息。世仇已报，皇太极听后自然十分高兴；而这最初的高兴劲儿一过，袁崇焕之死却勾起了他的怜悯之心。他叹道："养贤任能、选帅拜将，本是明君英主所应为。像那袁崇焕，当初我若是一战而擒，敬如上宾，优遇如亲，当能为我所用；即使不为我所用，养起来也不会与我为敌，不至于遭此下场。唉，真可惜了这位当世英才呀！"

"我常对贝勒大臣们说，金银财物有用尽之时，而使贤能的英才为国所用，所得到的利益却是无穷无尽的。"皇太极接着又感叹道。

"汗王如此英明，有如此远见卓识，我大金何愁不兴旺发达起来。"布木布泰由衷地赞道，"汗王还记得孔有德、尚可喜、耿仲明吗？"

皇太极道："这些人怎会忘记得了。他们过得还好吧？"

皇太极知道这三人来降之后，除建房屋、封官职、赏妻妾外，自己还亲自宴请。当时，后金按皇太极的谕令，不论来归降汉官的职衔尊卑，也不论所带人数的多寡，一律收留；对其中稍有影响的人物，先宴请并赏赐各种财物，然后安排生活、任命官职。

"臣妾由他们联想到，袁崇焕被杀后，肯定会有大批降官前来。而对那些兵败被俘，且又始终不降者，又该怎么办？"布木布泰问。

"那就像我刚才说的那样：养着，直到死为止。"皇太极不假思索地答道。

"汗王，这些谕令可与先汗大有出入啊！"布木布泰提醒道，"已有好几位贝勒私下里不满呢！"

是的，努尔哈赤对不降者，措施就一个：杀。杀汉人抚养满人，是他的基本国策。而现在皇太极如此对待降将和汉人，以致有人感叹不已地说，拼命干的，还不如原来拼命对着干的；流血流汗的，倒不如耍弄嘴皮子的；有的汉人封了章京，而有的汗室同宗，竟变成了平头百姓。在他们看来，世事颠倒竟到了如此之地步。

皇太极听后深思默想了一会儿，道："他们这些人目光短浅啊！他们其实应当从投降的汉官感激涕零地表示，似此优遇之恩，虽肝脑涂地实难报答于万一中看出，这些人都已成为大金的忠诚子民，并因此而欣慰才是呀！"

"汗王，既然如此，何不大张旗鼓以行其事呢？"布木布泰眼神中流露出深邃的思想之光。

与此同时，大明朝已是烽火遍地，狼烟四起。

陕西连年大旱，高迎祥领导义军揭竿而起，发兵杀向大明朝皇帝的故乡安徽凤阳府。掘开朱家王朝的祖坟陵墓，一把大火，亭台楼阁、朱门高冢顷刻化为废墟。而辽东，失去了袁崇焕，成为孤城的锦州，早破晚破都要破，只看后金兵马有空儿没空儿而已。

皇太极接受了审时度势、目光远大的范文程章京的建议，在后金实行科举考试。一次科举考试，使沦为奴隶的二百多名汉人脱身为平民，又一次专门选拔汉族生员的考试，二百二十八名汉族生员脱颖而出。一时间，昔日的奴仆、平民，一跃而为满朝的英杰、才俊，他们无不矢志尽忠以报皇太极的知遇大恩。

在布木布泰的提醒下，皇太极率领王公贝勒及文武大臣，以盛大的正式仪式迎接孔有德、耿仲明、尚可喜三位降将的到来。

春夏交替的时节，关东沃野早已呈现出一派欣欣向荣的景象。蓝天、白云与芊芊碧草相映成趣，在白云悠悠徜徉而过的碧波万顷里，展现出一幅风吹草低、牛羊肥壮的美丽画卷。在这幅美丽的画卷之上，点缀着一座硕大的营帐。这座营帐完全由坚实的红柳木和整张整张的牛皮搭建而成，帐顶、帐帏、帐内的彩绘彩绣，乃至布置与陈设全都那样的精美绝伦，简直可以媲美大金金碧辉煌的皇宫。

一阵炮声过后，号角齐鸣，两排盔甲耀眼的金兵铁骑远远地从绿色深处疾驰而来，全副武装、军容整肃，一副威武雄壮的英姿。

皇太极在大纛、伞盖等仪仗的引导下，骑着高头大马，气宇轩昂地逶迤而来，渐行渐近，但见他身着黄灿灿的袍甲，头戴红羽金盔，精神抖擞、神采飞扬。

入帐后，多尔衮、范文程领着孔有德、耿仲明、尚可喜三人缓缓走到汗王座前，对皇太极行三跪九叩大礼。

随后，皇太极亲自手捧金爵向三位降官敬酒，语带歉意道："三位加盟大金，使我大金如虎添翼。三位来金已有多日，本汗政务缠身延宕至今才得以晤面，实为抱愧。今日特以隆重之礼，以示本汗之重视。来人，将赐物搬上来！"

这一番话，感动得三位降将热泪盈眶。

皇太极亲手捧着蟒袍玉带、貂裘、撒袋等物品，一一赐过，孔、耿、尚三人再次跪谢。

皇太极问道："三卿，不知你们愿做大金国的官否？若有不愿之意，可尽管道来，本汗绝不怪罪。"

"我等皆愿誓死为汗王效犬马之劳！"三人再次跪拜叩首道。

"好极了，好极了！众卿皆愿竭力为我大金国效忠，本汗心里十分欣慰。不知众卿想要干何差事？"

"末将等不才，当年追随毛帅，颇习水战之术，故我等愿为汗王训练水师。"

"好啊，大金国也有水师了。说实话，当年我们大金国可吃了你们水师的不少苦头哇。当然，这都是过去的'老皇历'了。"皇太极道，"有你们三位在，何愁训练不成水师，那么征伐朝鲜易如反掌，直取登莱更不在话下。"

满朝文武听了，笑声四起，欢呼声雷动。

就这样，皇太极在布木布泰等人的佐助下，以政治家的胆识和气魄，从缓和满汉矛盾入手，果断地厘正努尔哈赤实行的一系列政策和措施，改善汉族百姓的境遇，缓和社会矛盾，起用投降的汉官汉将，从而使寇仇一家、满汉一体，和合政策成就了皇太极的事业，大金国日趋激烈的重重矛盾得以渐渐地平息下来。

诱降洪承畴

"洪大人，"庄妃直截了当地说，"皇上把你当作成就大事的引路人，大人为何还要执迷不悟呢？"接着又说，"皇上怕洪大人落寞孤苦已久，特命本官服侍洪大人。"边说边俯身上前，双手扶起洪承畴，对门外吩咐道，"来人，先给洪大人沐浴更衣。"

明崇祯十五年（1642年，清崇德七年）二月，清军攻破松山，生擒明蓟辽总督洪承畴。

阳春三月，天气和暖宜人，温煦的阳光明媚地照临大地。寂寞的山路，山路旁黝黑的土地，澄碧的溪流蜿蜒于山间，青葱的白桦林中，鸟儿在鸣唱，这些关外的自然景色丝毫没有使洪承畴破碎的心得到暂时的慰藉。长达两年之久的松锦会战结束了，其结果是，除了吴三桂防守的宁远，其余全部落入清军之手。

此刻，立在槛车里的洪承畴所能想的就只有一个字：死。

洪承畴的脸色，由于尘土垢面而变成了黑色，发紫的嘴唇上出现了一道道干裂的口子，从口子里渗出了殷红的血，笨重的枷锁折磨得他全身阵阵疼痛难忍。一路上，不吃不喝、不言不语的洪承畴像个木头人，他的心早已随着丢失的松锦而死去，脑子里只有一个念头，那便是但求速死，早日解脱，了断此生。

明智的皇太极当然不能让他死了，因为皇太极早已将洪承畴的情况琢磨透了，他除了是位不可多得的将兵帅才之外，其影响所及实在太广泛了，这样的人才是大清求之不得的。于是，皇太极早已吩咐将洪承畴安置于三官庙，屋内一切用具豪华气派：雕花大床、兽皮褥子、绣帐锦被、大漆桌椅等；并且派四位宫女侍候。皇太极满怀信心，就是铁样的罗汉也能软化得了。自从洪承畴在三官庙住下之后，一拨又一拨的王公显贵、明朝降臣前往劝降。

劝降的结果传回清廷，洪承畴除了叫骂之外就是求死，而对那些豪华陈设、珍馐美味更是视而不见。

皇太极听了这些奏报长吁短叹，谓众王公大臣道："大明朝廷昏庸无能，大明百姓民不聊生，水深火热，可大明的臣子中偏偏就有如此的愚忠之人，让朕如何是好？"

肃亲王豪格怒从心头起："父皇，那就干脆杀了他，依儿臣之见，就是少了个洪承畴，我八旗子弟也照样拿得下大明京师，也照样能一统天下。"

皇太极瞥了他一眼，很不以为然地道："杀人容易，挥刀即成，而降人则难，降人之心就更难。你就不想想，天底下熙来攘往之人，你能杀得完吗？故而，朕要一统大明天下，就必须得到大明的子民。"

睿亲王多尔衮奏道："皇上圣言极为英明，实在不行，就只有想方设法诱他、逼他进食了。"

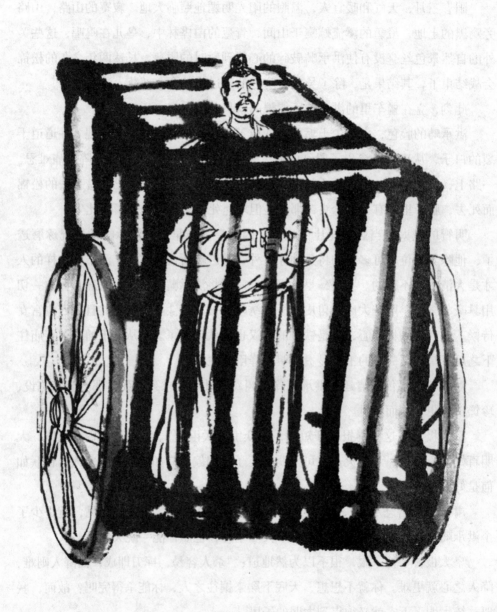

立在槛车里的洪承畴

皇太极道："人心都是肉长的，朕当亲自劝降，以示恩宠优加。"

范文程出班奏道："皇上，还是由臣先行前往，好生说和说和，以便摸清情况相机行事才好。"他是在担心洪承畴的骂詈之言实在难以入耳，说不定会激怒皇太极，反而弄得功败垂成。他知道，杀了洪承畴，差不多就等于断了入主中原的敲门砖、引路人。

皇太极点头应允："那么就有劳范先生了，朕在此等候消息。"

范文程忙奏道："那倒不必了，臣想皇上还需要一些耐心。皇上能等祖大寿十年之久，为何不能等洪承畴十天呢？"

"先生言之有理，"皇太极听后顿悟。是呀，而今祖大寿不就在自己的耐心和攻势之下，拱手交出了锦州吗？"罢朝吧，朕就在宫里静等先生的回音。"皇太极的声音里充满了疲惫。

自从关雎宫宸妃辞世后，永福宫接驾的机会大增，一天比一天热闹起来。

庄妃今日特意精心地把自己梳洗装扮了一番，粉腮上淡淡地搽了些胭脂，素雅的旗袍边儿上缀着一块温润的玉片儿，显得别有韵致。

皇太极将庄妃揽于怀中，细细地欣赏起来。在庄妃身上，皇太极有时可觅得宸妃的影子：眉横远山，眼如秋水澄波，在这秋波之上忽闪着微卷而浓密的睫毛，配以微微隆起略略下垂的鼻子，以及恰到好处的桃红嘴唇，越看便越觉得有宸妃的丰姿神韵。

置身于这四面挂满了锦绣帘帏的永福宫，望着眼前透出宸妃风韵的人儿，皇太极心里生出了一种温情脉脉、温柔香艳的感觉。

"爱妃，科尔沁草原上的姑娘莫非都长得像你这般美吗？"皇太极又打量了一番庄妃袅袅婷婷的身材，柔声道。

庄妃抿嘴一笑，"皇上错夸臣妾了。"接着柔声道，"皇上，今儿个就在永福宫安歇吗？"

"怎么？难道爱妃还想将朕赶走不成？"皇太极微笑着说。

庄妃笑着摇头答道："臣妾哪里敢！臣妾常想，皇上龙体康泰后，可别忘了其他嫔妃，尤其是皇后。"

皇太极不禁赞道："爱妃真可谓贤淑有德，这几日朕脑子里乱糟糟的，还真没去过呢。"

庄妃听后不语。她知道，皇上之所以常常驾临永福宫，其中一个重要的原因，就是要与自己倾诉大政方略，她静候皇太极的下文。

果不其然，片刻后皇太极便开言道："松山大捷后，俘获了明蓟辽总督洪承畴，此人胸怀大才，可他宁死不降，不能为朕所用。对此，爱妃可有什么良策呀？"

庄妃答道："刚强之人总有脆弱的地方，一心赴死的人也会留恋人世之情。臣妾想，金银珠宝、高官厚禄都不能打动的人，若从情字入手，就定可收到奇效。"

几句话说得皇太极茅塞顿开，频频点头道："朕等范先生劝说回来后，再据其情形好好合计一下。"

正说之间，执事太监入奏："启奏皇上，范文程大学士求见。"

"快宣他觐见！"

范文程行君臣之礼后，皇太极急忙问："事情办得如何？"

范文程答道："还是宁死不降。"

"他的身体怎样？"皇太极又急着问。

"已饿得骨瘦如柴，要不是天天强制着灌奶，怕早就饿死了。"

庄妃道："就是死，也有个愿望，能咽下所灌之奶，就说明他还有想头，还有希望。"

范文程不觉眼睛一亮，道："对呀！适才臣在三官庙与洪承畴交谈时，有一点儿尘埃落在他的衣袖上，臣见那洪承畴认认真真地将其拂拭而去。臣想，一个身陷囹圄又一心求死之人，爱惜自己的衣服尚且如此，肯定会更爱惜自己的生命，只是时机还不到罢了。"

庄妃又道："古语有云，良禽择木而栖，贤臣择主而事。臣妾认为，洪承畴是在等皇上亲自前往抚慰。"

范文程答道："很有这种可能。只是臣担心，那洪承畴满口的污语秽言，会伤了皇上，触怒天威。"

皇太极道："那倒不会。只要能真心归顺大清，朕就是让他骂上一阵子，何损毫发，又何必动怒？"

那洪承畴究竟是何许人也，竟有如此大的面子？原来，洪承畴本是明末一代名将，以知兵善战而闻名于当世。他于万历年间进士及第，而后仕途顺遂。崇祯朝官至陕西布政使司右参政，是平息陕西农民起义的主要军事统帅。崇祯十一年

（1638年），他率军伏击李自成部大获全胜，一时间名声大振，颇得摇摇欲坠的明朝末代皇帝崇祯之宠信，满朝文武亦青眼相加。在大清不断加强对明进攻的情况下，洪承畴一时成为大明的中流砥柱。崇祯十二年（1639年），崇祯帝特封洪承畴为蓟辽总督，主持关外军事，以拱卫京师。

范文程告退后，皇太极便依庄妃之计，收买了洪承畴的贴身仆人金升，探听洪承畴的爱好和弱点，那金升献计道："我家主人秉性沉着坚毅，爵禄不能动其心，刀斧不能易其志，唯有见到美女，或可撼其心志。"

皇太极闻言大喜，当下便派宫中美女数人前往，但均碰了一鼻子灰，无功而返。皇太极无可奈何之下，加之求贤若渴，便对庄妃道："看来，只有爱妃能解朕之忧了。"

庄妃听后，欣然应允，然后她从容地对镜梳妆。此时的庄妃刚及三十，正是女人一生中最光彩的时候，集端庄、成熟、娇艳、温柔于一身，顾盼生情的明眸，细嫩流香的肌肤，腴瘦适度的腰身，亭亭玉立的丰姿，加之蒙古草原公主的气质，大清皇妃的高贵，可谓仪态万方。

入夜之后，有两名宫女手提食盒来到三官庙。

洪承畴多日来水米未进，形容枯槁，兀自呆坐在文案前。门前的两个守卫兼仆人死死地盯着，以防他撞墙或用其他方法自杀。

宫女装束的庄妃款款而入，用眼神示意守卫退下后，打开了食盒。顿时，乌鸡炖参汤的香味儿弥漫了整个房间。而洪承畴仍一言不发，目光呆滞。

"洪大人，喝点儿参汤吧！这是大清皇上御赐的，就请趁热喝吧。"庄妃将参汤端到洪承畴面前，柔声劝慰，"洪大人一心求死，难道就没有一点儿顾恋？难道洪大人不想家吗？多年征战在外，家中令尊令堂倚闾而望，妻子家小也望眼欲穿，大人就不想他们吗？"

洪承畴的身子似乎微微一抖，这是被俘以来听到的最温柔、最动情的话语。想到家，洪承畴的眼中噙满了泪水，自落入清军之手后，除了死就从未想过别的。而"家"对此时的他来说是多么温馨的向往，他仿佛又看到了过去每每出征归来，妻妾相迎、儿女绕膝的场面。而现在自己兵败被俘，家小亲朋还不知道自己的下落呢？

"唉——"洪承畴不由得轻轻叹了一口长气。

就这一声微微的叹息，庄妃便知道了洪承畴此时的心境，于是紧接着又说道："人非草木，孰能无情？离家时间长了，就是洪大人不挂念家中妻儿老小，而他们也会挂念大人的呀！他们一直翘首盼望大人能早日归来，共享天伦之情。而今洪大人却身陷此地，问讯无音、归期无望，真不知他们会如何以泪洗面、度日如年呢！"庄妃说着说着，想起自己少小离开科尔沁故乡，动情之时语带哽咽。

虽说是大丈夫四海为家，但现在自己是笼中之囚，要是能活着回家，该有多好。洪承畴闻着参汤四溢的香味儿，喉结不时地上下游动。

庄妃看在眼里，又道："洪大人身子要紧，还是喝一点儿吧，要不，让奴婢给大人喂下？"说着，真的端起参汤，凑到洪承畴的嘴旁。

洪承畴一边摆手一边打量着庄妃，云髻高拥、凤鬟低垂、玉手纤纤、樱桃素口，尤其是她那文雅端庄的气质，高贵雍容的风度，肯定不是一位普通的宫女。

"自古以来，识时务者为俊杰。历史上朝代更迭屡见不鲜，绝不会仅仅发生在明朝。洪大人熟读经史，绝不会愚忠到宁可抱残守缺，也不思顺应潮流、改弦更张的地步。如果是那样，岂非太不明智了吗？"说着，庄妃妩媚一笑，又道，"我家皇上如此器重大人，大人何不就此归顺大清，也好早日与家人团聚，以解妻小相思之苦。"

"敢问你是何人？"洪承畴问。

"待洪大人喝过参汤之后，奴家便自告身份。"庄妃答。

洪承畴早已饿得老眼昏花，俯下身子嗅了嗅，不无解嘲地道："也好，为了知道你的身份，洪某就喝了它。"说完，便一口气喝完了一碗参汤，顿时感到全身的经脉甚至无数的毛孔都舒张了开来，舒服无比。是呀，活着就是好，我洪某人为何要求速死呢？

连日来，其实洪承畴的脑子里也在时时地作着激烈的自我斗争，他想起与范文程的交谈，至今那些话还掷地有声："《尚书》上说，'民为邦本，本固君宁'。你洪承畴讨伐农民军有功，可你为何就不问一问，那些老实巴交的农民为什么会起来造反，冒着杀头的危险和官府作对呢？难道是吃饱撑的吗？不错，你洪承畴是一位清官，但大明朝有多少贪官，腐败到了什么程度，你清楚吗？你洪承畴是一大忠臣，但大明朝的忠臣都有什么样的下场，你难道会不清楚？"

是呀，洪承畴当然很清楚。辽东经略杨镐兵败后被判死罪；文武双全的熊廷弼经略辽东有功，而下场是被捕入狱，以致尸首无存；孙承宗为一代宗师，因支持袁崇焕，被解职归乡；而袁崇焕则更惨不忍睹，这座大明的"长城"被千刀万剐于京师菜市口。为什么怀着一腔耿耿忠心的国之干将都落得如此悲惨的下场呢？真不敢想啊，倘若自己当时侥幸逃回京师，那会是何等结局呢？保不准皇上会给自己定个死罪以谢天下……

洪承畴不敢想下去了。由于有这些激烈的思想斗争，所以洪承畴尤其觉得这位所谓宫女也出语不凡，于温情细语之中发出振聋发聩之音。所以洪承畴越发不相信她是一个宫女，他喝完参汤后，再次发问："敢问你到底是何人？"

庄妃将外罩的宫女服饰除去，露出紧身的一袭粉红色旗袍，朱唇轻启："洪大人，我的身份不说也罢，只要洪大人能看重自己的身子，不要一心只想什么死呀死的，本宫就放心了。"

"你，你说什么？"洪承畴自然明白"本宫"之义，吃惊地睁圆双眼问。

"我的身子有何金贵之处？败军之将，虽死也不辱以人！"洪承畴顿足再三地道。

"洪大人，"庄妃直截了当地说，"皇上把你当作成就大事的引路人，大人为何还要执迷不悟呢？"接着又说，"皇上怕洪大人落寞孤苦已久，特命本宫服侍洪大人。"边说边俯身上前，双手扶起洪承畴，对门外吩咐道，"来人，先给洪大人沐浴更衣。"

"不，不，"洪承畴闻到了庄妃身上的阵阵脂粉香气，语气坚决地说，"请快回去吧，告诉皇太极，我洪某领情了。"

庄妃笑道："我就知道洪大人是位知情重情之人，那么就好好地活着，要不了多久就能与家人团聚了。"说完，留下另一个宫女，告辞后转身出了三官庙。

第二天一大早，还在熟睡中的洪承畴便被太监的高声喝叫惊醒了。只听得"皇上驾到"，他便连忙从簇新的裘褥锦被里翻身坐起，一边穿衣一边还不敢相信，难道皇太极还亲自来看我不成？难道昨晚之事会是真的？不会是做梦吧？

正这样胡思乱想着，范文程快步进来，大声说："洪大人，皇上亲自来看你了。"洪承畴这才确信无疑。

洪承畴端正衣冠走出门去，望着被众人前呼后拥着的身材伟岸、相貌堂堂之人，深深一揖并开口道："洪某诚惶诚恐，多谢皇上不杀之恩。"

皇太极头戴九龙冠，身着镶龙黄缎袍，腰束玉带，一身临朝的装束，以示正式和隆重，也上前几步道："北地天寒地冻，先生衣薄，千万不要受了风寒。"说着，从身上解下貂裘披风，亲自披到洪承畴身上。

洪承畴嗫嚅着说不出话来，蓦然间，他瞥见站在皇太极身后的一位妃子，似曾相识，噢，不就是昨晚温情婉劝自己进食的那位"本宫"吗？

洪承畴怔了似的，凝视皇太极良久，是梦境，是幻觉，是百年才出一人的明君吗？皇上的披风加身，败军之将被视为将相大才，洪承畴如沐春风……突然，洪承畴匍匐在地，跪拜道："皇上真乃真龙天子，真乃圣明之君。"

于是，一切便顺理成章，水到渠成。

皇太极大喜过望，上前双手搀起洪承畴，除赏给金银财帛无数之外，当下就赏给王府一座，拨给亲兵五十、随从三十、奴婢十二人，听其调用。

随后，洪承畴便被请进一座王府，沐浴更衣后住下。洪承畴因身体虚弱，夜受寒气而微感不适，遂服下一剂汤药，蒙被祛寒发汗。就在此时，一奴婢进来禀告："洪大人，皇妃娘娘听说你身子欠佳，特命人送来鹿茸、人参。"

洪承畴听禀后，越发地感激涕零。几天后，他自请剃发，忠心归顺大清。

这一日，皇太极端坐崇政殿龙椅之上，接受松锦会战后的大明降将洪承畴、祖大寿、夏承德等的朝见。

洪承畴等人先是跪于大清门外请罪："臣等系明朝之帅，屡战冒犯军威。圣驾一至，众军败北，自分应死，蒙皇上矜怜不杀而恩养。今日朝见，臣等自知罪重，不敢遽入，先陈罪状，伏候定夺。"

皇太极道："昔时交战，各为其主，朕岂会介意，朕得松锦诸城，皆为天意，而天道好生，善养人者，斯合天道。卿等从前情罪，悉皆宽释。"

于是，君臣畅谈欢叙，好不投机。

对洪承畴的重赏厚赐，引起满族王公贝勒的很大不满，一片哗然。有一天，肃亲王豪格在朝廷上问皇太极："父皇，洪承畴不过一被俘之囚，如此相待，是不是太过分了？"

皇太极正色道："大谬不然！朕问你，我们兴兵南下，栉风沐雨，披荆斩棘，所为何事？"

众王公贝勒与豪格一起答道："早日入主中原。"

皇太极点头道："是呀。中原地大物博，儒家之学深入人心。治国安邦，安抚人心的策略，必须针对此等情况而行，这一点儿尔等还须从头学起。这就好比走路一样，盲者需要别人的引领，而今洪承畴就是这样一位引路人。"

　　是夜，皇太极在宫中设宴款待，君臣同乐。宴席间，庄妃上前劝酒。洪承畴这才明白，那天去三官庙的女子不是皇太极的一般嫔妃，竟然是五宫正妃之一的永福宫庄妃。

　　洪承畴在谢酒时低声道："洪某何德何能，竟蒙皇上和娘娘如此厚爱，实在愧不敢当！洪某今后唯有极尽犬马之劳，才能报答大恩于万一！"

　　洪承畴是这样说的，更是这样做的。

四、幼子登基

以退为进

在这种情况下，她仍然发挥了高超的政治才能，那就是主动提出以身生殉皇太极。诚然，夫君的去世确实使她心灰意冷，但绝不至于萌生死的念头。她是以主动要求生殉，来营造自己的悲情形象，从而在王公大臣中造成浓重的悲情影响，使他们对自己和儿子福临产生强烈的悲情之感，继而产生悲悯的同情之心。

崇德八年（明崇祯十六年，1643 年）八月初九，皇太极像往常一样，忙碌了一整天。在庄妃的陪同下，皇太极在崇政殿召见嫁给蒙古察哈尔部的女儿固伦公主，并接受庄妃的提议，封女儿、女婿诰命和仪仗。礼仪完毕后，皇太极的脸色略显难看之色，心中也微觉不适，但他并未太在意。紧接着，又召见了刚从前线归来的多尔衮，详细询问山海关、宁远一线的明军布防情况，多尔衮据实一一回奏。

渐渐地，皇太极感到有点儿头晕目眩，遂喝了点参汤，闭目养神，感叹道："精力不济呀。"

大学士范文程看在眼里，心中颇感不安，上前奏道："皇上事必躬亲，以致身心劳瘁。愿皇上清心定气，一切细小的事务，均交付各部自行处理，至于军国大计，方许向皇上奏报。况且方今大清，大业将成，远人来归，正是圣心安慰欣悦之时，可以稍辍忧劳。臣以为，皇上可择佳日出游巡猎，以慰圣心。"

皇太极微睁双目，叹道："山峻则崩，木秀则折，年富则衰，天命不假人长寿，何以自求？"说完后，面呈达观之神色。由于皇太极时常把这句话挂在嘴边，大臣仍以为这是皇太极通常所有的豁达乐观之语，并未往深里探究。

退朝后，皇太极即去了后宫。刚行至清宁宫门前，他想起了什么，便转身吩咐内臣道：

"传朕之言，晓谕众臣工：朕日理万机之下，仍事无巨细皆躬亲自劳，非朕好劳也，乃因部臣不能替朕分忧，不得不躬自裁断。自今日起，各部之事令和硕郑亲王，和硕睿亲王，和硕肃亲王，多罗、武英郡王等共同议处。"

入宫后，皇太极进入东暖阁小憩。孝端皇后心里欢愉，舒眉展眼、喜形于色，便亲自要为皇太极宽衣以准备就寝。皇太极疲倦地摆摆手，轻声道："让朕坐一会儿，稍歇片刻再说……"皇后于是先回了内寝，留下几名内侍太监和宫女静静地候在门外。

永福宫里，庄妃带着六岁的儿子福临早早地便安歇了。她知道今日皇上忙碌一天后要就寝于清宁宫，这也是她希望看到的。她心里清楚，连日来皇上临幸永福宫，已经引起中宫皇后人前人后的许多闲言碎语。

庄妃躺在凉床上，思绪翻腾、夜不能寐。她想到了皇上，想到了大清国，也想到了自己和儿子福临的前途、命运。她知道，皇上的身体状况，没有谁能比她更清楚已病衰到何种地步。她常常觉得在皇上的眉宇之间，隐隐有晦暗之气在流动，这是思虑过度的征兆。尤其是皇上经常深夜惊梦，口中不断地呼喊宸妃之名。最可忧虑的还是皇上自己为自己表面上颇为健壮的身体所蒙蔽，似乎还毫不在意，而一如既往地劳心劳神。

庄妃实在不敢想象，皇上哪天真的倒下去，留下自己这孤儿寡母，该如何是好！她还想到要是找一适当时机向皇上谏言立太子事宜，皇上又会怎么想呢？

庄妃整夜不能寐，翻来覆去地胡思乱想不休之时，突然之间，清宁宫传来女人的凄哭声，哭声中夹杂着惊呼："快，快传御医！"继而是一片哀恸声大作。

庄妃急忙翻身而起时，一个宫女已跌跌撞撞地跑了进来，"回庄妃娘娘，皇上在清宁宫驾崩了！"

庄妃听后只觉得天旋地转，眼前一黑，便什么都不知道了。慌得苏麻喇和其他宫女们又是传太医，又是紧呼慢唤地一阵忙乱，方才清醒过来。

噩耗来得太突然了，任何人都没有思想准备。次日，皇太极的遗体被装殓完毕，诸王贝勒将梓宫暂放在崇政殿内，并下令全国举哀三天。全体官员素装孝服，女眷们还剪去发辫，以表哀痛。宗室们会集在清宁宫前，在皇太极生前的寝宫里焚香跪奠，三巡后起立举哀。

为了表示对先皇的哀悼，朝中规定，初十这一天，王公大臣们俱持斋戒，诸王率固山额真等每日黎明哭临一次，凡此七日，十三日之内举国禁止屠宰。

皇太极匆匆地离去了。由于他生前未对身后之事做任何安排，所以王公大臣在哀痛背后，正迅速酝酿一场激烈的皇位争夺战。

经过上次汗位争夺的人们，开始思考这次皇位的继承问题，而庄妃则是其中思考得最多的人之一。当时，亲王、郡王共有七人，即礼亲王代善、郑亲王济尔哈朗、睿亲王多尔衮、肃亲王豪格、武英郡王阿济格、豫郡王多铎、多罗郡王阿达礼。

庄妃思考着这七王各自的实力，他们之间力量对比的变化和消长，以及他们各自的智慧能力和政治洞察力等。

当时，礼亲王代善的势力已大不如从前了，两红旗的实力已经遭到皇太极的削弱，他自己也已年过花甲，久不临战，暮气沉沉，早已不问朝政。其诸子中最有才干的长子岳托、三子萨哈廉已英年早逝，二子硕托是一位年轻有为、屡建战功的人物，但又不为代善所爱，七子满达海虽有战功，但属刚崭露头角，还没有多少发言权。代善孙子辈的阿达礼和旗主罗洛浑颇不甘为人后，但在崇德年间却屡遭皇太极压抑。由此看来，两红旗老的老，小的小，已丧失竞争帝位的优势。但代善的资历老、地位高，且不管如何削弱，手中仍握有两红旗之实力。所以，像上次汗位争夺战中一样，他在继承人的问题上最有发言权，他的支持或反对仍能左右事态的发展。

郑亲王济尔哈朗是镶蓝旗旗主，他是努尔哈赤的侄子，又靠皇太极的恩赐做了旗主。虽然他不是皇位的有力竞争者，但他的向背却对各派有着重大影响，无论他倾向哪一方，都会使力量的天平发生倾斜。

肃亲王豪格是皇太极的长子，时年三十四岁，颇有战功。皇太极生前集权的种种努力和满族社会的日益封建化，也使豪格有实力参加到竞争中来，从利害关系而言，两黄旗大臣都希望由皇子继位，以继续保持两旗的优越地位。

他们认为，豪格军功多；才能较高，天聪六年（1632年）就已晋升为和硕贝勒，崇德元年（1636年）晋封为肃亲王，掌户部事，与几位叔辈平起平坐。皇太极在世时，为加强中央集权，频频打击各大贝勒、旗主，拉拢、分化中间势力，大大削弱了各旗的实力，又把原属莽古尔泰的正蓝旗夺到自己手中，形成以两黄旗和正蓝旗为核心的皇权势力，合三旗的实力远远强于其他旗。因此，这三旗的代表人物必然要拥戴豪格继位，可以说，豪格是继承皇位可能性最大的一个人。

皇位的另一个强有力竞争者便是皇太极的同父异母弟多尔衮。他是努尔哈赤第十四子，生母阿巴亥。他比豪格小三岁，文武双全，功勋卓著，在处理军国大事方面被公认为宗室中的最强者。而且，其身后有两白旗和两位勇猛善战的同母兄弟阿济格、多铎作为坚强的后盾，而且当时正红旗、正蓝旗和镶黄旗中也有部分宗室暗中支持多尔衮，这就更使他如虎添翼。

从当时的情况来看，皇太极留下的空位，只有三个人有继承的资格，即代善、豪格、多尔衮。其中，后两人旗鼓相当，竞争最为激烈。具体分析，豪格居长子地位，又有三旗作为后盾，实力比多尔衮略强。而且，代善和济尔哈朗此时已经感到多尔衮咄咄逼人的气势，从而更倾向于豪格一边。但从为人的机敏和智力上，从政治上的成熟和远见卓识上，多尔衮则胜出豪格几筹。

就这样，庄妃清醒地分析了当时的形势，以及最有实力、智谋和影响来竞争皇位的诸王的情况，希望在权力角逐的消长变化中，发生最有利于自己和儿子福临的变化。她决心在哀痛之中及时而准确地捕捉这种机遇，而且在最恰当的时机运用恰当的方式，来促使这种机遇的到来。

在祭奠皇太极的行列中，庄妃领着幼子福临站在皇后的左侧。悲戚的面容，哭红的一双秀目在众王公大臣的身上扫视着。她总觉得，虽然豪格的实力比多尔衮略强，但要论起权变、智谋和影响力，多尔衮则比豪格强得多，所以继承皇位的最有力竞争者，当属多尔衮。

想到多尔衮，庄妃的脸上涌出淡淡的潮红。她想起早年的一幕奇遇。郊外的清风和多尔衮那双充满温情的眼睛，使她到现在都觉得多尔衮身上的那种生动之气和男人的阳刚之美。那时，多尔衮的这种魅力使她既紧张又兴奋不已。但是，自从其母阿巴亥生殉后，多尔衮变得寡言少语起来。从与多尔衮的接触之中，庄妃感到他胸中蛰伏着一颗雄才大略之心，在多年的东征西讨中，他的军事才干日渐显露，同时几乎没有犯过什么过失。皇太极对多尔衮也总是封赏优厚，除了他的才干和一般功劳外，尤其是因为多尔衮在获得元朝传国玉玺后立即进献，并且积极推动皇太极上皇帝尊号之故。

看来，多尔衮毫无疑问地具有继承大统的强烈愿望。庄妃想，这也是情理之中的想法，因为虽说有众皇子在，但先皇无遗言，便只有按照传统，由众王公贝勒推选。

庄妃思索着，当年皇太极的汗位就是经贝勒大臣推选，是权力平衡的结果，最后以逼死阿巴亥为代价，从而顺利登基的。要是多尔衮真的继位，会不会为报皇太极等人逼自己生母殉葬之怨，而逼自己——皇太极的永福宫庄妃，也生殉呢？果真如此，那幼子福临又去指靠谁呢？

庄妃看见，福临此时就站在多尔衮身后，一身缟素，泪眼婆娑，嘴里不停地哭着念叨："皇阿玛、皇阿玛，我要皇阿玛……"庄妃不忍听下去。

这哭喊声，使庄妃想起了阿巴亥生殉那惨烈的一幕。那一日清晨，辰时，阿巴亥艳妆而坐。看上去，阿巴亥装扮得面如芙蓉眉如柳，海棠花开春带雨般的娇艳，但那娇艳之中透出一股渗人的凄惨、凄凉之气，其凄绝之美令人惊肉跳。站在拜别之列的布木布泰，亦即现在的庄妃，目不转睛地定神望着大妃阿巴亥，不由得内心一阵阵悸动。她不敢相信眼前这一切都是真的。难道年仅三十八岁的阿巴亥就这样了此一生吗？她再三地擦眼睛，该不会是在梦中吧？然后她仔细地盯着阿巴亥的那双眼睛，茫然、散乱的目光了无生气，那两颗呆板、直视的眼球，几乎停止了转动，像两个安放进去的玻璃珠子，似乎随时都有掉出来的可能，看上去可怕极了。

阿巴亥生殉的惨烈景象，从那时起，多少年来就像定格似的印在了庄妃的心里。而在这发生剧变的关键时刻，更使她挥之不去。庄妃想遍了前尘和后事，思虑再三，最后作出了一个大胆的决定。

第二天，满朝的王公大臣被一个消息震惊了：永福宫庄妃自愿以身生殉君王！这消息，使众文武大臣顿时慌作了一团。谁都知道，庄妃不仅仅是一位后妃，更是皇太极的政治智囊。皇太极自继位登基以来，几乎所有的朝纲、举措，都包含着庄妃的心血，从满汉分屯，优遇降官、降将，到设立三院；从开举科考到礼贤、重用汉官，庄妃的一些见地就连范文程这样的贤者也常常称赞不已，还常常慨叹，庄妃之美德和谋略，在许多须眉丈夫之上。

平日里众王公贝勒都曾得到过庄妃的好处，谁家有什么婚丧嫁娶的大事，她总是照顾备至。在皇太极的崇德五宫中，庄妃的亲和力最强，其恩泽遍及全国。

于是，诸王公贝勒齐集永福宫，众口一词、合力劝阻："今皇上方逝，皇妃自愿以身相殉，诚然可敬。然一位皇子和三位公主尚且年幼，皇妃当节哀顺变，将冲龄子女养育成人，只有抚恤皇上骨血，才可报答皇上的恩宠，又怎么能以身殉葬呢？"

庄妃望着年幼的子女，在众大臣的劝说下，似乎略显犹豫之色。

众王公贝勒又让皇九子福临劝说其额娘，福临泪流满面道："皇额娘，您千万不能死啊！"这稚嫩的童音使庄妃的心碎，使她悲痛难抑。

夫君的猝然去世，确实给了她沉重的打击，要不是还有孩子，几乎使庄妃万念俱灰。复杂而又险象环生的宫廷生活迫使她不得不为幼小的孩子着想，因为她深知失去父皇再失去额娘的年幼子女在宫中将会过一种什么样的生活。

"唉，"庄妃将福临搂在怀中，算是答应了诸王公大臣的苦苦相劝。"儿啊，正是为了你能好好地活着，为了你的将来，额娘才提出以身殉葬的呀！"庄妃流着泪默默地在心中念叨着。

正像庄妃所分析、所想到的那样，在皇位继承上旗鼓相当的双方，即豪格一方和多尔衮一方，在皇太极死后不久，就开始积极地谋划活动，并由幕后转向公开。两黄旗大臣们会于豪格府中，图尔格、索尼、图赖、锡翰、巩阿岱、鳌拜、谭泰、塔瞻八人倡议立肃亲王豪格为君。肃亲王豪格在众人怂恿之下，决心争位，并积极展开活动，争取支持。他派人拜访济尔哈朗，对他说："两黄旗大臣已决定立肃亲王为君，需要和你商量一下。"意在希望能得到济尔哈朗的支持，济尔哈朗当即表示："我意亦如此。"同时又以为需要与多尔衮商议。

就在两黄旗大臣密谋于肃亲王之家，紧锣密鼓地筹划拥立豪格的同时，两白旗的上层人物也正在积极筹划拥立多尔衮为帝。阿济格、多铎率先支持多尔衮，他们"跪劝睿王，当即大位"，并告诉他不必害怕两黄旗大臣，"你不即位，莫非是害怕两黄旗大臣不成？舅舅阿布泰和固山额真都说了：两黄旗大臣，愿意皇子即位的不过就是几个人，我们在两黄旗的亲戚都愿意你即大位啊。"

双方都在为争夺皇位而加紧活动，时局日趋紧张。首先提议拥立豪格的图尔格为防万一，令其所辖的三牛录亲兵披挂甲胄，弓上弦、刀出鞘，守住自己的家门，害怕自己首当其冲，成为两白旗诸王的刀下之鬼。

皇太极去世后的第五天，多尔衮首先赶到三官庙，询问索尼对皇位继承人的意见，索尼直率地告诉他："先帝有皇子在，必立其一，他非所知也。"由此，多尔衮知道反对他继位的两黄旗大臣态度是非常坚决的。

　　崇德八年（1643年）八月十四日，这是一个决定大清命运的关键日子。崇政殿是皇太极生前议论朝政的地方，皇太极死后，其梓宫也停放在这里。这一天，诸王公大臣就在崇政殿集会，讨论皇位继承问题。这一问题是和平地顺利解决，还是兵戎相见、互相残杀，直接关系到八旗的安危和满洲的未来。会议尚未开始，两黄旗大臣派两旗精锐的护军剑拔弩张开了进来，把崇政殿团团包围起来，大有以武力相威胁之势。尔后，索尼、图赖、鳌拜等两黄旗大臣，又手扶剑柄，气势汹汹地闯入崇政殿，等待会议的开始。这时的形势对多尔衮已非常不利。会议甫一开始，索尼和鳌拜首先出来倡立皇子。多尔衮则针锋相对，认为诸王尚未发言，他们还没有说话的资格，并厉声令他们暂时退下。

　　在索尼和鳌拜抢先发言被斥退之后，阿济格和多铎便出来劝多尔衮即帝位，多尔衮见两黄旗大臣气势汹汹的样子，遂犹豫不决，没有立即答应。但多铎却急不可耐地说："如果你不应允，该立我为皇帝！我的名字已列于太祖遗诏之中。"多尔衮听他说得实在不在理，便反驳道："肃亲王的名字也是太祖遗诏中提到的，不只有你的名字。"多铎在遭到哥哥的反对后，就提出另一位人选："要不立我，论年长者，当立礼亲王代善。"代善见多铎点到了自己头上，便开口说："睿亲王如果就允，当然是国家之福，不然的话豪格是帝之长子，当继承大统。我已年老体衰，力难胜任。"提出了一个模棱两可的意见。

　　豪格见自己不能被大家顺利通过，大为不悦，便说道："我福小德薄，哪能担当此任！"说罢，固辞而去，以退席相威胁。两黄旗大臣见主子离席，便纷纷离座，按剑向前，齐声说道："我们这些人，食于皇帝，衣于皇帝，皇帝的养育之恩与天同大，如若不立皇帝之子，那我们宁可跟随先帝死于地下。"

　　代善面对两黄旗大臣咄咄逼人的局面，不知如何是好，便连忙说："我虽是先帝之兄，常时朝政，老不预知，怎能参与此次议立呢？"说罢起身离去。随后，阿济格也跟着退出会场，而多铎此时也不知怎么办才好，只是默默无言。此时殿中只剩下多尔衮、多铎、济尔哈朗，以及两黄旗的大臣们。面对两黄旗的威力逼迫，多尔衮充分发挥了他的机智、敏捷的才能，以及高超的政治手腕，开口说道："你们大家说得对，既然肃亲王豪格谦让退出，无继统之意，那么就应当立先帝之九子福临为君。不过，其尚在冲龄，八旗军政事务，最好由郑亲王济尔哈朗和我分掌共管，左右辅政。待福临年长之后，当即归政。"

　　这一建议，似乎出乎所有在场者的意料。机敏的多尔衮，在相持不让的僵局之下，为稳定大局，避免大清内部互相残杀，便不失时机，当即提出了由皇太极的第九子，年方六岁的福临来继承帝位的方案。这一方案除避免了内乱的局面之外，其妙处还在于，一方面满足了两黄旗大臣以死相拼拥立皇子的强烈愿望（对两黄旗大臣来说，只要立皇子就行，无所谓哪一个，这样一来，两黄旗就仍是天子自将之旗，地位显赫）；另一方面，多尔衮借此又排除了与自己实力相当的皇长子豪格。同时，对于多尔衮来说，面对刀剑相逼的两黄旗大臣，他虽然被迫放弃了争位的要求，但争取了已有支持豪格倾向的镶蓝旗旗主、郑亲王济尔哈朗的支持，从而稳定了局面。拥立不懂事的稚童为帝，自己作为辅政王，至少他可与济尔哈朗分掌国家军政大权，在相当长的一段时间内其地位可与皇帝相仿，虽无名而有实。更何况，凭着多尔衮的雄才伟略，将来这朝廷还说不定会发生什么变化呢。

　　对于济尔哈朗来说，自己做了辅政王，当然不会有反对意见。而代善自己本无争位的打算，自然也希望化干戈为玉帛，对此当然也就没有什么异议。

　　于是，这一妥协方案最终被各方接受了。

　　皇太极的第九个儿子爱新觉罗·福临被决定继立为帝，郑亲王济尔哈朗和睿亲王多尔衮共同辅理朝政。这个方案一经确立，代善便立即召集所有八旗王公贵族、文武大臣宣布："天位不可久虚，伏观大行皇帝之九子福临天纵徇齐，昌符协应，爰定议同心翊戴，嗣皇帝位。我等当共立誓书，昭告天地。"

　　他首先率诸王宗室对天发誓："嗣后有不遵先帝定制，弗殚忠诚，藐视皇上幼冲，明知欺君怀奸之人，互徇情理，不行举发，及修旧怨，倾害无辜，兄弟谗构，私结党羽者，天地谴之，令短折而死。"

　　接着，文武大臣也进行宣誓："我等如谓皇上幼冲，不靖共竭力，如效力先帝时，而谄事本主，预谋悖乱，仇陷无辜，见贤而蔽抑，见恶而徇隐，私结党羽，构启谗言，有一于此，天地谴之，即加显戮。"

　　然后，为了表示对济尔哈朗和多尔衮作为辅政王的信任和支持，大家又誓告天地："我等如有应得罪过，不自承受，及从公审断，又不折服者，天地谴之，令短折而死。"

　　紧接着，济尔哈朗和多尔衮也对天宣誓说："兹以皇上幼冲，众议以济尔哈朗、多尔衮辅政，我等如不秉公辅理，妄自尊大，漠视兄弟，不从众议，每事行私，以恩仇为轻重，天地谴之，令短折而死。"

至此，仪式已毕，大局已定，一场激烈的皇权争夺战结束了，眼看就要发生的刀光剑影也消弭于无形。众人三三两两地散去，一直紧绷着的神经也开始松弛下来。

庄妃作为一个女人，是不能直接参与这场皇位争夺战的，更不能参加崇政殿里的议立新帝这等大事。在这种情况下，她仍然发挥了高超的政治才能，那就是主动提出以身生殉皇太极。诚然，夫君的去世确实使她心灰意冷，但绝不至于萌生死的念头。她是以主动要求生殉，来营造自己的悲情形象，从而在王公大臣中造成浓重的悲情影响，使他们对自己和儿子福临产生强烈的悲情之感，继而产生悲悯的同情之心。庄妃洞悉哀兵必胜的深意。即便对于皇位争夺战中旗鼓相当的双方——豪格和多尔衮来说，这种悲情影响也是不可抵御的。这样，在这场皇位争夺战中，庄妃就凸显了自己和儿子福临的形象，这一形象，除了悲情之外，便是贤淑和善良。如此一来，首先说，不管谁是皇位争夺战的胜者，是豪格、多尔衮、代善，抑或是任何别的人，都会对庄妃母子的前途产生积极的作用，而不会产生任何不利的影响；其次，庄妃知道两黄旗大臣的心理，而福临也是先帝皇太极的儿子，在皇位争夺中，发生微妙的变化，发生有利于福临继位的形势也是可能的。由以上情况看来，庄妃提出生殉先帝，实际上就是以退为进、守雌争雄之法。

在这种以退为进法的具体运用上，首要的是"量"和"度"的把握。在这两者的把握上，庄妃也是十分出色的。首先，她不但深知对手，更深知自己。生殉先帝，就是她根据自己在朝政中的影响、在王公大臣中的亲和力而作出正确判断后才提出的，即主动要求生殉而绝不会被生殉，反而会被多方劝阻。其次，在诸王公大臣齐集永福宫，众口一词、合力劝阻其生殉时，庄妃把握火候十分到位，放弃生殉也做得十分得体，只在"不得已"上做文章，从中可以窥见庄妃政治才能之一斑。

心头上那把刀

最后，她决心施展一个女人所能用的最后绝招，那便是"下嫁"，以色事他人，来笼络多尔衮，从而保住福临的帝位。这是用爱情玩政治。用政治玩爱情，男欢女乐帝王和百姓一也。

多尔衮之所以没有强自为帝而让福临登上皇位，主要是因为在与政敌豪格力量的对比上，并不占有明显的优势。豪格是正蓝旗主旗贝勒，又有两黄旗的拥立，这样一来他实际上已得到两黄、正蓝三旗的支持。济尔哈朗是镶蓝旗主旗贝勒，他是同意立豪格的。代善是正红旗主旗贝勒，他的基本倾向也是立豪格的。在这种情况下，如果多尔衮自立为君，不可能稳操胜券。所以，当多铎在会议上劝进时，"睿王犹豫未允"。多铎问："汝不即位，莫畏两黄旗大臣乎？"这就是多尔衮不强自为君的原因。以后在他摄政的整个时期，对福临的皇位始终是一个严重的威胁。济尔哈朗曾对巩阿岱说："皇子即位，更复何言，惟以他人篡夺为忧。巩阿岱以此言睿王，遂陷郑亲王于罪。"济尔哈朗与多尔衮同朝辅政，他自然是多有觉察才出此言，因而忧心忡忡。多尔衮因此而陷济尔哈朗于罪，正暴露其心迹。

正因为豪格和济尔哈朗是多尔衮强自为帝的劲敌和绊脚石，所以多尔衮念念不忘地要伺机给予沉重的打击。就在顺治五年（1648 年）三月，多尔衮重惩了济尔哈朗，给予肃亲王豪格致命的一击。

在多尔衮处置了豪格和济尔哈朗后，满朝的王公大臣一边倒地投向了多尔衮。这一点，在几日后的一次诸王贝勒议政中，得到了充分的验证。

在议政中，多尔衮举荐洪承畴加太子太保衔，入内院佐理军机；晋冷僧机为内大臣。

之后，巩阿岱上奏道："皇上，摄政王为理国事，整日端坐于案前，致使双膝生疾，行走大为不便，而每日临朝向皇上行跪拜礼，更是支撑不住。近来国事日繁，皇上每日都要召见，摄政王更何以堪！臣以为跪拜事小，若王爷勉强行礼，劳体伤神以致身体欠安，贻误国家大事则过莫大焉！故臣恳请皇上免去摄政王的跪拜之礼，为大清的江山社稷着想。"

顺治听后一惊，不由得怒发冲冠。要知道，面君恭敬而行跪拜之礼，乃是做臣子的本分，也是最基本、最能体现君臣身份的要求。这巩阿岱太猖狂，竟然有如此犯上悖伦之奏。但他看了看殿下的众王公贝勒均垂头而立，无人敢吱一声，耳畔不由得响起孝庄太后之言。于是，他握紧的拳头慢慢松开，和颜悦色地说道：

"贝子所言极是，以后凡有跪拜之礼，摄政王均可免礼！"

"臣谢皇上隆恩！"多尔衮毫不谦让，而且当即便没有跪拜，只是躬身行礼。看来对于此事，他蓄谋已久，巩阿岱不过是他的传声筒而已。

多尔衮为了树立个人至高无上的权威，还始终坚持将当年曾以死相拼拥立皇子的两黄旗大臣，作为重点打击的对象。

索尼是满洲正黄旗人，通晓满、蒙、汉三种文字，历事太祖、太宗，功绩卓著。福临即位后，索尼等人仍担心多尔衮谋篡皇位，乃同"谭泰、图赖、巩阿岱、锡翰、鳌拜盟于三官庙，誓辅幼主，六人如一体"，这对多尔衮企图树立自己至尊地位的行动，无疑是巨大的威胁。多尔衮自然对他们怀恨在心。

顺治元年（1644年），索尼跟从多尔衮入关进京。顺治二年（1645年）多尔衮以强硬胁迫和利诱收买的手段，使谭泰、巩阿岱、锡翰背盟附己，瓦解了所谓六人集团，但索尼仍坚持不肯附和。顺治初年，多尔衮营建府第，"勾工庀材，工部给直偏厚，诸匠役皆急营王第"。佟机上疏谏止，触怒了这位摄政王，多尔衮欲杀之，索尼却力言其无罪。于是多尔衮对索尼更加恼火，伺机惩治。后来，多尔衮收买谭泰告发索尼"以内库漆琴与人，及使牧者秣马库院，俫从捕鱼禁门桥下"，索尼遂被罢官闲居。可是，多尔衮对他的打击迫害并未就此罢手。顺治五年（1648年），"贝子屯齐告索尼与图赖等谋立肃亲王，论死，末减，夺官，籍其家，即安置昭陵"。索尼从此开始了孤灯独影、荒江老屋的守陵生活。

图赖隶正黄旗，天命年间，多次随皇太极出征，勇猛善战，时为八旗军一骁将。太宗暴卒后，图赖极力坚持皇位非太宗诸子莫属，并与索尼等五人盟于三官庙，誓辅幼主，为多尔衮所嫉恨。顺治二年，图赖见多尔衮大权独揽、威福自专、目无幼主，十分不满，上疏摄政王，告诉他"图赖昔年事太宗，王之所知也。今图赖事上，亦犹昔年事太宗时，不避诸王、贝勒嫌怨，见有异心，不为容默；大臣以下，牛录章京以上，亦不为隐恶。图赖誓与天，必尽忠事上"。

图赖为人刚直，嫉恶如仇。他不仅对多尔衮的专横不满，而且对依附多尔衮的两黄旗将领也十分愤慨。顺治二年，图赖从豫亲王多铎征江南，其时正黄旗固山额真谭泰西征，在英亲王军中。谭泰遣使告图赖曰："我军道遇险，故后至，请留南京界我军取之。"图赖对谭泰背盟依附多尔衮极为痛恨，便将谭泰嘱托之事告知豫亲王多铎，又作书遣使报索尼，请转启多尔衮。顺治三年（1646年）

正月，多尔衮会同诸王坐午门议谭泰罪，三日不决，多有回护。图赖便严厉责问多尔衮："何为迟久不结耶？"多尔衮受此大辱，恚然作色："以语凌我，似此怒色疾声，将逞威于谁乎？"说罢拂袖而去。在座诸王见多尔衮如此恼怒动容，便把图赖绑了起来。多尔衮当时也不好太过分，只好将这恶气默默咽下，以待时机。

后来，图赖与博洛受命进入福建，当地方平定后，旋师至浙江金华，暴病而卒。尽管图赖病死，但迫害并未停止。顺治五年三月，多尔衮命追夺图赖公爵籍没家产，革其子辉塞所袭世职。夺所有投充人役及赏赐之物，其兄弟子侄充当侍卫者全数辞退，图赖家族从此一蹶不振。

鳌拜是满洲镶黄旗人，授镶黄旗护军统领，位列大臣。皇太极死时，他与索尼等决计拥立皇子，"共立盟誓，愿死生一处"。顺治二年六月，鳌拜随英亲王阿济格追击李自成大顺军。顺治三年，与肃亲王豪格进征四川。鳌拜战功卓著，但因与多尔衮"意向参差，难以容留"。顺治五年二月，多尔衮以鳌拜参加谋立豪格和盟誓三官庙辅佐幼帝之事，再次论死，终议免死赎身。

遏必隆是满洲镶黄旗人，皇太极暴死，遏必隆与图尔格等两黄旗大臣坚决拥立皇子即位，抵制多尔衮自立为君的预谋，因"与白旗诸王有隙，高兵护门"。顺治五年二月，遏必隆被以此论死，后虽免死，但革去世职并籍没家产之半。

顺治五年二月，在多尔衮对反对派进行的大清洗中，尚有阿济格尼堪、塔瞻、多尔济等两黄旗将领均受到了程度不同的惩处。

至此，多尔衮终于扳倒了庇荫孝庄太后母子的三棵大树——肃亲王豪格、郑亲王济尔哈朗和两黄旗拥立皇子的大臣们。从此，孝庄太后和顺治犹如倒下的大树上鸟巢里的卵。覆巢之下，会不会有完卵，尤其顺治这枚小卵还能不能保存完好？没有人能知道。

其实，在整个多尔衮摄政时期，这一问题始终是横在孝庄太后心头的一把利刃，其阴影从来不曾散去过。这一点，我们从当时孝庄太后日常遇到的有关问题及其处理办法中，就可以看得清清楚楚。

当顺治年满十岁，登基已四五年之时，仍然没启蒙上学。无论当初在盛京，还是后来到北京，满汉大臣多次上奏，请为皇上延师开蒙，均遭多尔衮的拒绝。就连满达海、冯铨、洪承畴等这些重臣之请都不理睬，可见此事是多尔衮有意为之，故意耽搁皇上学业。多尔衮之心，路人皆知，孝庄太后更知。

顺治每日根本没什么政务要听，有事大臣们都在南城明宫睿王府议政，更没什么开蒙讲学要研习，所以，他除了玩之外，还是在想如何去玩儿。和太监们打牌、掷骰子、斗蟋蟀、捉蝈蝈，凡是能玩的都玩了个一塌糊涂。可对于骑射之术，并不精熟，更别说学业、将兵驭国之策了。

这一日，顺治吃罢早饭，对站立身旁的太监吴良辅发问道："吴公公，今日请朕到哪里玩儿？"

吴良辅忙道："启奏皇上，刚才接司礼监的知会，今儿是皇上入宫给皇太后请安的日子。"

顺治颇有些怕见额娘，每次见面额娘都先把他抱在怀里，亲亲这儿摸摸那儿的，然后就是一本正经地训斥，什么要读书呀，要学汉文呀，要精通骑射之术呀，等等，烦死人了。可又不能不去，这是规矩。

来到后宫见过太后，顺治看了看母亲那期望的目光，那喜中有忧的表情，他知道母子亲热过后的那些训斥就要来了。

母子坐下后，顺治照例问了些太后生活起居之事，说了些体贴、孝顺之类的话语。

寒暄过后，孝庄太后稍稍思索了片刻，关切地问道："皇上，近来朝政忙不忙？"

提起朝政，顺治就头痛。他不由皱了皱眉，然后不冷不热地说道："朝中一切都由十四叔打理，儿臣落得十分清闲，只需每隔十日临朝听诸王公大臣议事就行。"

孝庄太后听了，不由得悲从中来，心里酸酸的。看着眼前这位日渐长大却一无长处的皇儿，忧心忡忡。多尔衮权势日重，而皇上却完全是一个无知无能的混混儿，日后将如何亲政？就是亲政了，又会把国家治理成什么样呢？更何况，他如今这个样子，岂不成了多尔衮取而代之的绝好把柄了吗？想到这许多，孝庄不由劝道：

"皇上继位已有数年，应当多想一些国家大事，应当多向大臣们学学施政治国的方略才是。"

顺治颇有些不耐烦，看看，又来了不是！于是，把脸一沉，冷冷地道："朝中不是有十四叔吗？什么事都由他去做主，朕还要学什么！"

孝庄太后闻言越发心酸，心中惊叫道："儿呀，你十四叔就盼着你这样，而你还如此执迷不悟、昏睡不醒。如此下去，若这大清的皇位有个闪失，额娘与你荣辱事小，可怎么对得起九泉之下你的皇阿玛，又怎么对得起列祖列宗啊！"

孝庄太后忍住盈眶的泪水，强颜欢笑道：

"儿呀，你是大清国的皇上，总有一天，我儿要亲政治国的。你皇阿玛在位时平定四方，建功大清；你十四叔率兵入关，定鼎中原，他们都建立了不朽的业绩，而你准备如何治国安邦呢？你难道不想像你皇阿玛、十四叔那样成为彪炳千古之人吗？"

孝庄太后这一席话，激起了顺治心底久藏的雄心大志，他动情地道："额娘放心，儿臣今后一定练一身武功，苦学骑射之术，像皇阿玛那样干出一番惊天动地的大事业。"

孝庄太后从来没听到过顺治说出这么激动人心的豪言壮语，不由得上前把顺治拉到怀里，深情地爱抚着他的头和脸，亲切地说道：

"儿呀，你皇阿玛、十四叔打天下时是靠马上的，但你不能靠马上治天下。"

顺治毕竟年幼，有点儿不明白太后的话，什么马上马下的，做皇上不就是带兵打仗嘛，谁打胜了谁就做皇上，谁败了谁就是奴才。

太后见儿子并不明白此话的意思，也不再说什么，吩咐身边的苏麻喇快把东西拿上来。

苏麻喇应声进了里屋，然后捧出一个黄布包来，孝庄打开黄缎包皮，里面是一叠书籍。

"额娘，这是什么？"顺治有些惊奇地问，他本以为额娘会送他些好吃的东西，可并不是。

"这就是书，是额娘从宫中借来送给皇上的，回去以后，好好读一读。"

"这是什么书，儿臣一个字也不认识？"顺治翻了翻道。

太后笑道："这些都是汉字写的书，全是皇上应读的书，所以你应该认真看看这些书。"

顺治顿时有些不悦，说道："额娘，儿臣一个字也不认识，怎么读？"

太后小声道："儿呀，现在朝中宫中也没你多少事儿，可请教范学士、冯学士他们，有空儿便给你讲解，只要肯用功，慢慢就会认识、就会弄懂的。另外切记，不可说这些书是额娘送的，记住了吗？"

顺治收下了书，并且记住了母亲的嘱咐，辞别太后回宫去了。

自从多尔衮处死了豪格、排挤了济尔哈朗、重惩了两黄旗大臣之后，明南宫前车如流水马如龙，轿舆络绎不绝、人流摩肩接踵，睿王府内高朋满座、冠盖如云，而皇宫前倒是冷冷清清、门可罗雀。于是整个国家的政权中心南移至睿王府，皇宫倒成了一种摆设。这一切不正常的现象都逃不出一个人的犀利双眼，那双眼从后宫一直注视着明南宫的一举一动，虽然她无法走出后宫直接干政，但她仍密切关注着这一切，因为这关系到他们母子的安危。

多尔衮派人到蒙古为顺治聘定皇后之后，便召集议政大臣会议，会上多尔衮亲自出马，对诸大臣道：

"皇上的婚事已定，不久就要完婚，而现今宫中各殿均为旧明所建，不吉利。为了皇上的大喜，本王以为应为皇上另建一处新宫，以恭贺之。诸位以为如何？"

摄政王发了话，有哪位敢说个"不"字！更有那拍马逢迎之徒，话音刚落便马上附和。

巩阿岱道："摄政王所言极是。我大清皇上之大婚，万不可草率，应隆重庆祝一番，让中原汉人也看看我大清的尊严。"

锡翰紧接着也道："摄政王辅佐皇上定鼎中原，今又亲自为皇上选聘皇后，重建新宫，足可见摄政王对大清忠心耿耿、对皇上赤胆忠心，不愧为我大清第一功臣。"

有了这两个溜须拍马之徒的带头，其他人也纷纷附议。只有范文程提出了疑问：

"摄政王，不知新宫选址在何处？"

多尔衮道："本王已差人寻找多日，据奏报，在大内之西有块宝地，宜于建宅，本王拟在那里为皇帝另建新宫。"

在大内之外建新宫，那现在的皇宫大内留给谁呢？要知道，国不可有二主，皇宫不可有两座呀！

范文程颇费了一番思量，又奏道：

"摄政王，微臣以为修建新宫应在大内，一则可与现在的皇宫连在一起，旧宅起屋不会破风水；二则可节省许多钱粮工夫。另建新宫必大兴土木、劳民伤财，方今我大清乃草创之初，国力尚弱而各方面耗费巨大，不宜如此铺张。"

"范学士，你这话是什么意思？难道我大清国连为皇上修座新宫的钱都没有了吗！"说话者是席纳布库。

范文程是老臣，颇得皇太极和多尔衮的器重，只有他敢站出来提异议，被席纳布库这么一反驳，更没有人敢说话了。

于是，多尔衮道："此事就这样议定吧。选址建宫之事，由辅政王多铎亲自负责，尽快开工，以便建成后为皇上完婚。"

孝庄太后在后宫风闻多尔衮要为皇上另建新宫，十分震惊，心想原来的担心果然得到了验证。看来为皇上另建新宫以便好好庆贺一番，只不过是个幌子而已，背后隐藏着更大的阴谋。一旦新宫建成，皇上大婚后居于其中，如果多尔衮愿意，就可将他们永远囚禁于内，封以亲王，而自己则可坐镇紫禁、独拥大宝。到那时，他多尔衮就可以不流一滴血汗而登上皇位，顺治就会成为第二个豪格。

想到这里，孝庄太后心里不由一颤，一股寒气从脊背上升起。多尔衮呀多尔衮，你竟然连哀家的儿子也不放过，白费了哀家对你的笼络和情意。

孝庄太后在宫中度日如年，如坐针毡。每天都向海中天打听有关建造新宫之事。海中天也非常尽力，对新宫之事了解得一清二楚。某日，新宫选址已定，就在太液池西岸，占地若干亩；又某日，新宫已开始修建，开挖地基，木材、石料也开始运往工地；再某日，豫亲王多铎亲往工地，督促工匠人夫加快进度，严饬办差的官员加紧指挥施工，等等。每听一句有关新宫的话，孝庄的心就抽紧一次，可她无能为力，只有眼睁睁地看着多尔衮为自己母子俩一点点地建造牢狱。

这一日午后，孝庄正兀自发愁，海中天又匆匆而来禀报："太后，朝中有人上奏，反对建新宫。"

太后闻言大喜，忙不迭地问："何人上奏？摄政王对此态度如何？"

"据说，索尼和鳌拜二人联名上奏，说是大清初立，国力尚弱、百姓疲困，不宜大兴土木，铺张奢侈，当务之急是集中人力、物力，平定江南。"

"太对了，这些话才像我大清忠臣所言。"

"太后，依奴才看来，此言虽忠，不会有人听，更不会有人附议。摄政王对建宫之事谋划已久，怎肯轻易放弃呢？"

海中天看得太透了，说得太对了。多尔衮看到二人的奏折后切齿痛骂，立即命英亲王阿济格以顺治帝的名义，下了一道诏书，对二人严加申斥和谴责。

消息传到慈宁宫里，孝庄太后大失所望。依稀感到，仿佛茫茫大海中的一根救命稻草，也被风吹浪击，而眼前是一片漆黑，见不到一丝光亮，看不到一点希望。

不，决不能这样坐以待毙、这样束手就擒，自己还好说，那自己的唯一希望、唯一寄托——福临呢？不，更不能让他像其长兄豪格那样，被幽闭在高墙之内，最后不明不白地死去。不，决不能让多尔衮扼杀了冲龄的亲骨肉，决不能！孝庄心里不断地念叨着，那把横在她心头的刀，也在一次又一次地刺痛着她。这种锥心之痛，使她挣扎、使她抗争、使她奋起。

最后，她决心施展一个女人所能用的最后绝招，那便是"下嫁"，以色事他人，来笼络多尔衮，从而保住福临的帝位。这是用爱情玩政治。用政治玩爱情，男欢女乐帝王和百姓一也。

孝庄太后终于下嫁了多尔衮，蜜月过后，多尔衮忙着要处理政务，太后便传旨乾清宫，请皇上入宫请安。顺治来到慈宁宫，但见宫门上贴着大红的喜字、大红的婚联，屋里一色崭新的家具、帷帐、锦被上的五彩鸳鸯，更增添了喜庆的气氛。

多尔衮和孝庄并坐在桌案旁，顺治怯生生地上前，俯伏在地、跪着行家礼：

"儿臣给叔父、额娘请安。"

"平身。"多尔衮语气很温和。

顺治站起来立在一旁，刚想坐下，孝庄太后用柔和的目光看着顺治，语气也很温和地说：

"儿啊，额娘与你叔父合宫同居，以后要改称'阿玛'才是。"说完，孝庄紧紧盯着顺治，那目光中既有期待也有威严。顺治看了一眼太后，太后那眼神和面部表情都显示出了不容商量之意，于是便低下头来思索了片刻，当即跪在多尔衮面前，说道：

"叔父视儿臣如同己出，儿臣今后便称叔王为'阿玛王'，视叔王如父。"

多尔衮听后别提有多高兴了，他没想到平时既顽皮又倔强的皇上，今儿个愿意喊自己为阿玛了，那自己岂不就是太上皇了吗？

比多尔衮更高兴的是孝庄太后，她从儿子的神情中看出了几分不情愿，但儿子确实懂得了，他读懂了母亲的目光。

"福临，额娘早对你说过，这江山是你叔父、现在是你阿玛王打下来的，这皇位是你阿玛王扶你坐的。现在他视你为亲生儿子，你绝不可顶撞你阿玛王，要把他当成你真正的阿玛，听到了吗？"

顺治忙道："额娘，儿臣知道，没有阿玛王，就没有今天的儿臣，所以儿臣对阿玛王是真心实意的，发自内心地当作自己的亲阿玛。"

这娘儿俩一个揉前胸、一个抚后背，把多尔衮伺候得心平气和，熨熨帖帖的，只一个劲儿地连连说道："好，好哇，只要我们一家人同心同德，看谁敢动我大清一根毫毛？"

议政会上，众王公大臣见到了新婚后的多尔衮，祝贺之声四起。众人还没开口议政，一向沉默寡言的皇上倒先说话了，他扫视了一眼群臣道："朕有一事请诸位议定。今太后与摄政王已合宫同居，这样朕对摄政王的称谓也应改一改。摄政王一心辅佐朕，视朕为己出，请诸位为朕议个封号。"

多尔衮一听，不免心里美滋滋的，自己没费一点儿劲，就有了这么大的儿子，叫他如何不美在心里、高兴在脸上！他美他高兴，可把下面的大臣们愁坏了。愁的是，这封号该如何拟？

冯铨道："启奏皇上，在中原古代，秦始皇为感谢吕不韦辅政之功，曾尊吕氏为'仲父'，项羽为报范增辅弼之恩，也称范氏为'亚父'，不知皇上可否沿用古人之称谓？"

满族人的称谓很简单，直来直去的，很难拟出什么合适的号来。称"皇阿玛"不行，叫"父皇"也不行，因为这么一来，又该称皇太极什么呢？所以必须拟一个与皇太极的称谓不同，而意思又相同的名号来，何其难也！

范文程沉思良久，然后说道：

"启奏皇上，以臣之见，既然皇上认为摄政王视其为己出，皇上就应对摄政王执父礼。如此，能否在原来的封号中去掉一'叔'字？"

众人在去掉"叔"字后，心中默诵一遍：皇父摄政王，这封号妙极了，既有"父"字，又有"父"意，又与"皇阿玛""父皇"在字面上有所区别，使多尔衮与皇太极各得其所，岂不大妙！

顺治也觉得这一封号很好，挺合适，便发话道："朕以为此号正合朕意，即日起加封多尔衮为'皇父摄政王'，特颁宝印、名册，并告示天下。"

得了这样一个尊崇的封号，多尔衮十分高兴，自己从此真的成为大清国的太上皇了。于是多尔衮忙站起身来，欠身施礼道："谢皇上隆恩。"

从此之后，他与孝庄太后更加恩爱。而孝庄太后，对横在心头的这把刀却丝毫不敢大意。

追尊多尔衮

孝庄太后和顺治帝之所以追尊多尔衮为"诚敬义皇帝"这一崇高得不能再高的尊号，多出于政治权术和谋略的需要。所以，当多尔衮的至尊地位达到了这个高峰之后，便预示着由巅峰向谷底的坠落。

顺治七年（1650年）十一月，多尔衮因"有疾不乐"，率领八旗诸王、贝勒、贝子、公以及固山额真等出边围猎，原本想消遣解闷、颐养身心，不料却旧病突发，一去不归，于顺治七年十二月初九戌时病死在塞外喀喇城，享年三十九岁。

多尔衮体质不佳，早已身染沉疴。他曾说自己"素婴风疾，劳瘁弗胜"。多尔衮的政敌肃亲王豪格早就预言，多尔衮是有病无福之人，不可能坚持到摄政结束。

多尔衮自己说，他致病的原因是鞍马劳顿。入关前他"颇劳心焦思，亲自披坚执锐"，入关后又"机务日繁，疲于裁应，头昏目胀，体中时复不快"。此外，多尔衮的早逝与他登徒子式的私生活，也有很大关系。多尔衮除明媒正娶的妻妾之外，还有下嫁之太后、亲侄肃亲王豪格之福晋、征自朝鲜之淑女、选自八旗之美女、部下选送之侍女。他统统纳入房中，金屋藏娇，恣意纵乐，这种纵欲、放荡的生活如何不耗尽他的精血！

此次出猎，多尔衮不胜鞍马劳顿，病发突然而坠于马下，十二月初九命归黄泉。

多尔衮死后五天，消息才传到北京。一时间如晴天霹雳，满朝震惊。又过了四天，多尔衮的灵柩回到京城，福晋率诸王贝勒文武百官，身着缟素迎至东直门外五里。福晋连跪三次，亲自举爵祭奠，痛哭失声。文武大臣皆伏路左举哀，睿王府内，公主、福晋以下命妇，缟服跪哭，举国一片悲悼气氛。福临亲下哀诏，以国丧追悼六天后，追尊多尔衮为懋德修道广业定功安民立政诚敬义皇帝，多尔衮的尊荣至此达到了最高峰。

人们不禁会问，既然多尔衮是横在孝庄皇太后和顺治帝心头的一把钢刀，在他整个摄政期间随时都会废掉孝庄太后母子而自立，那么他死后，为什么福临还要追尊如此崇高的荣誉呢？要了解这一点，还要从多尔衮的死讯刚报到朝廷时说起。

顺治七年的冬天，天气似乎有些反常，特别寒冷。刚一入冬，就下了一场大雪。"燕山雪花大如席"，鹅毛般的大雪下了几天几夜，房顶、地面积了几尺厚的雪，银装素裹一片白茫茫。

此后的天气，一直是朔风呼啸，寒凝大地，积雪化得很慢，房檐下挂着长长的冰凌。积雪还没融化多少，紧接着又下了一场大雪。直到年底，整个北京城都被冰雪覆盖着。皇宫中也到处是冰天雪地，慈宁宫的檐下挂着一排长长的冰凌，大的如酒杯粗，长有几尺。

十二月十三日，刚刚睁开眼的天空，又布满了阴云，不一会儿，又飘起了鹅毛大雪。

东直门外的驿道上，三匹火红的战马正在向京城飞驰。

夜静更深时分，午门的宫门忽然被拍打得"嘭、嘭"山响。侍卫在门房里咕噜了一句："谁呀，这时候还来敲门，大冷的天儿，主子们早安歇了。"

打开门后，从门缝里看见郑亲王济尔哈朗立在门前，身后跟着四名侍卫。只见郑亲王满脸肃然里透出焦急，道："快去慈宁宫禀奏太后，郑亲王有要事求见。"

那侍卫见亲王如此急迫，转身向后宫奔去。

"太后，郑亲王紧急求见！"

房里的太后正准备就寝，忽听总管太监海公公的奏报，忙命快请。

郑亲王此前曾被多尔衮降为郡王，后又在平定江南的战事中立了功，恢复了亲王的爵位，只是不能辅政，而是披坚执锐，亲自领兵打仗了。

济尔哈朗一路小跑地来到慈宁宫，径自挑帘进屋，来不及脱去外衣，便跪地奏道：

"太后，大事不好了！"

孝庄太后猛地从座椅上站起身，惊道：

"郑亲王，到底发生了什么事？"

"刚刚大学士刚林到微臣府中，告诉摄政王已……已经宾天了。"

"什么？"孝庄往后一仰，跌坐在椅子上。片刻后，她清醒过来，忙问道：

"什么时候？"

"十二月初九，报丧的人马明日就到。刚林偷偷提前来京，还有一事。"

多尔衮出猎旧疾复发坠马而死

"还有什么事？"孝庄太后已从惊慌中彻底镇定了下来。

"据刚林称，英亲王阿济格正率数百铁骑向京师驰来，其目的不得而知。"

孝庄太后似乎颤了一下，紧盯着郑亲王道："郑王爷，你看这消息是真的吗？会不会是有人在耍阴谋？"

郑亲王稍微沉思了一下，道："太后，兹事体大，怕无人敢谎报。何况刚林已遍告所有在京的王爷、固山额真，他纵有天大的胆子，也不敢如此明目张胆地咒摄政王。"

太后又疑道："这刚林为何不入宫禀奏，而遍告诸王呢？"

郑亲王思索了一会儿道："刚林原是摄政王的人，但又对英亲王不满。现在摄政王刚刚宾天，京中形势仍如铁桶一般，他不敢贸然入宫，怕同党骂他叛徒但他又不想背与英亲王一同叛乱的黑锅。所以，采取了这种折中的办法。"

"以王爷之见，眼下该如何处置才好？"孝庄望了望郑亲王，她知道京中诸王中，他是最可信赖的。

郑亲王沉思了好一会儿道："应以皇上的名义召兵部尚书洪承畴、贝子满达海、大学士冯铨入朝议事，并召见刚林觐见。"

孝庄太后当即传旨乾清宫。顺治正在乾清宫坐卧不宁地生闷气，忽闻多尔衮死了，差点儿失声大笑起来，但多年养成的冷峻之习，使他只冷笑了几声，便吩咐传旨。

武英殿上，气氛严肃紧张。顺治坐在御座之上，太后坐在旁边，郑亲王、满达海、洪承畴、冯铨分立两旁，刚林伏在地上。

一见这种阵势，刚林一切都明白了，他知道如果今天不说实话，眼前怕是就过不去了。

孝庄太后威严地喝问道："刚林，你随摄政王出边狩猎，为何独自回京？"

刚林伏地答道："启奏太后，罪臣该死。摄政王已于十二月初九宾天。臣随报丧人马回京，无意中有数百精骑混于报丧人马之中，臣遂偷偷回京，遍告诸王、固山额真，早做准备。"

"此铁骑为何人麾下？"郑亲王问道。

"此数百骑乃英亲王手下之精兵。"

"英亲王一同来了吗？"顺治一拍御案喝问。

"来了。"

郑亲王听后突然发问："摄政王临终前有什么遗言，交代给何人？"他是大清老臣，已历三代，经验十分丰富。大凡多尔衮这样的人，在临死前都是会有所交代的。

见刚林面有难色，迟迟疑疑的样子，顺治厉声断喝："说！"

"启奏陛下，罪臣不敢隐瞒，摄政王临终前曾召见英亲王，听睿王府的传命说，是摄政王向哥哥语其后事。所以，在场所有的人，包括睿王府的近侍全部退到帐外，帐内两人说了些什么，没有一个人知道。"

听了此言，在场众人皆惊讶万分，面面相觑。

郑亲王神态肃然地看了看刚林，说道："大学士，眼下是我大清多事之秋。你要认清大局，今摄政王已崩，当今皇上必然要亲政。只要你能如实说出关外实情，于国于己都有好处，万万不可让奸佞趁此乱局，坏我大清的基业。"

"郑亲王，在下虽不才，可也是我大清的二品大臣，位列大学士，自信忠奸二字还能分得清。刚才所言句句是真，请陛下、太后并各位放心。"

孝庄太后放缓语气，抚慰刚林道："大学士千里归京，辛苦了，可速回府休息。"

刚林退出后，殿内君臣仍聚在一起商议，一直沉默不语的冯铨开言道："太后，英亲王作为摄政王的同胞兄长，不扶柩来京，而亲率精兵混在报丧的队伍里先行回来，其中恐怕有诈。"

"还用说吗，一定是摄政王临终交代了什么，为弟面授机宜，其兄开始行动。"满达海接腔道。

洪承畴一直没有发言，是因为孝庄太后在座，使他颇感不自在。当听了满达海等人的话后，他便提出了自己的看法："此事尚不可定论。倘真是摄政王交代其兄图谋不轨，同为一党的刚林则绝不会策马入京，且遍告诸王。摄政王如能授意其兄，为何又不遍告京城内外党羽，响应其兄呢？这一点，确有不通之处。"

各位听后点头称是，觉洪承畴之言也颇有道理。满达海又说道："无论摄政王弟兄俩说些什么，但英亲王秘率数百精骑入京则是事实，不可不防。"

此时，孝庄太后看了一眼郑亲王："以王爷之见，此事当如何处理。"

没等郑亲王答话，一直沉默的顺治突然说出一句："当立刻诛杀英亲王。"

郑亲王听后连连摇头道："此事万万不可操之过急，以免发生激变。英亲王虽为长兄，但无论智谋和军功，都不如他的两位弟弟，所以摄政王对他一直也不重用。此人最大的特点就是有勇无谋而又野心勃勃，实乃一介武夫而已。此次出格之举，不排除是他自己异想天开、图谋不轨。所以，万不可轻易下摄政王授意的结论。摄政王虽然驾崩，但他生前军功盖世，且又摄政多年，党羽满天下，在此嬗替之当口，稍有不慎，便会激起大变。"

"那依王爷之见，就听任英亲王入京吗？"顺治仍然不服气地问。

"当然不能。要在九门设下伏兵，一旦英亲王的精骑一到，立刻剿杀于城门之下。至于英亲王，可先以不守王灵、图谋不轨之罪囚于大内，待风平浪静，查清真相后再行处置。"

孝庄太后听后点了点头，对顺治道："做事要沉稳，万不可鲁莽。越是面临危局，就越要沉着冷静，事情越乱，他人越慌，当政者就越要稳。如此，才能临危不乱，果断处理一切不测之变。从眼下起，任何人都不得慌乱，遇事沉着应对，三思而后行。如有异常情况，要及时入宫禀奏。"

众人齐声领命后，心中都暗暗佩服孝庄太后虽为一妇人，可处变不惊，大有胸怀天下的古之圣君之风。

"洪尚书，以兵部的名义命令各督抚，一个月内不得动兵，并以皇上的名义下旨，命各旗兵马不得擅离驻地，没有皇上谕旨和兵部的命令，不可调动一兵一卒，违者斩！"

"嗻！"洪承畴看着太后庄严的神色，斩截有力的话语，怎么也不敢与二十年前那位劝降自己的绝美佳人联系在一起。

"满达海，命你明日率一千精兵，伏于东直门内，一旦英亲王精骑入城，立即剿杀，囚英亲王于大内。"

"郑亲王，你召集各王公贝勒、文武大臣，廷议摄政王的葬礼应按何制，并密切关注各方动静，有异常情况，及时入宫。"

"冯学士，你可根据廷议，会同礼部、太常寺，准备摄政王的葬礼。"

三人领命后，郑亲王目睹太后如此自信、果敢，大有运筹帷幄制胜千里之风，心中暗暗称奇。再看看旁边那位少年天子，不由得想起多尔衮生前种种行为，虽甚嚣尘上仍不敢废君自立，不能不说是太后之力。

众人走后，殿上只剩孝庄和顺治，娘儿俩拥炉而坐默默无语。孝庄亲自向炉子里加了几块木炭，忽然间想起了什么，忙对海中天吩咐道："海公公，即刻传懿旨，将所有大内侍卫集中起来，分班值守，日夜警卫皇宫，没有哀家的旨意，任何人不得出入宫禁。"

海中天应了一声，刚想离去，又被太后喊住："哀家再给你写一道手诏，可速去德胜门和安定门内两黄旗军营，令全营将士立刻入宫，加强防卫。"

顺治一直呆呆地坐在旁边，见母后镇定自若地调兵遣将，有如大帐黉夜点兵的统帅，不禁生出几分敬畏。

孝庄又看了看顺治，似乎仍有些不放心，便柔声婉语道："儿啊，心中再苦再有气，但此时万万不可有丝毫的流露。摄政王虽然归天，可我们母子的出头之日并不会即刻到来，要知道他的爪牙、党羽遍布朝廷内外，稍一不慎，都会招致激变。当今朝中人心惶惶，加之良莠不齐人心难辨，忠于我们的将士又远在京外，所以该忍的一定要忍。多少年都在心头上那把刀之下忍过来了，眼看着就要慢慢出头了，还有什么不可忍的吗？"

顺治见母亲眼中晶莹发亮似有泪光，忙点头称："儿臣一切听从皇额娘安排。"

太后听了苦涩地一笑说："儿啊，你是皇上，今后一切都应听皇上的安排。现在额娘所做的一切，不过是权宜之计，待你亲政后，额娘再这样安排，岂不是后宫干政了？所以，你今后遇事要慎思谨行，不可轻易表态，更不可贸然行事，要多听议政大臣们的见解。"

顺治又点头道："儿臣谨记。"

第二天，北京城是个难得的艳阳天。东直门下，满达海率领精兵收拾完英亲王阿济格及其精骑后不久，报摄政王丧的人马便到了京城。消息传出，震动京师，还不到四十岁的摄政王，盛年早逝，朝野惶惶不安。

顺治第一次单独坐在御座上，不禁看了看旁边的另一把龙椅，上面空空如也。多年以来，那个并不高大的身影一直坐于其上，挡住了众臣仰望皇上的视线。

在京的诸王公、贝勒、贝子以及文武大臣，全部齐集于此。多年来由多尔衮主持的廷议，改由郑亲王济尔哈朗主持，下面站立两旁的巩阿岱、冷僧机等人似乎颇不以为意，带着不服气的神色。

"诸位王公大臣，今摄政王已宾天，请各位议议应以何制安葬摄政王。"

济尔哈朗宣布廷议的宗旨后，朝廷上下一片静寂，没有一个人吱声。如何安葬？当此意外事变的关头，谁敢出言！昔日摄政王在位时，一切都看他的脸色行事，现在斯人已驾鹤西去，又该看谁呢？

"皇上，微臣以为摄政王的灵柩尚未进京，况且还有许多王公大臣不在京中，眼下议此事多有不妥，若有疏漏，恐遭京外众大臣的反对，还是等英亲王他们到京后再议不迟。"

打破沉默者乃冷僧机，他怕此时廷议，自己的同党多随摄政王狩猎在外，对摄政王不利，因而也对自己不利，故出此言。

顺治冷眼看去，心里不由得哼了一声，还英亲王呢，他早进囚室了！冷僧机，你个忘恩负义的东西，到了此时还不忘为主子着想，有朝一日，看朕如何收拾你！

顺治见众人良久不言，知道大家不好开口，转念一想，便颇为动情地说道："皇父摄政王功盖当世，对我大清、对朕可谓鞠躬尽瘁、呕心沥血，应以帝制治丧，朕要为他举行国葬，全国臣民易服举哀，灵柩进京时，朕要亲自缟服出迎。"

顺治这番话说得既动情又不矫揉造作，显得真实、贴切，使诸王公大臣十分感动，包括多尔衮的死党们也伏地高呼皇上圣明。

十二月十九日，多尔衮的灵柩在其养子多尔博的引领下，在阿济格的幼子劳亲，大学士范文程、何洛会、巴哈纳、锡翰、席纳布库等随从大臣的守护下来到了京城。

当多尔博披麻戴孝引领多尔衮的灵柩，来到东直门外五里时，就见白幡飘飘，缟素满地。顺治帝身着孝服，在两名太监的搀扶下，泪流满面，痛哭失声。到了灵柩前，连跪三次，悲痛欲绝，在场的百官见此情景，莫不感动得泪流满面。

灵柩安放在南宫正殿大堂上，由诸王贝勒彻夜守灵。有六十四个喇嘛诵经超度，还有四十九个萨满跳舞请神。王府里的妻妾们哭天抢地，泪沾衣裳。

顺治当堂传旨："摄政王之灵，由诸王贝勒轮值通夜守护，在京四品以上文武官员，亲至王府哭祭；六品以上京官在各衙哭祭；京中所有命妇，一律着孝并在大门内跪哭三日。"

此命一出，王公大臣们越发感动，睿王府内的哭声更高。一时间，南宫里挽幛垂首、松柏流泪、殿堂含悲，烟火缭绕氤氲处无所不在的哀悼气氛。

顺治从睿王府回宫后，便直接去了慈宁宫。慈宁宫显得十分庄严肃穆，门口的太监、宫女全都换上了青紫孝服，外罩白布。进了门，宫里所有的帷帐全换成了黑色的。大殿正中设一香案，上面供奉写有"诚敬义皇帝"的灵牌，牌前供有时鲜水果，案前放着香炉，三炷香燃出了袅袅的紫烟。

孝庄太后坐在案旁，秀美的脸庞似乎一夜之间憔悴了，满脸堆积着庄重肃穆，身穿黑色长袍，头扎白布，髻上插着一朵白花，正在为多尔衮守灵。身为皇太后，自然不便哭临睿王府，但死者又是她的丈夫，她理应尽妻子之义，所以便在这慈宁宫内设灵堂，日夜守孝。

顺治进入这种场景之中，心里不由得酸酸的。他痛哭多尔衮，之所以能够假戏真做，十分逼真，其中绝大部分是对自己的不幸的倾诉和发泄，也不乏喜极而泣的成分。所以，当他看见太后如此虔诚地为多尔衮守灵戴孝，从心底感到不舒服，这种不舒服、不乐意流露出来，形之于辞色。

孝庄太后看出了儿子的不满情绪，以严肃的口吻道："福临，额娘早给你说过，此时万不可轻举妄动，稍有不慎便会出现意想不到的大变。你以为多尔衮一死，一切就都一了百了了吗？你还年少，还没有经历过人生大事。你仔细想想，八旗之中，多尔衮独领两白旗，正蓝旗原归皇上，可被多尔衮借调，现传于其养子多尔博；两红旗旗主代善已逝，由满达海代领，但非旗主；两黄旗内人心不一，唯有索尼、鳌拜二人忠于皇上，然而索尼削职守陵，鳌拜革职效力军前。八旗之主唯有镶蓝旗旗主郑亲王一人支持皇上。面对如此不利的局面，你如何能有半点非分之想！"

顺治听了太后这一席话，顿感惶恐，小声道："儿臣谨记额娘之言，额娘如何吩咐，儿臣便如何做。"

孝庄太后两眼含泪，又推心置腹地道："儿呀，额娘知道你心里苦，不愿让我下嫁，可事已至此，早已无可挽回。要知道多尔衮在名分上是你继父，所以，从道义上，尤其是从朝廷大政上，你都要对多尔衮倍加尊敬，先稳住大局，暗中再慢慢试探王公大臣们的反应。步子不能太快太大，跑快了容易栽跟头。明白额娘的意思吗？"

顺治点了点头，又思索了一下道："额娘，应如何试探朝中众臣？"

对此，孝庄太后早已成竹在胸，当即道："国之玺印，象征着国家至高无上的权力，为一国之君的信符。我大清国玺现存放于南宫睿王府，眼下皇上可以发布诏书为摄政王发丧之名，派人取回信符，然后看看朝中众臣的反应。"

顺治毫不犹豫地一笑道："这事不难，明日派人去睿王府取回便是。"

　　孝庄太后听了瞪他一眼道："这仅为试探之举，如若有人反对，应立即送回睿王府，万不可强行收回。还要注意一事，去取符之人必用多尔衮的亲信，这样才不会引起别人的注意。"

　　顺治这才稍稍明白何为政治权术，这才稍稍明白额娘便是这方面的高手，于是又问道："依额娘之见，宜派何人前往？"

　　孝庄沉思了片刻，然后点头道："刚林。他是多尔衮的高参，睿王府里的红人，平时也常接触信符。而此番他先行进京报警，让他去既可试探睿王府之人和朝中大臣，又可试试刚林本人。"

　　实在是高，顺治发自内心地感叹。虽然他心里对母后不是太满意，但不得不叹服母后这一招高明。

　　顺治回到乾清宫，当即传旨宣大学士刚林入宫。刚林来到乾清宫后，见顺治仍然孝服在身不由感激得伏地而泣。

　　"大学士，摄政王宾天，举国悲痛，你与朕都受摄政王的深恩，对他当有更深的感情。所以朕想，这悼词应由大学士执笔最为合适。"

　　刚林听后受宠若惊，忙不迭地叩头道："多谢皇上器重，微臣一定不辜负皇上之期望。"

　　刚林领命后，虽然觉得有点仓促，但又想到这是一种非比寻常的差事，表达了当今皇上对自己的信任，是多少文人可望而不可即的荣耀。

　　第二天天刚亮，刚林拖着疲倦不堪的身躯，拿着悼词入宫见驾。顺治见他两眼红肿，面有倦容，便知他十分卖力，昨夜通宵未眠。接过祭文看了一遍，满篇皆歌功颂德的溢美之词，顺治不动声色地点了点头道："大学士写得不错，正合朕意，可拿去发往礼部。"

　　刚林道："皇上，此诏没加盖国玺，如何发往礼部？待臣至睿王府盖玺后再送礼部。"

　　"噢，还要加盖国玺？眼下睿王府哭成一片，人员嘈杂，为朝廷公事进出府中多有不便，也是对摄政王的不恭，若惊扰了王灵乃我等不孝。依朕看来，只有大学士前往把信符取来，待办完丧事后，再送回睿王府中，然后由议政大臣们商讨由何人出任辅政，学士以为如何？"

　　刚林见小皇帝说得颇为在理，便点头道："皇上圣明，待臣立即就去南宫取来信符。"

不到一个时辰，刚林便把信符捧到了顺治面前。如今的南宫早乱成了一团，没有人在意刚林取信符一事，他平时就常用，现在去取也没有什么异常。

顺治接过来，打开重重的黄绫，正是大清的国玺。他望着这块玉，眼中似乎闪出晶莹之光，他抚摸着它，看了良久，沉思了良久，这才拿起来，在诏书上钤上了玺印。然后，对刚林道："有劳学士将诏书发往礼部。"

待刚林领命走后，顺治小心翼翼地把国玺包好，命人贮之于内府。

过了两天，见朝中并无异常反应，顺治又召集了议政会议，他首先道："摄政王仙逝，举国哀痛，值此内有大丧之即，外有寇作乱的多事之秋，睿王府内千头万绪，两白旗中军务繁重，朕拟命苏克萨哈重袭世职，协助多尔博等人整饬军务，操办摄政王大丧。各位王公大臣以为如何？"

此言一出，众臣惊讶不已。苏克萨哈原系两白旗重臣，因耿直而遭多尔衮排挤。此时，皇上重用他有何用意。

这一招棋十分得体和高超。苏克萨哈本是两白旗人，用他不会遭到两白旗大臣的反对，多尔衮的党羽们也就不便说什么，同时因系皇上所提议，两黄、两红、两蓝诸旗大臣也不好反对。

郑亲王济尔哈朗率先说道："臣以为圣言极是，眼下实乃多事之秋，正是国家用人之际，苏克萨哈乃两白旗重臣，摄政王生前也对其十分器重，即使因偶有微瑕而夺职数年，对我大清仍然赤胆忠心而毫无怨言。苏克萨哈实乃忠贞之臣，可以重用，微臣附圣议。"

范文程、冯铨、满达海等人对此议看得清清楚楚，少年皇上哪有这般见识，背后定有高人指教，所以也纷纷附议。

巩阿岱、冷僧机、锡翰等多尔衮的死党，见两白旗大臣们无人反对，而亲近皇上的人又都附议，自己如果挺身而出恐怕陷于孤立，他们无奈之下也只好同意。于是，顺治立即颁诏，恩赐苏克萨哈重袭被剥夺的世职，苏克萨哈接旨后感激涕零，泣不成声。

重用苏克萨哈，一方面分化了两白旗的势力，同时皇上再一次试探了多尔衮党羽们的态度，试探的结果，证明了那句古语"树倒猢狲散"的正确。苏克萨哈蒙顺治帝的知遇之恩，终生念念不忘，先是对多尔衮反戈一击，后又与鳌拜作不懈的斗争，为顺治和孝庄太后出了大力，最终以死相报，成为清史上有名的死节之臣。

虽然多次试探了多尔衮党羽们的反应，但孝庄太后和顺治仍然小心谨慎、不敢大意，随后又为多尔衮举行了盛大的出殡仪式。

下葬的那一天，顺治亲率百官到睿王府哭临送葬，京中四品以上官吏均沿途设祭跪送，各王府命妇都在府里哭丧。梓宫出府之时，哭声震天，孝子多尔博披麻戴孝，在梓宫前手持哭丧棒引棺，其子年幼，便由一人抱于怀中，肩扛招魂幡，走在队伍最前面。顺治帝扶棺痛哭流涕，众王公贝勒亲自扛棺，文武大臣随后而行。送葬队伍所经之处，但见纸钱纷飞似雪，白幡招展如林。顺治及百官送至东直门后返回，其余的送葬队伍浩浩荡荡出城而去，葬往九王坟地。

从以上叙述可以看出，孝庄太后和顺治帝之所以追尊多尔衮为"诚敬义皇帝"这一崇高得不能再高的尊号，多出于政治权术和谋略的需要。所以，当多尔衮的至尊地位达到了这个高峰之后，便预示着由巅峰向谷底的坠落。同时，其生前所依靠的亲信也将相继身败名裂。

正像以上所叙述的那样，多尔衮一死，阿济格即因图谋不轨被囚，顺治帝命令大学士刚林至睿王府收回信符贮于内府。实际上，这类事情还多得很。当刚林交回信符后，顺治帝很快又命吏部侍郎索洪将赏功册收入大内。紧接着，议政大臣会议裁定阿济格之罪，其结果是：幽禁阿济格，夺其所属十三牛录，归于顺治亲将的两黄旗下，又把他从多铎那里据有的七牛录拨还多铎之子多尼，除少量保留其家杂役外，其余人口、牲畜全部入官。其子劳亲率兵响应其父，降为贝子，夺摄政王多尔衮所赐四牛录。两白旗将领席特库、阿思哈、毛墨尔根、穆哈达、郎球、马席、星讷、都沙、莫洛浑、萨尔布海等，视情节轻重，分别受到处斩、革职、抄家、鞭责的处分。紧接着，福临下诏，恢复了被多尔衮处分的博洛、尼堪的亲王爵号；将迅速站在自己一边的白旗将领苏克萨哈、詹岱封为议政大臣。又把备受压抑的两黄旗重臣鳌拜、巴哈吸收为议政大臣；代善之子满达海、瓦克达，其孙杰书、罗可铎分别晋升为亲王、郡王，从而笼络了代善家族的两红旗势力。顺治八年（1651 年）二月，又以"动摇国是，蛊惑人心，欺罔唆构"之罪名，将正白旗领袖人物罗什、博尔惠斩首，将额克亲、吴拜、苏拜革职。

明眼人一看便知，以上这些做法都是将要清算多尔衮的信号。果不其然，顺治八年二月十五日，苏克萨哈、詹哈、詹岱、穆济伦等原多尔衮近侍，首先出来揭发多尔衮的罪状，与此同时谭泰也站出来揭发多尔衮。根据他们的揭发，最后议定"以睿王私制御用服饰等件，又欲率两旗驻永平，阴谋篡逆"，"籍没所属家产人口入官，其养子多尔博、女东莪俱给以处分"。顺治八年二月二十一日，顺治帝将追论多尔衮罪状诏书颁示天下。诏书的最后几句为："据□□事迹看来，谋篡之事果真，谨告天地、宗庙、社稷，将伊母子并妻罢追封、撤庙享、停其恩赦。布告天下，咸使闻知。"（参见《清史编年》卷一，顺治朝。□为原文缺）

顺治帝的一道诏书，使多尔衮从生前的权力极致和死后的哀荣顶峰，一下子跌入了死后的深渊。

以上这些事情，都发生在顺治帝亲政的前后。事出突然的多尔衮之死，不但使福临亲政有了保证，而且还意外地提前了：顺治八年正月十二日，福临于太和殿宣布亲政，诸王群臣上表庆贺。

▌五、母子冲突▐

"惩忿戒嬉"

回到慈宁宫后，孝庄太后越想越怕：皇上亲征乃一国之大事，不到万不得已怎可轻言亲征？况且，皇上离京亲征是一大动作，还须立太子监国以谨防不测；另外，还要众多的文武大臣随驾，眼下军情紧急，事先没一点儿准备，如何亲征？现在皇上的心态如此紊乱不定、忿嬉无持，若率军亲征，不要说取胜了，就连他自己的安危也不能保证。她太了解自己的儿子了，让他去，什么事都可能发生，但不让他去又当如何做呢？

顺治帝亲政后不久，孝庄太后就谆谆教导说："为天子者处于至尊，诚为不易，上承祖宗功德，益廓鸿图；下能兢兢业业，经国理民，斯可为天下主。民者国之本，治民必简任贤才，治国必亲忠远佞，用人必出于灼见真知，莅政必加以详审刚断，赏罚必得其平，服用必合乎则，毋作奢靡，务图远大，勤学好问，惩忿戒嬉，倘专事逸豫，则大业由此替矣！凡几务至前，必综理勿倦。诚守此言，岂惟福泽及于万世，亦大孝之本也。"

其中的"惩忿戒嬉"是就福临的性格而言的，真可谓知子莫若母，一句话就说到了他的病根。

福临胸怀大志，富于进取精神，但同时他也存在着浮躁易怒、任性放纵的顽症。除了孝庄太后深知他忿嬉无持之外，后来高僧木陈忞说他"龙性难撄"，茆溪森也说他"生平性躁"，可见这些人对他的看法基本上是一致的。关于这一点，其事例很多。

本来从努尔哈赤开始，清后宫有一条规矩，不以汉人充当宫女。但在太监的影响下，福临追求声色，耽于逸乐，开始选收汉人做宫女。顺治十二年（1655年）福临竟派太监赴江南采买女子，弄得大江南北人心惶恐不安，为避免灾祸临头，民间纷纷嫁女，一时之间"喧阗道路"，直闹得鸡飞狗跳。七月初三日兵科右给事中季开生，就此事特上疏谏阻。福临览奏后非常气愤，他强辩说，使者是采买乾清宫的陈设器皿，根本就没有买女子之事。以下之言，便是他反复为自己辩解的话："太祖、太宗制度，宫中从无汉女。且朕素奉皇太后慈训，岂敢妄行。即天下太平之后尚且不为，何况今日？""朕虽不德，每思效法贤圣之主，朝夕焦劳，屡次下诏求言，上书禁勿称圣，惟恐所行有失，若买女子入宫成何如主耶？"并严厉斥责季开生不"言国家正务实事"，以"茫无的据之事""妄捏渎奏，肆诬诘直，甚属可恶"。遂将季开生革职，从重议罪。七月十八日，季开生被杖一百，流放盛京开原尚阳堡。

像季开生这样真心为大清、为皇帝着想而被惩罚、被流放的言官何止一人。事后，顺治帝也怕因此而堵塞言路，而一再求言。

顺治十五年（1658年）五月，御史李森先上奏说，皇上屡下求言之诏，而大小臣工犹然迟回观望的原因在于："从前言事诸臣一经惩创则流徙永锢，遂相率以言为戒耳。"他建议要广开言路，首先应将因建言被流放的李吉祥、季开生等予以恩赦。可是下诏求言容易，一旦真遇到一些实质问题，尤其是涉及自己的问题，福临便不能制怒止忿，发起火来。他斥责李森先"明系市恩徇情"，"着吏部从重议处"。于是，李森先又险些遭到流放。

福临刚愎急躁，对一切冒犯其尊严或不顺心者，动辄惩处。顺治十二年八月，国史院检讨孙自式目睹吏治败坏的现实，上疏自请为本县县令，但这请求违背了居官应回避乡里的原则。对此，本来加以训诫不准即可，而福临却采取了人们意想不到的举动，"诏赐牛黄丸归里养疾"，开了一个令人啼笑皆非的玩笑。如果说这种任性而为还算"谑而不虐，或者犹有童心"，而其对大学士兼刑部尚书图海的处理则纯属滥施专制淫威了。顺治十六年（1659年）闰三月，福临突谕吏部："图海向经简用内阁，期其恪恭赞理，克副委任。乃不肯虚公存心，凡事每多专擅。无论朕所见未见之处，恣肆多端，即在朕前议论，往往谬妄执拗，务求己胜……如阿拉那一案，问理不公，是非颠倒，情弊显然"，"负恩溺职，殊为可恶"。于是将其革职，家产籍没。阿拉那是二等侍卫，因被讦告抽刀击人，经兵、刑两部审理定罪，最后奏请福临批准执行，此案已经结束，且与图海无关。福临任意扯来，借无端之题发挥，显然是因图海在其面前"务求己胜"而大为恼火。

福临的任性而为还表现在该惩而不惩。顺治十二年（1655年）他已严令不准太监干政，并立十三衙门铁牌，禁令昭昭："以后但有犯法干政，窃权纳贿，嘱托内外衙门，交结满汉官员，越分擅奏外事，上言官吏贤否者，即行凌迟处死，定不姑贷。"但在顺治十五年（1658年）二月，相隔仅两三年，就发生了"内监吴良辅等勾结内外官员人等"，"作弊纳贿，罪状显著"之事，如按十三衙门铁牌敕谕应"即行凌迟处死"。但到了此时，福临却另有一番说辞，"若俱按迹穷究，犯罪株连者甚多，故从宽一概免究"，"自今以后，务须痛改前非，各供厥职"。俨然而昭昭的十三衙门铁牌禁令，在福临的任意而行中成了一纸空文。

其实，福临的这番话仅仅适用于太监吴良辅，对于吴良辅勾结的朝中各官却严加惩处。如大学士陈之遴被革职，其父母兄弟妻子流徙盛京；陈维新并父母兄弟妻子流徙盛京，家产籍没；吴惟华等人各责四十板，其父母兄弟妻子流徙宁古塔，家产籍没。而宫中的太监们，尤其是吴良辅却从宽免究，安然无恙。这显然是由于福临格外偏爱太监吴良辅，又喜欢由着自己的好恶而行，以致不惜自坏章法。

特别是顺治十六年（1659年）七月的时候，福临的逞忿和任性，亦即他的火暴脾气和放纵自己，达到了高峰。

北京的七月，正是盛夏，进入了一年中最为燥热的时候。太阳才刚刚出来，空气热得像着了火。天灰蒙蒙的，大街上的青石板泛着白光，道旁槐树叶、柳树叶开始打卷，时不时地见卧在树下的狗，伸长舌头喘气。

一匹驿马飞快地从街上驰过，刮起了一阵旋风，扬起眯眼的尘土。树叶随之飘动了起来，有只黑狗也吓得狂叫着跑回院子里。

驿马急奔正阳门，跑到离城门还有很远的地方，驿卒便扯起嗓子高喊着："江南四百里加急！江南四百里加急！"

喊着、喊着，又扬起手中上奏的本章。守城的兵丁哪里敢阻拦，慌忙闪到了两边，那匹快马冲入大清门直奔兵部而去。

兵部衙门内一片死气沉沉，整个衙门热得像个砖窑，兵部尚书蒙古的固山额真明安达礼正在看一本奏折，热得满头大汗，身后两名侍从正忙着用芭蕉扇为他扇风。

"报尚书大人，江南四百里加急！"

报完后，那个驿卒便一头栽倒在公堂之上，他浑身早已湿透，手里紧紧捏着一本奏章，上面插着两根羽毛。

明安达礼听后猛然一惊，忙道："快呈上来！"

早有仆隶将驿卒扶出冲凉、休息，明安达礼尚书看了奏折，身上的汗早干了，背上直冒凉气，抖动着嘴唇道："快，快备轿入宫面圣！"

顺治也正在乾清宫批奏折，旁有几位宫女为他扇凉。

"皇上，大事不好了！"刚进得宫来，离御座还隔着老远，那尚书便高叫起来，同时伏身于地，双手捧着一本奏折。

"有何大不了之事，让尚书如此惊慌？"顺治话中颇有不满之意。

"启奏皇上，江南四百里加急奏章。"

顺治从太监手中接过来展开一看，不禁大吃一惊，只见上面写道："臣两江总督启奏陛下：南明唐王余孽郑成功部，长期占据金门，以海为凭，作乱犯上，久剿未灭，今郑以'招讨大元帅'之名，以张煌言为监军，统率十七万水陆大军，自沿海挥师北上，现已进入长江口，请陛下火速派兵围剿。"

顺治把奏折又看了一遍，然后望着侍立一旁的明安达礼，怒声问："此事为何以前没有奏章，难道十七万匪寇是一夜之间从海水中冒出来的吗？"

明安达礼欲言又止了好一会儿，最后才十分为难地道："皇上，福建总督曾上奏，请求朝廷拨款以安置厦门等地的渔民内迁，因国库吃紧，圣批：缓办。后来，浙江总督上奏，请求增兵围剿，可还是缓办。"

顺治无言。连年的战乱，民生凋敝，哪里来那么多的银子呢？各地又拖欠税粮，就连富庶的江浙，也欠朝廷大量的税银。

"尚书大人，你速召兵部要员商讨对策，快快奏来。"

明安达礼见皇上似乎对此紧急军情并不十分放在心上，好像觉得前方的将领们有虚报的成分。他不敢怠慢，马上入宫请求拜见太后。

孝庄太后正一心念佛，苏麻喇近前低声道："太后，兵部尚书明安大人求见。"

木鱼声应声而止，太后回过脸来道："有请。"

孝庄太后知道朝廷有大事了。因为明安达礼是蒙古的固山额真，他没有大事是不会轻易来见太后的。

明安达礼俯伏在地道："启奏太后，南方有重大军情，请太后定夺。"

孝庄太后微微一笑，"明安大人，皇上已经亲政多年，一切大事均由皇上裁决，何况军机大事呢！你该知道，哀家早已退居后宫了。"

明安达礼忙道："太后，微臣担心皇上对江南贼寇不够重视，这才又请太后定夺。"

孝庄太后猛然一惊道："此言何意？江南军情如何？快快讲来。"

"太后，南明唐王余孽郑成功部已率十七万大军北上临安，皇上仍让兵部议奏。微臣怕误了大事，才来求见太后。"

"明安大人速与岳亲王商议，速呈议政大臣会议。"孝庄太后急急地吩咐道。

第二天，江南又来六百里加急，称郑成功已至吴县。一时之间，朝廷如临大敌，顺治当即召集议政大臣会议。会上，众王公大臣面面相觑，不知如何是好。

奏章如雪片般一道道地飞入皇宫，四百里加急、六百里加急，相继而至。

就在顺治召集大臣们商讨对策的时候，郑成功早已率大军溯江而上，接连攻克了瓜洲、镇江等二十四县，围逼南京。江南父老争相走出家门，持酒肉犒师，扶杖炷香凝望前明衣冠，不禁涕泪横流，以为十五年来所仅见之王师。江淮之地为之震动，大有举国奋起、驱除鞑虏之势。

消息传到北京，顺治正在主持议政大臣会议，六百里加急直送乾清宫西暖阁。顺治展开一看，当即面色苍白，浑身抖动不已，一时间竟不知如何是好，惊慌道："安亲王，看来江南形势十分紧急，郑匪若沿运河北上，不日即可直达京师，朕以为应早做退守关外之准备。"

皇上此言一出，满殿的王公大臣人人悲愤不已，同时也来了劲头。

"皇上，中原乃我先辈浴血奋战而来，怎可轻言放弃呀，望皇上三思。"

"皇上，贼寇不过刚到镇江，只要朝廷速调兵遣将前往围剿，贼寇孤军深入，必不能作持久之战。我军宜以守为攻，时间一长，敌当不战自退。"

"皇上，微臣愿前往破敌。"

于是，西暖阁内人声嘈杂，乱作一团。顺治把奏章往案上使劲儿摔去，大怒道："你们谁爱去谁去，吴良辅，准备巡幸盛京！"

说着，顺治怫然而去。众臣为之震撼，但圣意已决，谁敢再多言？就是敢，皇上也早已离去。

孝庄太后在慈宁宫里，一刻也没闲着地注视着乾清宫。不多一会儿，索尼、鳌拜急匆匆地来了。施过礼后，孝庄问道："皇上如何应对时局？"

"皇上准备巡幸盛京。"

"什么？！"孝庄太后惊诧不已，大敌当前，皇上却要巡幸关外，这岂不是要逃跑吗？

"你等身为议政大臣，为何不劝谏皇上？"太后生气地看着二人。

鳌拜性情暴烈，愤然而言："众王公大臣都不愿出关，但皇上先不听众臣所言，后拂袖而去不给大家说话的机会，如何劝谏？"

索尼见太后又看着自己，忙点头道："鳌大人说的全是实情，而今皇上似乎已吓得惊慌失措，进退无据了。"

孝庄太后听了倒抽一口凉气，一时气得说不出话来。这几年儿子长大了，自己也就不再过问政事了，谁承想他个子长高了胆子却变小了。

"你们切切不可惊慌，告诉安亲王、和硕亲王，不得轻举妄动，马上计议退兵之策，哀家去乾清宫自有道理。"

孝庄太后吩咐完，即急急赶往乾清宫。刚入宫，便见许多宫女、太监出出进进，忙忙碌碌的。到了里面，见顺治正有气无力地斜靠在榻上，吴良辅在一旁正忙着指挥人收拾东西。

随着"太后驾到"的一声高喊，乾清宫的忙乱一下子停了下来，宫女、太监纷纷跪在地上。

顺治见母后亲临内室，忙起身迎接："母后怎么来了，不知所为何事？"

孝庄十分镇定，坐在殿内御椅之上，看看福临那副狼狈相，扫一眼殿内狼藉之状，极力压住怒火，问道："皇上，你这是要干什么？"

"回母后，儿臣要巡幸盛京。"顺治一脸的惊慌，不假思索地顺口说了出来。

"亏你说得出口！你明明知道，江南郑贼已围逼南京，我大清岌岌可危。作为一国之君，当前首要为稳定大局，运筹帷幄以退强敌，怎可巡幸盛京！"

顺治这会儿倒来了劲儿，也愤然地大声道："郑贼占据瓜洲，进逼南京，以致江南纷乱、黄淮欲动，而西南贼寇也借机反扑，天下几有一半处于风雨飘摇之中。而朝廷内无可先行之粮草、可战之将，外无可将之兵，拿什么去打仗？若贼寇沿运河北上，可直逼京师，又如何迎战？何况，儿臣实在不忍心看军民涂炭、惨遭杀戮，甘愿出关自守，安居一方。"

孝庄没想到福临竟能口出如此之言，气得勃然变色，一拍御案怒斥道："孽子，如此胆怯惧战、懦弱怕死，竟然要将祖宗血战得来的江山如此轻易放弃，还是爱新觉罗家族的子孙吗？别忘了，你是大清的皇帝，是努尔哈赤的后代。当年英明汗以十三副铠甲起兵，尚且能统一女真，建立后金；你先皇统一蒙古各部，建立大清国；而你的皇叔、皇兄们挥师入关，定鼎中原，灭'闯贼'、剿南明、诛大西军，出生入死、血洒疆场，才有今日的局面。无数先烈用热血和生命换来的江山，你竟弃之如草芥，祖宗的勇武精神哪里去了？你的血脉里流的还是不是爱新觉罗氏的鲜血？"

好一顿义正词严的训斥，一时弄得福临不辨东西南北。在他的印象中，母后似乎一直和自己作对，从小就对自己没有感情，直至今天仍然逼着自己做不愿做的事。如今爱子夭折，爱妃卧床，亲生母亲还在身后立逼自己走上绝路，活在这世上还有何意趣！一位和尚说得不错，"人生如梦复如戏，生有何欢死何惧？"今天，我就要拼死让他们看看，自己的血脉里流淌的到底是什么血液！

顺治脸色铁青，猛蹿两步，拿下挂在墙上的宝剑，抽剑在手，不由分说地一剑砍向旁边正在收拾东西的宫女，大吼一声："滚！全都滚出去。朕不巡幸了，朕要御驾亲征，不能战胜郑贼，就战死江南，绝不给爱新觉罗氏丢脸！也让天下人看看，朕绝不是贪生怕死之人。"

那宫女哼都没敢哼一声，便倒在了血泊之中。众人大惊，太后更是惊呆了，她甚至怀疑儿子是不是疯了。孝庄骂儿子是想让他恢复理智，面对危局，但绝不是要让他亲征。于是，她的态度缓和了下来，尽量平静地说："皇帝亲征乃一国之大事，岂能……"

没等太后说完，顺治猛地转过身来，两眼直瞪太后，躁怒地一摆手打断了她的话："母后，请你不要再说什么，儿臣决不会变易此志！"说着说着，举剑奋力一挥，猛然劈向御座，一道寒光闪烁，"咔嚓"一声，御座被劈成了碎片。顺治用剑一指破碎的御座，大声断喝："敢劝阻御驾亲征者，与此座同！"

说罢，旁若无人地拂袖扬长而去，留下满屋子吓呆了的太监、宫女，还有一位一时回不过神儿来的皇太后。

"来人，快把那宫女抬下去诊治！"孝庄太后无可奈何，在离开时还边走边道，"这福临一定是疯了。"

回到慈宁宫后，孝庄太后越想越怕：皇上亲征乃一国之大事，不到万不得已怎可轻言亲征？况且，皇上离京亲征是一大动作，还须立太子以监国谨防不测；另外，还要众多的文武大臣随驾，眼下军情紧急，事先没一点儿准备，如何亲征？现在皇上的心态如此紊乱不定、怂嬉无持，若率军亲征，不要说取胜了，就连他自己的安危也不能保证。她太了解自己的儿子了，让他去，什么事都可能发生，但不让他去又当如何做呢？

思前想后，孝庄太后的决断是："苏麻喇，快去知会索大人，以太后的名义召集和硕、安亲王、鳌拜、苏克萨哈、明安达礼等，速来宫中议事。"

不多时，众臣已齐集慈宁宫，孝庄端坐正中，众臣施礼后分坐两旁。太后扫视了一下众人，这些都是勋戚重臣，关键时刻是可以依赖的。

"各位臣工，哀家今日召你们入宫，乃因我大清正面临危局，这危局不仅在外，还在于内：皇上一时冲动，要御驾亲征，而亲征岂可儿戏？在座诸位都是大清之功臣，要肩负起事关大清生死存亡的责任，请各位谈谈应对当前局势的良策和具体办法。"

安亲王首先道："太后，眼下只能迎战而不可退避。虽然郑贼来势汹汹，但他孤军深入，犯了兵家之大忌，所以并不可怕。可怕的是我军的惧战情绪，两军阵前勇者胜，士气至关重要。"

"太对了，太后。眼下我大清没有退路，只要一退，将一发不可收拾，后果不堪设想。臣愿披坚执锐，前往迎敌。"鳌拜的大嗓门说道。

苏克萨哈生性耿直，同时也很持重，此时说道："太后，臣以为战是必战，但皇上不可亲征。御驾亲征不但要深思熟虑，还应周详准备方可出兵，但看眼下的敌情，已经来不及了。如果仓促亲征，不但胜负难料，还会动摇国本，万万不可！"

索尼附和道："太后，臣以为苏克萨哈大人所言极是。御驾亲征万不可行，因为皇上是一时激愤要亲征，到了两军阵前，若仍意气用事，定会酿成大祸。如前朝英宗听信王振谗言，轻率亲征，结果明军大败，全军覆没，英宗被俘。前车之鉴不可不防，请太后千万设法劝阻皇上。"

孝庄太后苦笑道："诸位，谁愿去乾清宫劝谏？"

大家心里都清楚，皇上盛怒之下砍伤了一名宫女，还劈碎了御座。谁的脑袋也没那御座结实，谁会愿意落个与那御座同样的下场呢？

几位王公大臣散去，孝庄太后可犯难了：既要打仗，又不能让皇上亲征。看起来似乎挺容易，但国家的任何军令政令的发布均须经过皇上之手，可谁又能劝说皇上放弃亲征的念头呢？

从宫里到宫外，孝庄一个一个地想，到底哪一位能劝呢？忽然间她心里一亮，想到了一个人，"苏麻喇，快吩咐下去，即刻接皇上乳母李氏进宫。"

这李氏是福临的乳母，像许多皇子一样，福临一直由李氏带大，相依为命多少年，福临对李氏的感情超过了生母。现在，她住在顺治亲自拨银为她建造的宅第里，每年还有不少的赠与，李氏的子女也都在军中任职。

不多时，李氏便坐轿来到了慈宁宫，见了太后，忙跪地施礼不迭。

太后与李氏略事寒暄后即转入了正题，太后神情严肃地说道："李妹妹，今日请你入宫，是哀家有一事相求。"

"太后言重了，奴才哪里担得起一个'求'字，有事尽管吩咐。"

"皇上近日情绪不佳，闹着要御驾亲征，请你来就是为了劝阻皇上。"

这李氏似乎很有信心，站起身一拍胸脯道："太后，此事包在奴才身上。"

"先不要说得这么满，等劝得皇上回心转意了，哀家请你吃酒。"

第二天，李氏垂头丧气地来到了慈宁宫，一看她那表情，太后早已明白了结果。

送走了李氏，孝庄太后绝望了，她再也想不出合适的人选。

"太后，大事不好啦，皇上已下诏亲征，城里到处都贴出了皇帝亲征的布告。"内大臣索尼一路小跑地来了，跪地施礼后，边吁吁喘气边奏道。

"快，再把那几位大臣召来，哀家与他们好好商议一下。"

大殿内一片沉寂，每个人的神色都十分严肃，当前形势逼人，谁也想不出良策来。

孝庄太后一筹莫展，望着硕塞道："和硕亲王，你有办法劝阻皇上吗？"

"回皇额娘，儿臣已劝过皇上，圣意已决，无人可改。"

"回太后，臣也劝过皇上，也被驳回了。"安亲王岳乐也奏道。

这两位亲王劝阻无效，朝中已无人可谏了。

"太后，汤若望可劝谏皇上。"这是苏克萨哈，他耿直，什么话都敢直说。

汤若望是普鲁士国传教士，曾深受顺治皇帝的敬意。孝庄太后不是没想到汤若望，但今非昔比了。皇上已开始信奉佛祖，对汤若望的宗教不再那么崇拜。汤若望觉得没能留住皇上的信仰，不愿再踏这块伤心之地，所以有几年不再入宫了。

汤若望会来吗？即使来了，皇上会听他的吗？但来了就比不来强，因为现在是一点儿办法也没有了，哪怕有万分之一的希望，也要尽量争取呀。孝庄太后就这样迟疑了好一会儿，最后道："那好吧，也只有让他来试试了。索大人，由你去请汤大人入宫。"

"嗻！"索尼不敢怠慢，忙命人备轿而去。

过了一个多时辰，索尼回来奏道："回太后，汤若望说身体不适，无法行走，所以不便进宫。"

孝庄太后大失所望。她也料想会出现这样的情况，但她不愿放弃这最后的一丝希望。所以最后她说："诸位若真为我大清尽忠，可轮番前去请汤大人进宫。"

自此后的几天，汤若望的教堂前门庭若市，空前地热闹了起来，各位王爷、贝勒、文武大臣，如走马灯一般，一一轮番来请汤若望，真可谓车如水马如龙。但他们都满怀希望而来，扫兴而去。汤若望不愿做违背自己意愿之事，他也实在不愿再到宫中来，更何况，他也没有把握劝谏皇上，所以他不想让别人更失望。

孝庄太后在慈宁宫里默默地数着前去的人，差不多能去的全都去过了，但仍无一人请得动。于是，太后把索尼召来，从内室取出一只精巧的匣子，交给索尼："索大人，带着此物速去，亲手交给汤大人，什么话也别说。"

索尼不解，迟疑地看着自己手中的小匣子，不知里面装着什么样的宝物。

"去吧。"孝庄太后催促说。

当汤若望用颤抖的双手接过小匣子，止不住老泪盈眶。望着这匣子，便油然地想起他初次见到太后的情景，回忆起往昔难忘的岁月。他轻轻地打开匣子，里面是一个金灿灿的十字架，汤若望的脸上浮现出既幸福又悲伤又迷惑的神色。他呆呆地看了片刻，又轻轻合上。

索尼坐在回来的轿中，仍在疑惑不定，汤若望真的会进宫吗？

第二天，一位年近七旬的老人来至午门外，驼着背，脑后有一根全白的小辫，颔下的胡须也全白了，满脸的安详。侍卫都认得这位外国老人。

顺治正立在殿下看墙上挂着的一张地图，他愤愤地用手狠狠地戳了戳南京，又点了点瓜洲渡。

"启奏皇上，钦天监司监汤若望求见。"吴良辅赔着小心，在一旁低声禀道。

自从皇上决意亲征以来，只有两人得以传旨觐见，一个是安亲王，另外一个是和硕承泽亲王，但两人都没能劝住皇上。而其他的人求见，则一律拒之门外，所有劝谏的奏章，一概不看。吴良辅伴君十几年，可以说对皇上的秉性了如指掌，他知道现在这当口，喘气都要小心。

"快宣他觐见。"顺治只是稍稍迟疑了片刻，便发出了这一旨意。

吴良辅一时愣住了，当即又回过神儿来，急忙宣旨而去。

汤若望接旨后，缓步来到乾清宫内，走到皇上面前，吃力地俯伏在地呼道："臣汤若望叩见陛下！"

顺治抬眼一望，见汤若望正跪在地上，双手虔诚地捧着一本奏疏，一如他捧着十字架一样。旁边的吴良辅早已明白圣意，忙上前取过奏疏，双手捧给顺治。地上的汤若望又道："陛下，臣远涉重洋来到中国，得陛下恩宠多年，不愿有所见而不言，今天臣冒死劝陛下要以国家为重，不可使国家到了败坏的地步。"

汤若望的话语简单朴素，语气也和缓而平静，但却字字饱含真情。一个离家万里的洋人，为了异国的利益而苦苦劝谏异国的皇帝，这即使在世界史上也是少见的，不能不让人感动。

待顺治看完奏疏，吴良辅就特别注意他的神色，只见顺治脸上表情安详，他默默地走上前去，亲自扶起汤若望，轻柔地说："玛法，朕不是早已免去你的一切大礼了吗？为何今日又要下跪？"

汤若望眼睛有些湿润，口中喃喃着："多谢陛下！"

顺治扶着汤若望坐在御榻旁，自己也坐了下来，对吴良辅道："传朕的旨意，立刻到四城布告以晓谕官民，皇上亲征已作罢论。"

究竟汤若望在奏疏里写些什么，竟能使顺治当即回心转意，现在已无从知晓。但汤若望肯定是下了很大的决心才入宫的，因为他不知道现在的皇上是否还信任自己，而犯颜直谏除了冒杀头的危险之外，更可怕的则是劝谏失败。顺治见了他之后，可能是被其真诚所打动，而心中的那份真情也还在。另外，顺治也有可能意识到自己一时冲动而与太后故意作对，于国于己有百害而无一利，所以就势转回头来。

我们从这一事例中，可以明显看出顺治的忿嬉无持，甚至逼忿纵嬉的顽症是多么厉害，而孝庄太后与他的冲突，于此也几乎达到了白热化的程度。

皇后立废

这并不是一桩美满的姻缘。早在刚刚大婚后，顺治就和聘娶过来的表妹博尔济锦氏慧敏难以融洽，迟迟不愿册封她为皇后。后来虽勉强完婚，最终却酿成了不好的结果。到了最后，济尔哈朗等再也不能违背皇上的旨意，只得奏道："所奉圣旨甚明，臣等亦以为是，毋庸更议。"皇后遂废。

早在顺治初年，摄政王多尔衮就根据大清皇帝与蒙古王公联姻的老传统，已为福临聘科尔沁卓礼克图亲王吴克善之女博尔济锦氏。但这门亲事，直到福临亲政后的顺治八年（1651年）八月方才完婚。博尔济锦氏册封为皇后，并举行极为隆重的典礼。

当年在北京的外国耶稣会士曾记载了皇帝大婚的"壮丽排场"：皇后是"在全部军队和无数骑兵的陪同下来到"北京的。他惊叹道："世上竟确实有如此无边无际的骑兵队伍！我亲眼看见过西鞑靼给中国国王八万匹马作为礼物。"

但这并不是一桩美满的姻缘。早在刚刚大婚后，顺治就和聘娶过来的表妹博尔济锦氏慧敏难以融洽，迟迟不愿册封她为皇后。后来虽勉强完婚，最终却酿成了不好的结果。这还要从头说起。

在经历了顺治大刀阔斧地追论多尔衮，清算多尔衮党羽的狂风骤雨之后，孝庄太后刚过了几天舒心日子，麻烦事就接踵而至。

原来，孝庄太后一心想要为儿子尽快举办大婚典礼，顺治却一再推托。孝庄有点急了。这一天，顺治来到慈宁宫，问安已毕，孝庄太后开门见山地道："皇上，册封皇后之事想得怎么样了？定于何时？"

顺治见太后面有愠色，知道这事瞒也瞒不过去，只有明说了。于是便道："母后，儿臣眼下不想册封皇后。"

"你说什么？"太后早就看出他的心思，但听得此言还是很惊讶，"为何会有此意？慧敏端庄秀丽，又是科尔沁草原的公主，哪一点儿配不上皇上。"

顺治道："母后有所不知，那慧敏生性妒忌，又奢侈浮华、处心不端，每见容貌稍妍者即憎恶如仇，必欲置之死地而后快；凡诸服御，莫不以金玉绮绣缀饰，即便对儿臣也靡不猜防。外无国母之仪，内无国母之品，如何能册封为皇后？"

"一派胡言！慧敏乃草原公主、亲王掌上明珠，从小娇惯，是奢侈了些，这自有额娘规劝，断不能成为不册后的理由。至于她妒恶貌美者，一是人之常情，二是怕皇上沉湎声色，也是为我大清着想，有何不好？昔日既以皇后之礼聘她为中宫，就应册封为皇后。就连普通百姓休妻也非易事，更何况一国之母？如果视同儿戏，岂不让天下人风言风语？皇上万不可有废后之念，而应早日行册封之礼。"

顺治垂首不语。立后之事乃后宫之责，本来就归太后管，不像在朝廷上还能找个借口，所以，太后要让谁做皇后，那是十拿九稳的事。而皇上要想废后，更是惊天动地的大事，首先必须得到太后的首肯，还得抵挡住朝廷大臣们的反复劝谏。所以，这顺治还能说什么呢？只好软抵抗。

太后心里自有自己的想法：这皇后虽是多尔衮所选，但她是自己的亲侄女，是关乎蒙古女人在后宫的地位之大事，也是维系自己和科尔沁利益的关键所在。皇太极在位时，蒙古女人几乎占领了后宫，现在的两位皇太后都是草原上的格桑花。如果慧敏得以册封为后，便可维持蒙古女人主宰后宫的局面，这无论是对自己还是对蒙古都有利，她怎肯放弃？

母子较量的结果是不欢而散，儿子闷闷不乐而去，母亲郁郁寡欢地坐在椅子上发呆。

经过孝庄太后多次督促和训诫，福临再也无力抵挡宫内外的压力，终于违心地同意册封皇后。因为这些日子以来，他反复思索过无数遍。在当前的情势之下，要让太后同意废后，那是绝无可能的，若太后不同意，自己再坚持便只有忍受那无尽的而又受不了的压力。更何况，宫内有太后的训斥，而宫外则有范文程、冯铨等大臣那没完没了的劝谏，以致后来更有郑亲王、巽亲王甚至索尼等人，也加入了长长的劝谏行列。顺治相信，如果还不同意的话，这支队伍还会不断地壮大，直至满朝文武都跪下来请求。而他，却实在是抵挡不下去了。

顺治八年八月初二，皇宫里一大早便热闹起来了。天刚蒙蒙亮，孝庄太后就起床了，侍女、太监侍立在旁。

"苏麻喇，快给哀家梳头。"

苏麻喇满脸含笑，边梳头边和太后搭话："太后，今日皇后封了，太后便可舒心地歇歇了"。

"唉，快别提了，有什么时候能过上舒心的日子呢？朝中事宫中事，一件件一桩桩，有哪样不让哀家操心？"

孝庄太后一身盛装，在苏麻喇的搀扶和众人的簇拥中来到了保和殿。此刻的保和殿，五彩缤纷、琳琅满目、人流沸腾，殿内外站满了宫女，人人身着各色的旗装，漾着喜庆的笑容。

"太后驾到——"随着海中天的一声高喊，保和殿里里外外当即安静了下来。旋即，从殿里走出八名盛装的宫女，簇拥着、搀扶着今天的主角儿——慧敏。

"奴婢叩见皇太后。"慧敏一见姑姑，忙伏地磕头。

孝庄太后见侄女仍然那样美丽动人，而且似乎越来越美丽动人，心里十分高兴，可偏偏那个福临看不上她！着实让人费解。

随后，各宫的太妃、格格也来施礼相见。今日是封后的大喜日子，祝贺之声不绝于耳。

"皇上驾到——"执事太监一声高喊，众人纷纷离座跪在地上。顺治龙行虎步，走上了大殿，看看坐在旁边的太后，又瞟了一眼跪在地上的众人，神情漠然，淡淡地道："平身吧。"

"谢皇上！"

顺治显得颇有些不耐烦，刚刚坐下便道：

"宣内大臣索尼上殿。"

"宣内大臣索尼上殿——"执事太监高喊。

索尼应声迈步上殿，伏地道：

"臣索尼叩见皇上、皇太后。"

"平身吧，宣册封诏书。"

索尼立于玉阶之上，双手捧着诏书，高声宣读。诏书上所说，自然都是慧敏出身如何高贵，相貌如何出众，品行如何端正，有母仪天下之风。顺治一边听，一边不住地冷笑，心中也不住地恨道：狗屁！简直是泼妇、醋缸、衣裳架子！什么皇后，朕要让你当不成名副其实的皇后！

"谨册封蒙古公主博尔济锦氏为大清皇后，钦此。"索尼终于读完了最后一句，转身把册文双手捧与慧敏，双膝跪地："臣索尼叩见皇后娘娘，祝皇后娘娘吉祥。"

慧敏梦寐以求的愿望终于成了现实，她似乎还有点儿不敢相信，抑或是不太适应，总之她显得有些不自然，忙道："索大人，快快请起。"

索尼退立一旁，高声道："请皇后娘娘接受百官拜贺。"

慧敏在宫女的搀扶下起身去东暖阁更衣，两名宫女手捧皇后的凤冠、凤袍，尾随而去。

不大一会儿，慧敏头戴凤冠、身着明黄凤袍，走上大殿，坐在顺治的身旁。顺治连看也懒得看她一眼，双目直视殿下。

"请百官拜贺。"索尼又一声高喊。

首先进殿的是各旗的诸王、贝勒、大臣，后面是六部、十二院、司、寺、府之官吏。百官俯伏于地，上贺表后行三跪九叩大礼齐颂：

"臣等恭贺皇上、皇后娘娘，祝皇上、皇后娘娘万岁！万岁！万万岁！"

"众卿平身。"顺治和慧敏虽然同时说出，但声音一点儿也不协调。

百官起身，再向孝庄太后恭贺：

"臣等恭贺皇太后，祝皇太后万寿无疆！"

孝庄太后脸上四射着阳光，笑道：

"众卿平身吧！"

随后，顺治下诏，大赦天下，全国官民恭贺三日。

孝庄太后大喜，赐宴群臣。后宫设宴于泰极殿，贵妃以上的嫔妃皆赴宴；百官在午门设宴，二品以上官吏留席。众人听后，又响起一阵谢恩之声。

到了此时，顺治起身就要回宫。太后低声道："皇上，今日是册封皇后的吉日良辰，皇上应去后宫赴宴。"

顺治无奈之下，只好点头前往。

虽然皇上的心情不好，但喜宴就是喜宴，前后宫都充满了喜庆的气氛。钟鼓齐鸣、唢呐声声，宫女、太监来往穿梭，忙个不休。

泰极殿正中是太后和皇上的御宴。孝庄、孝端两太后端坐主席，顺治与皇后并肩坐于两位太后之左，下面还有几位贵妃、皇贵妃。

大宴开始后，面对丰盛的美味佳肴，顺治却难以下箸。一个很标致的宫女立在他身旁，不时地为他斟酒。顺治不言不语，只管闷头一杯接一杯地喝。那宫女见皇上如此，不免在低头斟酒时小声劝道："皇上，请保重龙体，少饮酒，多吃菜。"

顺治很感激，自然多看了她几眼，这使得坐在他身边的慧敏如坐针毡。当那宫女又来俯身斟酒时，皇后一把夺过酒壶，厉声喝道：

"快下去，每次斟酒都这么满，没一点儿规矩。"

那宫女知道慧敏的脾性，自然明白个中缘由，忙不迭地退到大殿一个角落里默默站立。这边宴席上皇后亲自动手，为皇上斟酒。

就在这时，一个太监上来一道菜，刚放在桌上，还没报菜名，皇后便双眼一瞪喝问：

"为何不用金器？"

众人这才注意到这道菜用的是银盘子。

那太监忙跪地道："回皇后娘娘，今日内外大宴，所用器皿太多，金器已经不敷使用。"

"放肆！今日乃本宫册封之日，怎可用银器？速速退回，换金器来！"

太监忙撤去那道菜。他刚一离开，顺治便阴沉着脸，起身怫然而去，连个招呼也没打。

"皇上，皇上……"皇后连喊数声，顺治连头也未回，径自而去，一席之人面面相觑。

到了乾清宫，吴良辅忙跑过来侍候。

"吴良辅，吩咐人给朕在这宫里安个铺，朕晚上就在这里安歇。"

吴良辅吃了一惊。皇上以前虽说不去坤宁宫，也会到其他宫里睡，可今日是咋啦，竟要在此安铺。何况今日刚册封过皇后，怎能如此呢？要是太后知道了，该怎么回话？

"怎么？莫非朕的话没有听到！快去坤宁宫把朕的铺盖等一应物品全搬来，听见了没有！"

吴良辅不敢怠慢，慌忙"嗻"了一声，低头急急而去。

虽然在孝庄太后的压力下，顺治勉勉强强地册封慧敏为皇后，但同时也为日后的婚姻不幸埋下了伏笔。

这一天，慧敏从坤宁宫来到了慈宁宫。她见到孝庄太后便泪流满面，俯伏在地道："儿臣给母后请安。"

太后正在绣花，见皇后泪人儿似的跪在地上，不禁惊道："这是怎么啦？悲痛成这种模样！"

"母后要为儿臣做主啊。"皇后一脸凄苦道。

太后大为不悦。她早已知道，皇上与皇后感情不洽，当初册封时就闹过很大别扭。虽然最后还是册封了皇后，可当天晚上皇上便搬入乾清宫，而皇后只剩下册文上的一纸名分。孝庄太后开始时以为顺治赌气，也不过十天半月，还会回坤宁宫。可谁知这一去就是一年多，皇上从不回宫，也不临幸宫女，把自己关在乾清宫里，过起苦行僧般的生活。慧敏也曾多次派人到乾清宫请，有时自己亲自出马，但每次福临都是不理不睬，最好的也是个带笑不理。皇后因此更妒更恼，遂在宫内撒下眼线，监视皇上行踪。可这非但无济于事，倒越发引起了皇上的反感和大不满，慧敏无奈只好求助于太后。

"到底出了什么事？"太后放下手中消闲的活计，问道。

"太后，皇上一直对儿臣冷吹慢打、不理不睬的，儿臣倒也忍了，心想只要功夫深，慢慢地焐热他的心。可谁承想现在倒好，常常去钦安殿，四格格虽说是太后的义女，可她毕竟是汉人，皇上如此时间一长，恐招物议。"

孝庄听后十分不悦，难怪皇上不喜欢你，原来是醋坛子一个，于是冷冷地道："慧敏，不是母后责怪你，可你想想，一个女人连个男人也拴不住，恐怕也不能全怪男人。要想拴住男人的心，应该动动脑子，不能靠盯梢，也强求不得。俗话说得好，强扭的瓜不甜，捆绑不成夫妻，就是额娘把他抓进坤宁宫，你还能看住他？就是看他一时，看得了一辈子吗？"

慧敏见太后之言不像以前那样向着自己，哭得更凶，而且边哭边说："母后，儿臣究竟犯了什么错，皇上这样折磨儿臣。皇上如此，不仅是对付儿臣，也是对付母后啊！母后迫使皇上册封，皇上册封后便把儿臣撂在一边，当晚就搬了出去，岂不是明摆着与咱娘儿俩对着干吗？"

"好了，好了，你大可放心，皇上无论如何也不会对四格格怎么样的。你不想想，论名分，他们是兄妹，论出身，四格格乃汉家之女，额娘我还没糊涂到让皇上娶一汉家女子的地步吧？"

听了这一番话，慧敏悬着的心总算落了地。她清楚自己的命运掌握在太后手里，不管皇上如何待自己，如果没有太后的同意，自己的中宫地位是不会动摇的。

慧敏走后不久，顺治便来到了慈宁宫。他见母后脸色阴沉，又不知何故，忙行家礼道："儿臣给母后请安了。"

孝庄看了看顺治，但见他面黑且瘦，几乎不成样子了，苍老得有如三十岁，两只无神的大眼深陷在眼窝里。见了如此情形，太后实在也不忍心过于责备儿子。

"皇上，刚才有何贵干？"孝庄太后似乎漫不经心，又略带谐谑地问道。

顺治一听，立时就明白了母后召见的原因，无疑是皇后告的状。于是，他便冷冷地道："儿臣刚才在四贞那里。上次蒙古进贡了一副金鞍和宝弓，儿臣留着没用，便送给了四贞，让她好好习练骑射，以便日后上马杀敌。"

孝庄微微颔首，笑笑道："很好，你们兄妹常在一起说说话，既可解四贞思乡思亲之苦，又可体现我大清皇恩浩荡。"

孝庄太后有意将"兄妹"二字说得很重，顺治当然体会得出母后的用意。

继而，孝庄太后尽量用语气平缓的声调说道："儿呀，你与慧敏到底是怎么啦？"

顺治冷冷地笑道："回母后，她不已经做了皇后了吗？这还不够吗？"

听了这不冷不热之言，太后就有点儿来气："儿呀，寻常百姓家的夫妻也常有拌嘴、吵闹的时候，可俗话不是说嘛：夫妻无隔夜之仇。额娘我百思不得其解的是，怎么你们竟有如此深仇大怨？要说出身、长相，慧敏在宫中也算是数一数二的，为何皇上就是看不上呢？"

"回母后，儿臣看不上没关系，只要母后看上，她不照样当上皇后吗！"

孝庄太后气越来越大："皇上到底意欲何为？"

"儿臣的心思，母后早已明白，何必再问呢？"

太后听了这些冷嘲热讽之言，气不打一处来，终于按捺不住，厉声断喝："你想废后！这办不到！慧敏入宫两年有余，既无里通外敌之罪，又未显失其德，怎可说废就废了？此乃以公而论，若以私论，她可是你表妹。如果废了她，日后见到你舅舅，额娘该如何说？你又如何说？何况，慧敏还不仅仅是你表妹，她还是蒙古的公主，倘若废后，会不会引起蒙古各部的不良反应？这些你都考虑过吗？"

顺治似乎连生气的气力也没有了，只是轻飘飘地说道："回母后，儿臣哪里还能考虑这许多，一个连命都不知能保不能保之人，怎会想如此之多的烦心事？"

"你这是什么意思？啊！这是什么意思？！"孝庄太后听到儿子以命相要挟的话，气得不禁老泪纵横，一边的顺治止不住也泪眼模糊，于是母子二人又一次不欢而散。

一个多月后的一天，孝庄太后正坐在慈宁宫里想心事，一位老太医求见，进来后跪地道："太医李省三叩见太后。"

孝庄太后正纳闷儿，不禁问道："李太医何事求见哀家，哀家近来并未召见过你呀？"

李太医俯伏于地说："太后，微臣有一要紧事奏禀。皇上近来龙体欠安，食欲不振、日见憔悴，臣也曾多次诊治，可并没有多少起色。因怕日久积患，特来奏禀太后。"

太后长叹一声道："哀家早已愁了多日。依你之见，怎样才能医好皇上病体？"

"回太后，依微臣多次诊治所见，皇上之病乃长久负屈忍愤所致，遂抑郁成疾，所谓情郁于中伤及身体是也。到了现在，皇上龙体已十分虚弱，若不善加调理，恐生后患。"

"太医，有何良方可医皇上之病？"

李太医摇头道："太后，世上最难医之病乃心病，心病还需心药医，针石药剂作用不大，还请太后早做主张。"

等太医走后，孝庄太后当即便前往乾清宫东暖阁。顺治正斜靠于床，身上盖着一条薄被。当听到外面母后到来的消息，赶忙起床，刚穿上鞋，太后就到了床前。请安过后，顺治便又坐在床上，身体软软地垂首不语。

太后见此情状，心中十分酸楚，"福临哪，今日你可要给额娘说真话，你到底是怎么啦？"

顺治无力得似乎连表情也省略了，轻声道："回母后，儿臣这不是好好的吗？"

"脸那么黄，身子骨那么瘦，还说好好的？你让额娘少操点心，成不成？"

"母后，儿臣并未让你操心？你少操点心还好！"顺治顺势歪到了床上，冷冷地道。

孝庄太后的母性被这句冷言冷语伤得不轻，但她强按下怒火，又像责备又像劝导地说："福临，你怎么说出这种话来？你好好想想，哪个孩子不是娘心尖上的一块肉啊？虽贵为天子，也照样如此，做娘的怎么会不操心呢？"

孝庄说着说着，便带出了哭腔。然后继续放缓语气，柔声劝道："福临哪，你就听额娘的话，不要再生闷气了。看看，今年都快十六了，亲政也有两三年了吧，也该像个男子汉了，也该像个一国之君了，还要让额娘操心到何时呢？"

顺治听后，竟然笑了。这笑比哭还难看，比丧考妣还凄惨，声音里就带着哭腔："母后，儿臣还是男子汉吗？儿臣还是一国之君吗？既然都不是，像又有何用！哪里有男子汉终日被一个女人气得死去活来而又无可奈何？哪有一国之君要先当七年的儿皇帝，至今还走不出这阴影，时时生活在无边的孤独和绝望之中。儿臣愿意这样吗？这一切又是谁造成的呀！"

望着顺治那绝望的神情，那痛苦不堪的模样，孝庄的心在流血。于是，她抱起儿子的头放在膝上，温柔地抚摸着、抚摸着。

几天之后，即顺治十年（1653 年）八月二十四日，福临命大学士冯铨、陈名夏等"察前代废后"事例上奏。此废后之兆使冯铨等人大为惊讶，他们立即上疏谏阻："皇后母仪天下，关系甚重。前代如汉光武、宋仁宗、明宣宗皆称贤主，俱以废后一节终为圣德之累。望皇上深思详虑，慎重举动，万世瞻仰将在今日。"福临览奏后当即严加拒绝，斥责其乃沽名钓誉，断然道："皇后母仪天下，正位匪轻，故废无能之人！"

第二天福临便奏明皇太后，降皇后为静妃，改居侧宫。然后谕礼部："朕惟自古帝王必立后以资内助，然皆慎重遴选，使可母仪天下。今后乃睿王当朕于幼冲时因亲订婚，未经选择。自册立之始，即与朕志意不协，宫闱参商已历三载。事上御下，淑善难期，不足仰宗庙之重。"表明了他废后的理由与决心。

然而礼部尚书胡世安，侍郎吕崇烈、高珩等人纷纷上疏，请皇上"慎重详审，以全始终"。礼部员外郎孔允樾以及御史宗敬一等十四名御史具疏力争。

孔允樾所言尤为恳切："皇后正位三年，未闻显有失德，特以'无能'二字定废谪之案，何以服皇后之心，且何以服天下后世之心。""臣思皇上天下之父，皇后天下之母。父有出母之议，为人子者即心知母过，尚不免涕泣以谏，况绝不知母过之何事，又安忍缄口严父之侧，而不为母一请命乎？"疏上，福临命诸臣集议。

九月初，诸王贝勒大臣等遵旨会议，不同意废后，认为胡世安、孔允樾所奏"实系典礼常经"，建议皇后"应正位中宫"。议上，福临批示："朕纳后以来，缘意志不协，另居侧宫已经三载，从古废后遗议后世，朕所悉知。但势难容忍，故有此举。"下旨再议，并责令孔允樾如知皇后无过之处，"指实具奏"。孔允樾连忙上疏引罪，"圣主在上，臣复何言，惟有席藁待罪静听处分而已。"

到了最后，济尔哈朗等再也不能违背皇上的旨意，于同年九月初五日奏道："所奉圣旨甚明，臣等亦以为是，毋庸更议。"皇后遂废。

兄私弟妇

董鄂氏这才明白了，当自己正与皇上在乾清宫里恣意颠鸾倒凤之时，吴良辅在门外压低声音道："皇上，太后传旨：襄王妃随侍已毕，着即刻回府。奴才已备好凤辇，速请王妃快快回府。"原来是这个老实疙瘩找到宫里去了。

福临废皇后之后，于顺治十一年（1654年）五月，再聘蒙古科尔沁贝勒绰尔济之女博尔济锦氏为妃，同年六月十六日册立为皇后。但是，福临对这位新皇后仍不惬意。不久，他便以从未有过的炽烈感情倾注于董妃身上。

董妃，亦作董鄂妃，是内大臣鄂硕之女。她原是福临异母弟襄亲王博穆博果尔之妃，由于清制命妇入侍的缘故，福临屡与董氏接触而萌发好感，遂热恋起来。

这一桩兄私弟妇的公案，在当时的宫廷内外，在孝庄太后与儿子之间，引起了轩然大波。

初冬的一天，皇帝盛大的仪仗出了正阳门，迤逦向南城而去。队伍之中，除了皇帝的御辇，后面还有几辆凤辇，为皇帝随行嫔妃所乘坐。嫔妃们多年闷在后宫里，时不时地掀帘看外面的景色，只有一辆红色凤辇不为风景所动，似乎从没掀过一次帘子，而御辇上的顺治却时不时地从窗口向它看过去。出城后，这一行队伍直奔南苑而去，那便是皇上围猎的目的地。

时令在秋末冬初之际，南苑皇家围猎场内水草丰美。一群群鹿儿身子滚圆滚圆的、皮毛油亮，都在悠悠然地吃着树叶和落果。此刻，一只公鹿悄悄地靠近几只母鹿，嘴里发出一阵阵的"呦呦"之声，声音悠悠地向母鹿传达出似水的柔情和爱慕的渴望。终于，一只母鹿被这爱之心音所吸引，慢慢地向公鹿走来……

附近灌木林中有片草丛摇动不休，出现了两个身披鹿皮的人。他们慢慢地从草丛中站了起来，其中一人弯弓搭箭，箭锋直指正在亲热地相互嗅闻的两只鹿儿。正在他就要射出利箭的一刹那间，一只手按住了弓箭，以母性的温柔目光看着他，轻柔地道："皇上，请不要射它！"

顺治见董鄂氏阻拦自己，心中不解，面露嗔怪之意。

董鄂氏喃喃地道："皇上快看，它们多恩爱呀，妾实在于心不忍。"说完，粉面早已羞红。

顺治脸上立刻漾出笑意，当即丢下弓箭，伸手揽着董鄂氏，望着那副娇羞的模样，不禁动情地道："你如此善良、温柔，今后一定是位好妻子、好母后，愿与朕朝夕相伴吗？"

董鄂氏娇不胜力，顺势轻轻地依在顺治怀里，轻声道："妾这不就在皇上身边了吗？还不知足？就这样，如果让那毛头小子知道了，还不知会怎么闹呢？"

顺治愤然道："他就是知道了，又能怎么样？看他敢动你一个指头！"

董鄂氏忙伸纤纤玉手，捂住福临的口道："皇上，请轻声，小心别人听到。"

此时的董鄂氏与福临，早已难舍难分。以致此次南苑围猎，福临竟然不顾祖制，偷偷地命吴良辅用凤辇接董鄂氏出府，混入随行的嫔妃中，进入南苑。虽然董鄂氏处处小心，但这样的事瞒得了太后，瞒得了襄亲王博穆博果尔，瞒得了满朝的大臣，却瞒不过宫中随行的宫女。一时之间，随行的嫔妃宫女窃窃私议、闲言碎语、蜚短流长。

这一日，孝庄太后在苏麻喇的引领下到御花园散步。孝庄出行有尚俭的习惯，凡遇重大的场合，她才在太监、宫女的簇拥下，浩浩荡荡地出宫，平时出宫去御花园，仅带一两个侍女。

孝庄与苏麻喇进了御花园，沿花间小道而行。经过一座假山的时候，忽听假山之后有人说说笑笑。

"姐姐，在乾清宫当差不错吧，一定可得不少赏钱。"

"快别说了。皇上脾气古怪得很，整日提心吊胆地过日子，说不定啥时候就会受罚。"

"近来总该好了。皇上有了心上人，自然不会少了你们的好处。"一个宫女边说边"咯咯"地笑了起来。

"哎呀，快别说了！要是让别人听了去，那还得了吗！"

"怕什么怕！这在宫中也不是一天两天了，只不过瞒住了太后和皇后，还瞒得了谁！再说，这御花园内只有我们二人来采花儿，别的连个人影儿也没有，说说无妨。"

被同伴安慰了一番的乾清宫宫女，胆子似乎大了一些，也笑着说："近来的日子是好过了些，皇上不像以前那样凶了，每次王妃来，都给赏钱。这一次，王妃还随驾去了南苑，此事只我们几个贴身的宫女知道，皇上一高兴，给我们每人十两银子的赏钱，就连王妃也给了五两。"

"主子风流，你们发财，这乾清宫倒真是个福地。姐姐，能不能想办法让妹妹也去乾清宫呀？"

话刚刚出口，两个宫女吓得吐出了苦胆。原来，孝庄太后扶着苏麻喇正站在面前，怒目相向。两名宫女瘫倒于地，连连磕头道："见过太后。"

孝庄脸色阴得像大雨前的天空，厉声喝问："你们在此嚼什么舌头？刚才所说是谁？那个王妃又是谁？"

孝庄太后盛怒下的一连串发问，使两个宫女噤若寒蝉，不得已才吞吞吐吐地说："太后，这……"

"快快说来！此事若是真的便罢，要是你们背后嚼蛆，小心你们的舌头！"

万般无奈之下，乾清宫那个宫女才说："回太后，奴才也不知此事的真假，但襄王妃近些日子经常入宫与皇上相见，南苑围猎带着襄王妃，倒是真的。"

一听"襄王妃"三个字，孝庄太后便大惊失色。但她怎么也不敢相信，更不愿意相信，她心中不断地念叨着：不会的，绝不会的，皇上再浑，也不会去勾引自己的弟媳妇呀！一定是这些小蹄子们闲得慌，磕牙解闷儿。

"快去，到园子门口跪着去，什么时候哀家传旨，你们才能离开。"

孝庄再也没有心思散步、赏花了，即刻回到慈宁宫，立传海中天："海公公，快去御花园门口把两名跪着的宫女带回，先囚于宫中，此事不可声张。"海中天领旨而去。

"苏麻喇，快去把康妃请来。"

不多一会儿，康妃便来到了慈宁宫。这康妃乃大清功臣、礼部侍郎佟图赖之女，是孝庄太后亲自选送入宫的，又为皇上生了一个皇子，所以颇得太后宠爱。

康妃给孝庄太后请过安后，太后见她神色凝重，便笑着道："平身吧，平时快人快语的，人不到笑先到，今日一见哀家为何愁眉苦脸？"

康妃强自笑笑说："儿臣谨记太后教诲，遇事再不敢胡言乱语。今儿太后忽然召见，又不知为了何事，所以儿臣倍加小心，并非愁苦之态。"

孝庄太后遂正色道："今日额娘问话，你要据实回禀，不得掺半点儿假，听到了吗？"

康妃心情越发沉重，她不知出了什么大事，忙连连点头，表情肃然。

"皇上近日待你如何？"太后开言。

康妃听了，脸上表情更显沉重，一股哀愁漫溢开来，幽幽地道："太后，皇上已有数月没临幸景仁宫了，对三阿哥也了无亲情，儿臣还听说，皇上还准备把阿哥们都送出宫避痘。"

"这正是皇上对阿哥们的无比关心，怎可说成是'了无亲情'呢？"

康妃听了此言，默不作声。她知道自己在太后心目中的地位，再受宠也比不上那几位蒙古女人。

"皇上近来和谁最为亲近？"

康妃身子随之一抖，她这才明白太后召见自己的真正意图。可她如何敢说，便坚决地说："儿臣实在不知。"

孝庄太后笑了，笑中带着肃然之气，以手指点康妃道："佟丫头，你来瞒额娘还嫩点儿吧。想这宫中之事，有几件你不知晓？惹恼了额娘，有你的好日子过吗？"

康妃听了，心中仍有重重疑虑，但太后更得罪不起，先过了这一关再说。于是她道："太后待儿臣天高地厚之恩，儿臣深知，绝不敢虚言蒙蔽。儿臣曾不止一次听宫女们说，皇上与襄王妃关系极为暧昧，儿臣还不敢相信。可就有两次，儿臣亲眼所见襄王妃从乾清宫神神秘秘地出来，不知所为何事？"

孝庄太后几乎晕倒过去。康妃此言无异于晴天霹雳，看来此事十拿九稳了。皇上与弟妇悖伦乱常，如果传出去，岂不让天下人笑骂？岂不有损大清国之尊严？而况襄亲王仍健在，便与弟妇乱伦，即在入关前的满族风俗中，亦为人所不齿！想着想着，太后几乎失声而怒、而骂、而泣。

"佟丫头，此事万不可传扬，要出大事的呀！弄不好，还会事关人命，你要三缄其口！"孝庄太后像恐吓，又像哀求地说。

不用说，康妃也知道此事的严重性，于是她郑重而严肃地连连点头："太后，此事儿臣仅对你老人家说了，再没对任何人说过。今后，刀架在脖子上，儿臣也不会说出一个字来，请太后放心。"

孝庄太后也点了一下头，表示相信她的话。在囚宫女、告诫康妃、封锁宫中消息之后，太后立刻下了一道懿旨到内三院："命妇入侍，乃大清旧俗，中原前代各朝所无。为严上下之体，杜绝嫌疑，即停止命妇入侍后妃之例。"

内院诸臣接旨后面面相觑，不知所以然，而顺治见了懿旨却心知肚明，自己与董鄂氏的风流事已经败露，太后之举，就是想阻止他们相见。

似乎是故意的，也像是偶然的巧合，太后懿旨刚下不过二日，皇上也下了一道圣旨，为避痘患，命三阿哥出宫别居。康妃为此找太后哭诉，太后也无能为力，因为皇上的理由不但充分，而且环环相扣、无懈可击。

顺治十三年（1656年）四月，后宫的乾清、坤宁、景仁诸宫的修缮和新宫的扩建完工，按例应册立嫔妃。所以，内务府上奏，请皇上立妃。福临览奏不以为意。

而孝庄太后却认为这是个好机会，她立刻传谕内务府，遴选秀女，以立嫔妃。在内务府忙着选秀女之时，太后却动开了自己的心思，把皇上曾经很属意的孔四贞召进了慈宁宫。孔四贞是为大清捐躯的平南王孔有德之女，四年前孝庄太后收她为义女，恩养于皇宫大内。

四年前的小姑娘，如今已出落成亭亭玉立的少女。孔四贞不但越长越漂亮，而且仪态端庄，风神高雅，孝庄太后看着她，不禁喜上眉梢，而心中更觉得喜从天降。四年前她刚入宫时的情景犹历历在目，孝庄除了慨叹光阴荏苒之外，还感叹她如今倒成了自己的救星，不，是皇上的救星，是皇家的救星。

孔四贞请安之后，娘儿俩又说了好一阵子闲话。对孝庄太后而言，这些闲话就是一种过渡。所以，在这种过渡之后，太后便开言道："四贞呀，入宫已四年了吧，还过得惯吗？"

"回母后，儿臣在宫中一直过得很好，有母后的疼爱，皇宫就是儿臣的家，怎会不习惯呢？"

孝庄太后越发高兴，忙接茬儿道："对，对呀！皇宫就是你的家，以后永远都是你的家。"

四贞脸上仍漾着笑意，但心中不免诧异，太后今日这话有些不对了，而以前从不会说出这类话。"皇宫永远都是你的家"，此言何意？

孝庄太后见四贞沉思不语，又道："四贞，你说额娘这些年对你怎样？"

孔四贞颇为吃惊，更不解太后何意了，忙答道："母后，这还用说吗？四贞当初不过一降将之女，死里逃生后，母后不嫌弃儿臣的汉女身世，恩养于宫中，鞠养教诲至今。此恩此情无论对先父、四贞，还是对所有的汉族将官，都有天之高地之厚，四贞即死也难报万一。"

孝庄太后笑着，继续道："皇上呢，他对你又如何？"

四贞听了此言，早已粉面羞红。一时之间，她弄不清太后问话何意，只好据大理相告："皇上对儿臣同样也是恩遇有加，视同兄妹，情比手足。"

孝庄长出了一口气，在似乎不经意中试探道："近来皇上还常去钦安殿吗？"

四贞自觉明白了太后的意思，因而便没有什么难为情的了，于是笑吟吟地道："皇上还常去，谈的都是一些宫中、朝中趣闻逸事，并未言及其他。"

孔四贞这是在告诉太后，请她大可放心，自己绝不会与皇上发展到让她担心的地步。

可是这一次她彻底想错了，就在她颇自以为然的时候，太后突然脱口而言："四贞，额娘想立你为东宫皇妃，作为皇上的贤内助，你愿意吗？"

孔四贞简直以为自己的耳朵在幻听，心在幻思。这……这可能吗？当年太后为了阻止皇上与自己感情上的发展，可谓费尽了苦心，而自己也为了不使她伤心而积极配合，费了好大的劲儿才使皇上收住了那颗躁动不安的心。而眼下这又是怎么啦？

太后此举的真正意思是什么？立汉女为妃要冒改变清宫祖制的风险，原来太后坚决反对，可眼下又来了个急转弯，真让人费解！孔四贞这样想着。

"怎么啦四贞，很为难吗？"太后一直注视着她，很关切地问。从太后的语气中、表情上，可以很容易地读出急切和期望之情。

太后待自己天高地厚，如不答应，岂不是负恩吗？不要说让自己嫁给皇上，就是让自己嫁给一个要饭花子，自己也无可选择。可要真的嫁给皇上……那……

孔四贞沉吟了许久，最终像太后所期望的那样，微微地点了点头。

孝庄太后看在眼里，十分高兴，忙不迭地道："额娘知道，皇上待你好，也就会听你的。以后要记住常常规劝他，把心思多用在治国安邦上，别老是追逐声色、耽于逸乐，更不能为此不择手段、不分内外。"

太后这一句话，有意无意地提醒了孔四贞，使她忽然想起了宫中关于皇上与襄王妃的谣传。要看他们二人，倒真是天设的一对、地造的一双，只可惜上苍乱点了鸳鸯谱。如果他们一心永结连理，自己能阻止得了吗？而太后却把宝全押在了并没有把握的自己身上。

一个月后，内务府上奏，拟立董鄂氏和佟氏为妃。所谓董鄂氏，乃襄王妃之同族姐妹；而所谓佟氏，乃康妃之堂妹。

孝庄太后在内务府的奏折上朱批：

"孔有德女孔氏宜立为东宫皇妃。"

奏折发回内务府，诸臣皆惊，茫然失措。

内大臣索尼看了朱批后，急忙入宫来劝："太后，以前恩养汉女于宫中，已经违制，今又欲立汉女为妃，更加违制，微臣恐有不妥，请太后三思。"

孝庄太后见索尼一副赤诚的神情，说他吧，于心不忍，不说他吧焉知哀家急不择路啊！于是便委婉地从时政需要方面来说："索大人，想我大清入关已久，满汉之间也该通婚了。要不然，所谓满蒙汉皆为一体从何说起？"

索尼听太后此言，无可辩驳，忙又从另一种情况说起："太后所言极是。然而，和硕格格乃有夫之女，早已许配孙延龄将军，若是立为皇妃，恐孙氏与朝廷构怨，变生不测。"

孝庄太后叹了口气，以吐不胜之烦。然后道："若立四贞为皇妃，实乃孔氏及其部曲光宗耀祖之事。至于孙将军，可多加抚慰，然后再择一格格成其婚配，当不足为虑。当务之急，是赶紧寻找一位皇妃，来辅助、规劝皇上。"

索尼已隐隐觉得太后此言大有苦衷，乃被逼无奈之举，也只好道："臣以为仅立和硕格格一人为妃，过于显眼，可从汉臣中选一合适人家之女，亦立为妃，才可掩人耳目。"

孝庄太后听了，知索尼已经会意，遂点头道："此事就由索大人火速去办吧！"

就在孝庄太后在后宫中忙得不辨东西的时候，襄王府也已是危机四伏、险情频出，以致最终闹出了泼天大祸，让太后的多日心血付诸东流，不得不眼睁睁地看着福临给大清列祖列宗的脸上大抹其黑，弄得污水四溢。

太后正焦急地等待索尼的消息。索尼不见踪影，倒是襄亲王找上门来了。

这一日午后，被满腹心事搅得身心疲惫不堪的孝庄太后，刚要去睡午觉，执事太监慌慌张张地跑到太后面前，跪伏于地，奏道："启奏太后，襄亲王前来请安，已到宫门外。"

"哦，博穆博果尔？他，他何时回师的？这孩子真懂事儿，快请他进来吧！"

殿外走进来一位十五六岁的小伙子，样子显得很腼腆。来到孝庄太后面前，未及说话，脸先红了，跪下道："儿臣给皇额娘请安！"

孝庄见襄王拘谨得像个大姑娘似的，同情之心油然而起，笑着道："王儿，快快请起，何时回京的？"

"回额娘，儿臣回京已有些时日，一直没来给额娘请安，还请额娘见谅。"

坐下之后，博穆博果尔不时向宫里四处探看，好像在寻找什么似的。孝庄太后见此情形，忙微笑着问道："王儿，你在找什么？"

襄亲王惊讶地问："额娘，儿臣福晋今日称太后让她入宫随侍，可到了现在也不见她的影儿。额娘要儿臣入宫给太后请安，儿臣想顺便和她一起回府。"

孝庄太后听了此言，心中一股怒火腾然而起，急火攻心，差点儿没背过气去。好个福临，你也太胆大妄为了，光天化日之下，竟做出如此之勾当！再说那董鄂氏也未免猖狂，竟敢假传太后懿旨，老身倒成了你的遮羞布了！不过，此事不能当着襄亲王的面说白了，想来大贵妃已听到些许风声，特使儿子入宫来探风的。

想到这里，孝庄强捺下心头怒火，颇不自然地笑道："刚才恰好皇后也来请安，襄王妃便陪皇后到中宫说话去了。等一会儿，额娘就派人去叫，你们便可一道回府。"

"多谢额娘。"博穆博果尔不便再说什么，只得坐下陪太后说话。

"苏麻喇，快去坤宁宫知会一声，襄亲王来了，请襄王妃过来陪亲王一块儿回府。"

苏麻喇早已看到太后的眼色，听出她话中的弦外之音，遂应声而去。出了宫并没有去皇后所居之坤宁宫，而是直奔乾清宫而去。

襄亲王似乎十分耐心地陪太后拉着家常，不大一会儿，苏麻喇便回来奏道："回太后，皇后娘娘说，襄王妃刚才回府去了。"

襄亲王听后一愣，然后笑着说："额娘，既然这样，儿臣也就不再多打扰额娘了，儿臣回府去了。"

太后颇为艰难地笑了笑，她似乎不敢正视襄亲王的温和目光，她感到脸上一阵阵发烧。唉，自己这到底算哪一回呀？是助子为虐，还是舐犊情深？怎么倒帮了这个孽障的忙呢？

这里襄亲王刚刚离开，孝庄太后当即传旨，请皇上进宫请安。当顺治来到面前请安时，太后闭着双眼，连眼皮儿也没抬，径直问道："福临，额娘问你，董鄂氏今日是不是又进宫了？"

顺治因苏麻喇刚从乾清宫回来不久，知道赖是赖不掉的，不得已硬着头皮道："回额娘，她是来过。"

"她来有何贵干呢？"太后强压怒火，拉长着声音又问。

"她来教儿臣抚琴弄箫。今年中秋家宴时，儿臣曾听她奏过一曲《春江花月夜》，十分曼妙，而儿臣苦练数月，终难成曲，故请她入宫教授。"

孝庄太后气得想哭又想笑，厉声责问："既然她入宫教你抚琴之艺，又为何说是随侍太后？额娘早已下旨停行命妇入侍之制，是谁竟敢假传懿旨！"

"母后息怒，旨是儿臣所传，不……不过是掩人耳目罢了。"福临语不囫囵，情急之下，道出了真情。

"掩人耳目？既是召她入宫教皇上乐器，乃光明正大之事，何谓要掩人耳目？"

福临一时语塞，跪在地上，低垂着头。

孝庄太后越想越气，越气便越想发泄，又声色俱厉地训斥道："要学抚琴弄箫，宫中自有乐坊，什么样的高手乐师没有？又有何仙曲神乐不会演？偏偏就她襄王妃有能耐不成？纯粹是胡扯乱道的无稽之谈！快说，你们在一起到底干些什么？"

孝庄太后圆睁双眼，愤怒地瞪视着顺治，而顺治则面红耳赤，忙垂下了头。

"你要胡闹，也该有个分寸，不能忘了自己的身份！你是谁呀？你是当今的天子，乃天下之父，能干那些苟且之事吗？别说天子，即使小老百姓，也不耻于那些鼠窃狗苟之辈！"

福临似乎再也忍耐不下去了，抬起头道："母后，'食色性也'，你难道没听说过？饮食男女乃人之大欲，有什么见不得人的？实在是人之常情罢了。"

孝庄太后见福临竟还敢狡辩，心中更加有气，一拍御案，怒声断喝："人之常情？你还敢说人之常情？别忘了，那董鄂氏可是你的亲弟妇，弟弟尚健在，便与弟妇私通，那叫乱伦！即在咱满人眼中，也为人所不齿，更何况这天下还有更多的汉人呢，你就不怕为天下人笑骂吗？"

福临听后再也忍不住了，呼地站了起来。由于双膝跪地过久，早已麻木，所以起身后一个趔趄，晃了几晃，待立稳脚步后冷冷笑道："儿臣偏不怕人耻笑，为了儿女真情，可以付出天大的代价。儿臣倒不知母后当年究竟为了什么，不也下嫁了多尔衮吗？你怎么就不怕天下人耻笑呢？"

孝庄太后气得说不出话来，本想站起来给他一记响亮的耳光，可终于未能站起，一下子跌坐在椅子上。

顺治连看也不看一眼脸色苍白的母后，仍不管不顾地冷冷说道："儿臣心里清楚，母后一直看不惯儿臣，处处跟儿臣过不去。儿臣要废掉那不贤不淑的皇后，你偏不，从中作梗了两年。儿臣想纳孔四贞为妃，可你就是不依，偏要儿臣迎娶母后的外孙女为皇后。上次选秀女，母后明知那董鄂氏秀外慧中、贤淑温柔，你却有意把她指配襄亲王，还瞒着儿臣说没有好女子。母后只想让儿臣娶科尔沁草原亲戚家的女子，还不是想借此牢牢控制后宫、控制朝廷？儿臣偏要背道而行！"

这一句句看似不动声色之言，其实可比钢刀利箭，可比横扫落叶之秋风，一句句、一声声锥心彻骨。再看太后，早已胸口憋闷、浑身发冷，嘴唇抖动了好一会儿，也抖不出话来，只得艰难地摆摆手，要福临离开。

福临见母后如此模样，不觉心软，但又不愿轻易认错，以免日后更要受制。所以迟疑了一会儿，便转身而去。

苏麻喇见状，忙急传太医。太医来到宫中，慌忙之下使出了浑身解数：掐人中、把脉络、轻抚急拍。忙活了好一阵子，然后对渐渐缓过劲儿来的太后轻声道："太后的凤体尚无大碍，不过是急火攻心，请太后息怒，善保凤体要紧。"

孝庄太后微合双眼，轻轻点头，太医开了药方而去。

比慈宁宫的这出稍晚一点儿，襄亲王府里也有一番雨暴风狂。

襄亲王回到府中，看见董鄂氏正忙着卸妆，便知道她也是刚回来不久。于是，背对着她，冷冷地发问："今日进宫有何贵干？"

董鄂氏一愣，这稚气未脱的大男孩儿还从没在自己面前说过如此质问的话，扭头看去，见他正黑着脸面壁生气。她心中不以为然，轻声答道："太后懿旨，入宫随侍。"

"入宫随侍？随侍何人？"

"还能随侍何人，太后呗。"

"胡说！"襄亲王猛地转过身来，逼视董鄂氏，"本王刚刚亲自入宫给太后请安，并未见你的踪影，宫中太监也皆言不知此事，你们串通好了骗本王。快说，到底进宫干什么去了？"

董鄂氏这才明白了，当自己正与皇上在乾清宫里恣意颠鸾倒凤之时，吴良辅在门外压低声音道："皇上，太后传旨：襄王妃随侍已毕，着即刻回府。奴才已备好凤辇，速请王妃快快回府。"原来是这个老实疙瘩找到宫里去了。

董鄂氏闭口不言，她知道争辩只能欲盖弥彰，同时她更不想说出来伤害眼前这位素来老实的夫君。

襄亲王见董鄂氏不说话，更加来气，厉声呵斥："不要觉得你们干的好事，本王不知道！什么'入宫随侍'，太后早已颁诏停止命妇入侍，怎会还单单召你？今日本王入宫，是特意知会太后，也特意告诉你那个……那个皇上，从此以后，你们不要再偷偷摸摸了。别总以为你们做得天衣无缝，天下哪有不透风的墙，要想人不知，除非己莫为！你不想想，自己出身八旗世家，怎能干这等见不得人之事？你又不想想，自己的男人在外舍生忘死地开疆拓土、保家卫国，而自己却在家里与别人偷情，你忍心吗？"

董鄂氏默默地坐在那里，泪水流过娇美的脸庞。

襄亲王见她伤心流泪，似有悔意，心里也觉有点儿不是滋味儿，可胸中之气终归无法消除。试问有哪个男人愿做乌龟王八，愿戴绿帽子！要知道，"老婆孩子不让人"乃千古俗言哪！想到这里，襄亲王不禁又埋怨起那个皇上，自己的亲哥哥来了："你那个什么皇上，到底是什么样的国君帝王，一肚子男盗女娼，真是个淫贼！恶棍！阿其那、塞思黑！"襄亲王越说越气，再也找不到合适的词语表达，便只好骂人了。

董鄂氏对自己挨骂似乎倒没有什么，而听了此言后泣道："你怎么能骂皇上？"

襄亲王听后更气了，发出一声怒吼："好啊！事到如今你还护着他！自今日起，不许你离开王府一步！你爱跟他，也得等本王死了以后再说！"

襄亲王将许久以来的郁结和怨愤一吐为快，他觉得自己心里的块垒得到了发泄，松快了许多。殊不知也为自己埋下了祸根，这一切，都经过他所不知道的途径，送入了皇上的耳朵里。

情系董鄂妃

想这董鄂氏不仅天生丽质，而且为人谦恭中和，还知礼仪懂规矩，进止有度，言行得体，怪不得自己那乖张的偬子福临被她迷得神魂颠倒。可是话又说回来了，董妃呀董妃，一失足成千古恨，你之贤淑你之德行，为何不用在襄亲王博穆博果尔身上？亲夫在而红杏出墙，出的还是亲哥哥，不但乱情，还有悖人伦。出道不正，其能久乎？

顺治十三年（1656年）七月，在经历了与孝庄太后的那番雨骤风狂的冲突之后，顺治跌入烦恼的深谷。母后他不愿见，想见的心上人却不能见，使他心乱如麻、烦躁不安、坐卧不宁。

七月的一天，顺治正在忍受着难耐的酷暑，心猿意马地草草批着奏章，就见吴良辅匆匆忙忙地跑来，伏地奏道："启奏皇上，襄亲王博穆博果尔昨晚薨。"

"什么？再说一遍，"又仔细听了一遍后，福临手中的笔掉了下来，一颗悬着的心也随之落到了实处，"怎么死的？"

吴良辅摇了摇头，低声道："死因未知，但王府的讣文已呈送过来。请皇上过目。"

福临接过讣文并没有打开，不知是于心不忍，还是没有勇气面对。他把讣文放在御案上奏章的旁边，身子向后一靠，不发一言地闭上了眼睛……过了好一会儿，他才如梦方醒，吩咐吴良辅备辇，起身向慈宁宫而去。

孝庄太后正坐在一张御椅上发呆，她似乎在思索着什么，对顺治的到来，好像没有看见似的。福临知道母后还余怒未消，而今天，他除了要向母后禀报新的情况，还要借此请母后原谅，并为自己做主。

"儿臣给母后请安。"

太后十分平淡地道："额娘消受不起。你长大了，当了皇上，不把额娘气死就是大孝、大德了，还敢指望你来请安？"

"儿臣思过多日，早已知错，悔不该与母后争吵，请母后容儿臣日后改过。"

"唉，你与额娘是上辈子的冤家对头，要么就是额娘前世欠你的孽债，要不然你怎么会处处与额娘作对？额娘含辛茹苦、忍辱负重，所做的一切都是为了谁，难道你真的不明白吗？"

顺治听了这番话，知道母后虽然还心有余怒，但已有原谅自己之意了。

"母后，儿臣特来禀报，襄亲王已薨。"

"你，你说什么？"孝庄太后忽地站了起来，望着地上的顺治，半晌说不出话来。

"平身吧。"太后怔忡了好一会儿，又一下子跌坐在椅子上。

突然，孝庄太后用冷峻的目光瞪着顺治道："襄亲王是怎么死的？此事你插手了没有？"

顺治忙道："母后，他是怎么死的，儿臣毫不知晓。刚才讣文送到宫中，儿臣才得知此噩耗，他的死与儿臣毫无关系。"

其中最后一句话，虽然说得很肯定。但底气明显不足。自己如果不召他入宫，进行威胁、恫吓，他会死吗？也许不会。是愤怒，是屈辱，导致了襄亲王之死？抑或是在威压下的自杀？谁也无从考证，但他的死无疑与自己有关。

孝庄太后听了福临此言，心情似乎轻松了一些，自言自语道："可惜呀！这孩子才刚刚十六岁，怎么就突然死了呢？……"

说完，她突然转向顺治，严厉地问道："对于此事，皇儿打算如何处理？"

顺治见状忙低下头，轻轻地答道："儿臣的心思母后清楚，还请母后帮儿臣一把。"

太后长叹一声，十分无奈地说道："唉，你这个孽子，到了现在还要额娘为你操心不已！别人养儿要是做了皇上，那太后早享清福去了。再看看我这个太后当的，福没享上，罪倒是遭了不少，心也快操烂了，你啥时候才能长大？"

顺治听后心里也很不是滋味儿，内疚不已。但这也不能全怪自己一个人嘛，有时候是形势所逼，有时候是儿时的不幸所造成的呀。可总得宽慰宽慰母后的心吧。于是说道："母后但请放心，儿臣今后一定听从母后的教导，奋发上进，让母后过上安逸优游、含饴弄孙的好日子，当上子孝媳贤的皇太后。"

孝庄苦笑道："别专挑好听的说。现在到擦屁股的时候了，才又想起了额娘。今后额娘也不敢指望过上多好的日子，只要别惹额娘生气、别给额娘惹是生非就行了。"

孝庄太后着手襄亲王的善后事宜，首先自己拿出三千两银子，派人送到襄王府，以示抚慰，同时要福临亲往襄王府祭奠自己的弟弟。

仅仅一夜之间，襄亲王府变成了大灵堂。门前的大红灯笼蒙上了黑纱，二门外竖起了三丈高的红幡，和尚们在灵堂里做法事超度亡灵，木鱼声伴着铜铃响，与叽里咕噜的诵经声相呼应。

董鄂氏身披黑纱，正悲泣着跪在灵床前，忽闻皇上驾到，伏地恸哭不已，早成了一个泪人儿。看着犹如梨花带雨般的心上人，顺治不知是心疼情人，还是哀襄亲王早逝，抑或是伤人生之无常，总之，处在襄王府悲哀的氛围之中，眼中情不自禁地落下了泪水。

顺治没有勇气正视博穆博果尔的遗容，当有人掀开襄亲王脸上的盖布时，他闭上了眼睛。即使如此，他的心仍狂跳不已。

到七月里，在襄亲王下葬仅仅三天后，礼部收到了皇太后的懿旨："惊悉襄亲王英年早逝，而亲王妃董鄂氏年仅十八，来日方长，念其孤苦无依，处境凄凉，特施恩收董鄂氏为义女，恩养后宫，以解其孑然一身、形影相吊之凄苦。"

礼部接到懿旨后，立刻上奏皇上："今太后已收襄王妃为义女，恩养后宫，将择吉日拟于近期册立董氏为贤妃。"

福临览奏，暑热难耐的天气变得清风徐徐，心里十分畅快，自然也很感谢母后。但博穆博果尔死后王府的凄绝景象，还深深地印在他的脑海里，更何况亲王刚死，人心未定，若近期急于纳董鄂氏为妃，恐变生不测，故不宜张扬。于是福临提笔在奏折上批道："准奏。然亲王薨逝未久，可于七月底择吉册封。"

由此可见，顺治虽贵为天子，对自己的不仁不义之行，或者说蝇营狗苟之行，也不敢公然而为，而是掩上了一把遮丑的稻草。我们于此可知，稻草既可救命，亦可遮丑的妙用。

七月底，为丈夫守孝仅有十几天的董鄂氏，匆匆脱下了孝服，换上了皇家送来的新嫁衣，在泪痕未消的脸上搽胭脂抹粉，摇身一变而成了顺治的贤妃。贤从何来？贤当然就从乱爱上她的福临眼里来。

王府的懿靖大贵妃因冤而失儿子在先，又失儿媳于后，面对皇上迫弟抢媳之行无可奈何，忍气吞声，谁让人家是帝王之尊呢？谁又能奈何人家专制天下之威呢？

这一天，顺治左冲右突，好容易摆脱了众臣，一走出大殿，便乘辇大步流星地朝承乾宫而去。

远远地，他就看见董鄂妃倚门而望，着一身淡淡的素装，头饰和服饰都非常简单，没有一点儿珠光宝气之象。就是这身简素的装束，让顺治看起来比那些身着缤纷五彩的旗装，头戴金银之饰的女人，更美更有动人的神韵。正所谓蓬头垢面，布衣麻履，不掩国色天香。更何况董鄂妃虽不事奢华，但工于衣着，修饰打扮，自有一番风韵。

"臣妾恭迎圣驾！"顺治刚到宫门口，董鄂妃便款款施礼，顺治紧走几步上前，伸出双手扶起爱妃，心疼地说道："朕不是早已说过了吗，爱妃见朕大可不必行此大礼。夫妻当以真情相待，若总是拘于礼节，客客气气的，便显得生分，而不能心心相印，总隔着一段距离，哪还有相亲相爱的味道？"

贤妃靠在顺治的怀里，脸上阳光四溢，很温柔地注视着顺治，柔声说："可你是皇上呀，臣妾怎敢无礼？"

顺治亲热地用手轻轻刮了一下她的鼻子，故作嗔怪地道："朕是他们的皇上，而对你来说没有皇上，只有丈夫。"

自董鄂氏入宫以来，这一对少年人儿，便比翼双飞、形影不离。每当顺治一散朝，便直奔承乾宫，而贤妃也早已倚间相望。

"云儿，皇上散朝回来了，快送饭上来。"

桌上的饭全都热气腾腾的，顺治知道这全是爱妃之功，很心疼很体贴地道："朕用膳，自有御膳房侍候，今后爱妃可不必操心了。"

贤妃微笑道："御膳房的饭，是早早做好了等着皇上的，可皇上临朝议政没有个早晚，饭便冷了热，热了又冷，以便等传膳时能及时端上来，早已没了滋味儿。臣妾这不过是动了点小心思、费了点小劲儿，却能使皇上吃上可口的饭菜，何乐而不为？"

她边说边为皇上斟酒，双手捧给他，颇有举案齐眉之古风。顺治似乎也想到了这一点，望着董鄂氏动情地说："来，爱妃，与朕一起干杯，共进晚膳吧！"

董鄂氏笑着道："多谢皇上赐膳。如果皇上像对臣妾一样，多赐宴于大臣们，与他们同餐共食，谈笑和乐，想必他们也会深感荣幸，深感皇恩的。"

顺治明白，这是爱妃在婉言规劝自己，想让自己改掉脾气暴躁，常无谓地与大臣们争执不休，动不动就严惩大臣的坏毛病，而代之以君臣一心一德、和衷共济的新气象。于是也笑着应道："那好啊，朕决不拂爱妃的美意，明日就与大臣们共食。"

第二天，皇上传旨，赐宴乾清宫，议政大臣全部留宴。

自此以后，大大小小的赐宴、留饭渐渐多了起来。甚至有时办公到了用膳时间，有些大臣未及回家，顺治就留他们用便膳。如此一来，君臣关系和缓了许多，亲近了许多。众臣都诧异，怎么皇上的脾气近来平和了许多、言表可亲了许多，私下里都以为皇上已幡然悔悟、洗心革面了。殊不知，所有这些都与贤妃分不开。皇上得到了恩爱的夫妻生活，精神自然愉快，再加上她的温婉相劝，柔情所至顽石为开，当然其风貌为之一新。

入夜之后，无数盏宫灯影影绰绰、闪闪烁烁，与天上的星月交相辉映，使皇宫沉浸在安谧与祥和之中。

在昏黄的背景之下，承乾宫的窗口却射出明亮的灯光。灯光下顺治正伏案批阅堆积起来的奏章，在政事上，他本是决心励精图治的君主，所以批得是那样地全神贯注、一丝不苟。离他不远的地方，董鄂妃则静静地坐在另一盏灯下看书、刺绣、沉思默想。时而轻手轻脚地走过来，送上一杯浓浓的冒着热气的奶茶。每当此时，顺治再忙也会抬头一望，四目相对、温情一笑，屋里氤氲着温馨、和美的气氛。

有时，顺治会突然烦躁起来，将一本奏章重重地掼在地上，仍余气未消，气愤不已。而不远处的董鄂妃见此情景，便会放下手中的东西，轻声劝解："皇上，何必动气，怒盛则伤身，保重龙体要紧哪！"

见皇上仍然余怒未消，她便会款款起身，轻轻地走过来，拾起掼之于地的奏章，轻轻地吹打一番，拭净了上面的灰尘，仍轻轻地放回御案。顺治仍然气恼地说道："无用之辈，都是些老套子、口头禅、无用经，什么要澄清吏治呀，什么要大力肃贪呀，怎么澄清？怎么个肃法？绕了半天，却又说不出个道道来，可恶至极！"

董鄂氏听了嫣然一笑，婉言相劝道："皇上，人家老调重弹，不就说明这些事还没办好吗？他们不厌其烦地叮叮，说明对皇上忠心，对国家负责。虽然拿不出好的办法，但时时提醒皇上和当政的大臣，也是一番好意。"

顺治听后不住地点头，便重新拿起那本曾掼之于地的奏章仔细批阅，贤妃也回到自己原来的位置。

夜深了，周围一片寂寥，只有蟋蟀和其他不知名的虫儿在鸣唱，时而和声、时而独奏。而承乾宫的灯下，两个人仍在分别做自己的事。

坐的时间久了，顺治觉得腰酸背痛，便放下笔，伸伸腰板。旁边的董鄂氏忙走过来，握起一双拳头，轻轻地敲打在顺治腰背上的酸痛之处，使他缓解了疼痛，感到十分舒服。

"爱妃，快来，帮朕看会儿奏章吧。"顺治笑着对董鄂氏道。

董鄂氏停下手，一脸正色道："臣妾曾听说，宫中嫔妃不得过问宫外之事，又怎能干预国家大政呢？请皇上斟酌。"

顺治听后，不禁用手拍了拍董妃之肩，又埋头批奏。批着批着，顺治皱起了眉头，长喟了几声，放下奏折扔下笔，闷闷不乐起来。

董鄂氏见状忙道："皇上，太累了吧？要不就先睡吧，余下的明日再批。"

顺治仍在生闷气，轻声答道："爱妃啊，你早该睡了，朕不想睡，也睡不安稳。"

董鄂氏自然不愿去睡，便轻手轻脚地走了出去，端来一碗热汤。

"皇上，请稍停，喝碗参汤补补身子，醒脑提神。"

顺治感激地看了看她，接过参汤，一边啜饮，一边道："你看看，这些大臣们就不让朕省一点儿心！稍微有点儿风吹草动，有点儿事端，就互相攻讦不休。满蒙汉之间，故明旧臣与新朝大臣之间，矛盾重重纠缠不休，每年惩处贬谪的官吏多在万人以上，把朕闹腾得一刻不能安宁。唉！这不又来了。"

董鄂氏没说话，对于朝政大事，她从不插言。

顺治仍不能静下心来，说一说似乎心里畅快、轻松一些，又道："不久前，御史杨义、姜图海，给事中周曾发等相继上奏弹劾刘正宗昏庸老迈、背公徇私。现在，给事中朱徽再次上奏弹劾刘正宗不经会推，也不上奏就私自任命许宸为通政司参议，他怀疑刘正宗卖官鬻爵。刘正宗随朕多年，朕还不知道他？这不，刘正宗也上疏自解，说是一时疏忽，自请罚俸。朕到底该听谁的？"

董鄂氏边为皇上捶背，边轻轻地道："此事亦为臣妾所不能插言者。但以臣妾之愚见，诸臣虽介有过失，但考其出发点，都为国事而非一己之私。皇上为何不息怒而加以详察，以服其心呢？大臣之心服，方可服天下之心。"

顺治在喝汤的短短时间内，怒气渐消，皆因董鄂氏疏导有方，使顺治不但火气宣泄，还频频点头。

董鄂氏的建议，于体贴入微中疏导有方且又中肯恰当，成了顺治整顿吏治的重要参考。同时，由于顺治心平气顺、精神愉快，更使他勤于政事，因而治国也有了成效。

又是一夜，顺治又在承乾宫批奏折，董鄂妃仍在灯下看书。二更以后，董鄂妃脚步轻轻地走过来向炉子里加了几块木炭。又见顺治不时地把手伸向炉子烘烤，知其身寒，便回身内室，取来皮褥子轻轻盖在顺治的腿上。

福临扭头看了看她，轻轻地说："爱妃，天气寒冷，你就不要陪朕了，快去就寝才是。"

董鄂妃笑笑说："皇上为国日夜操劳，臣妾能伴君侧端茶添薪，可谓荣幸。"

顺治深感幸福地微微而笑，然后继续批阅奏折。过了一会儿，顺治站起身来回踱步，面有难决之色。由于苦思良久，眉头一直紧皱着。

董妃见状，轻声发问："所奏何事，致使皇上如此心神不定，顾虑重重？"

顺治沉吟："此奏乃明年春决犯人之卷宗，卷上三十多人，只要朕说可杀，这些人就必死。"

董妃闻言，忽潸然而泪下道："皇上，臣妾知道，前些日子南北两闱案，已大开杀戮，今春决将至，恐又将血流成河。这些所谓该杀之人，皆不是皇上亲审，即亲审也难免有失误之处，而况乃刑部所审，又如何全无冤案呢？臣妾以为，皇上应慎之又慎，尽可能既惩恶扬善，又酌其情节存其生命，以示明君好生之德，古仁人之心。"

顺治默默点头。董妃又追了一句道："人命可是关天哪，皇上。人死不可复生，皇上宜多留心详察，仔细斟酌。要不然，老百姓哭天无泪，哭地不灵，还能依靠谁呢？"

顺治不由得伸出手来按在董妃的双肩上，亲切地注视着她道："爱妃真乃菩萨心性，博爱众生、广结善缘，必有善果。朕今生有如此贤妃足矣。"

董妃恬淡对之："皇上，臣妾只是率心性而言，不敢指望有多少善果，但求吾皇平平安安，大清江山永固如磐，也就满足了。"

听了此言，顺治感动不已，便将董妃拥入怀中，深深地爱抚着。

顺治之所以用从未有过的炽烈感情，深爱着董妃，自有其原因。我们已经看到，董妃给予顺治的，不仅有一般的所谓贤妻的美德，诸如嘘寒问暖，知疼知热等；还有感情上的心心相印；更有思想上的理解，所谓"心有灵犀一点通"，以及关乎朝廷大政方面的规劝和支持。

清初国家草创，吏治混乱，各种矛盾错综复杂，草菅人命的现象多有发生。顺治的治国之策由"重剿"开始向"重抚"转变，既是治国安邦之必需，也与顺治自己励精图治、辅臣策士的建议，以及董妃这位贤内助的不时提醒、劝谏，有着很大的关系。尤其在惩恶扬善方面，重扬善、重教化而宽刑罪，与董妃劝谏的关系很大。在她入宫的短短四年之中，依当时之律该杀的被免罪，监禁的获减罪，吏治也有改观，皆与其有关。顺治曾坦承，自己多次亲审而少杀了许多无辜者，"亦多出后规劝之力"，其中的"后"指的是董妃，顺治一直把她视为真正的皇后。由此可见，董氏与福临之间，已完全超越了举案齐眉、卿卿我我的一般夫妻恩爱之范式了，他们相互渗透、融合一体，董妃成了顺治患难与共、生死相依的贤妻，以及事业上的理解者和精神支柱。

就在福临和董氏连理并蒂、比翼而飞之时，慈宁宫的佛堂里，孝庄太后正打坐在垫子上，闭目诵经礼佛。但她的内心，一刻也没有真正地平静下来，入定乃是她静思的一种方法。

从太后时而微皱的眉间，可以隐隐窥见内心的忧思。董鄂氏入宫虽然是她下旨将其收为义女，然后再册封为妃，但这一切都出于无奈。如果她不及早按此常规办理，那个倔劲儿如牛的儿子敢直接把她接进宫中，岂不让人笑掉大牙，岂不让人指着脊梁骨大骂禽兽不如！试想，福临连一向情有独钟的孔四贞也不再顾视，可见其爱董氏之深，对他们的些许阻挠，换回的必是千百次的反抗。如今虽然儿子遂了心愿，但母子之间的怨结并未消解，她在想应该找出一种办法来解开这个结，以缓解母子之间的关系，若长此以往对自己、对儿子，对国事家事都没有好处。

就在太后想方设法来缓和母子之间的矛盾之时，儿子却又发起了新的攻势，且来势汹汹，为她始料不及。

顺治十三年（1656 年）十二月，顺治下诏礼部，册立董妃为皇贵妃。此诏一出，满朝愕然相顾，最吃惊的当然还是太后和皇后。谁也想不到，这董鄂氏入宫仅仅四个来月，就由"贤妃"一跃成为"皇贵妃"。这一跃也太离谱了，贤妃仅为一般嫔妃，但皇贵妃可是仅次于皇后的册号。

如此超越的一跃，使董鄂氏一下子就站在了皇后的御座旁，使人感到，尤其使孝庄太后、皇后觉得，大有取皇后而代之之势。

对这种违背祖制的行为，孝庄太后并没有出面制止。因为她清楚自己儿子的性格。制止非但无用，还会惹起更大的反弹，她只有沉稳自持，以静观其变而因应其变。

事情的进展似乎比她所能想象的更糟。顺治十四年（1657 年）元月初六日，顺治传旨，亲率满朝的王公大臣至保和殿，向皇贵妃进贺表。

一时间，保和殿上人头攒动，五彩旗幡飞扬，鼓乐齐鸣，完全用册后的礼仪来册封皇贵妃。文武百官分列大殿之外，除了太后和皇后未到之外，其余后宫嫔妃全部立于殿上。百官进表祝贺时，可以清楚地看到，为太后所设的御座正空空如也，刺眼、孤独而又无奈。

大礼告成，诏告天下。惹起宫内外、朝廷上下一片哗然，訾议之声四起。

所有这一切都瞒不过慈宁宫西暖阁里念佛的孝庄太后，她正在静静地注视着一切，等待着一切。最终，等来了她想见而又最怕见的人。

"太后，皇贵妃前来请安。"苏麻喇在帘外轻声禀奏。

孝庄太后当即一愣，手中的念珠串儿"哗啦"一声落于地上。

看起来，这个女人太普通、太平常了，缺了静妃的高贵气质，也没有皇后的华美。着一袭深色旗装，头上少了许多金银珠玉之饰的招摇，倒显得朴素大方，同时彰显了其特有的气质和美感。在孝庄太后眼里，她的一切都没一点儿皇宫大内的气派，孝庄太后纳闷不已，她究竟靠什么引得儿子如此神魂颠倒？

"儿臣给母后请安。"声音温柔依旧，声音中的磁力依旧，笑容仍是那样灿烂、温婉而可人。

孝庄太后尽量放松语气，勉力挤出几许笑意，装点在脸上，"平身吧。"

"哦，坐，快坐吧！"太后似乎忽然想起，站在自己面前的早已不是襄王妃，也不是贤妃，而是皇贵妃，已经具备了坐的资格。

董氏款款施礼谢座，然后小心地坐在旁边的座位上。

孝庄太后似乎没话找话地道："皇贵妃册封盛典，哀家身体不适，没能躬亲盛事，实为遗憾。"

孝庄太后说完，自己也觉不妥，自己乃太后，无须亲躬皇贵妃的册封，怎么今日倒说出了这句话呢？此言会让人有两种感觉，其一有讽刺之嫌，其二有讨好之意。

果然，董鄂氏听了，不安地道："母后所言让儿臣坐立不安，无地自容。母后以万钧之躯，何需参加儿臣的册典，该儿臣前来请安才是。"

孝庄太后虽对其心怀敌意，但听到这句话，心里颇感舒服，想不到，这孩子还懂点事儿。

一个宫女端上茶来，董鄂氏忙站起身，亲自为太后奉上一杯茶："母后，请喝杯热茶暖暖身子，大冷天里打坐念经，容易受凉。"

她这一举动，让看惯了宫里仪规和排场的送茶宫女着实吃了一惊，就连孝庄太后也感到惊讶，她一点儿也不端皇贵妃的架子，好像是一位最普通的嫔妃。

孝庄太后笑着接过茶杯呷了一口，本想说一句夸奖的话，可一时语塞，没说出一句话来。

喝茶时，不知因茶热还是呛了一口，孝庄太后咳嗽起来，董氏忙走上前接过茶杯放在案上，然后双手轻拍太后之背，直到她止咳为止。

这些话语的温暖，行动的关切和温存，像春日的和风，拂动着孝庄太后的心，她开始有点儿感动了。就是自己的亲生女儿也不过如此而已，何况人家是儿媳呢。不过，她会不会是拿手捏脚地做给婆婆看的呢？哦，不是没有这种可能。因为她知道我对她反感，知道我怀有戒心和敌意，所以要刻意地讨好我。

"皇上近况如何？"孝庄太后从感动中恢复了过来，冷静地问。

"回母后，皇上近来龙体安康，心情愉悦，且勤于政事，经常批阅奏章至深夜。"

孝庄太后点了点头，然后正色教导道："皇上宵衣旰食，日夜操劳国事，做妻妾的要多体贴，多劝他休息，保重龙体要紧。"

董氏明白太后话中有话，粉面微红、低下头道："请母后放心，关心皇上、体贴皇上，儿臣不敢须臾忘怀。侍奉皇上，让他精神饱满、龙体永健，是儿臣的责任。"

这样的人，这样的话，无可挑剔，更无可责备，孝庄太后也无法鸡蛋里挑骨头。

送走了董妃，孝庄太后深感失望，因为一切都不像她原来想象的那样。

这一天，孝庄太后正坐在宫中闭目养神，坤宁宫的宫女求见。

"启奏太后，皇后龙体欠安，特奉命奏闻太后。"

太后一愣，随即便明白了，皇后与自己一样，都有心病。遂问道："皇后病情如何？"

"回太后，皇后忧心忡忡而日久生疾，已罹病十多天，今已卧床，方派奴才来奏，怕太后担心。"

孝庄太后明白皇后的心胸远不如自己豁达，以致抑郁成疾。遂吩咐道："你先回去吧，就说哀家即刻前往坤宁宫。"

当孝庄来到坤宁宫时，宫女们都在院子里坐着，殿里只有不多几个值守者。众宫女听到太后驾到忙伏地恭迎，孝庄太后怒视了她们几眼，皇后有病竟不在榻前好生照料，却在外面闲闲而坐。然后，她气冲冲地进了宫。

待门帘挑开后，孝庄惊住了：皇后半坐在床上，身后靠着大红缎被，身上半掩着薄被，床边上坐着一个人，正一手持碗，一手拿匙给皇后喂药。仔细看去，那人正是董妃。

董妃见了太后，忙过来跪地施礼："儿臣拜见母后，不知母后驾到，有失远迎，望乞恕罪。"

"平身吧！"孝庄多少有点儿感动，想说什么也不好说，只有转向皇后发问，"皇后娘娘，有病应该让宫女们侍候，怎能让皇贵妃亲自动手，而让宫女们躲在外面清闲？"

皇后病容苍白，未及说话，董妃忙道："禀太后，请不要怪罪皇后和宫女们，全是儿臣的错。儿臣担心宫女不能及时喂药，以致冷热不匀，特来照顾皇后姐姐的。"

孝庄太后见董鄂氏脸露真诚之色，无言以对，但心里的火气倒是早已消了。

董氏继续喂药，一边喂，一边柔声安慰："姐姐，人常说：走病卧疮，是指生病之人要多走动，活动活动筋骨、晒晒太阳、多进食，身子才会好得快。"

皇后点头，遂啜药不止。刚喂完药，董氏又把茶端到她嘴边，皇后又漱了漱口，然后董氏用手帕轻轻为她拭嘴，慢慢抽去皇后靠着的被子，让她躺卧榻上，轻声嘱道："姐姐，刚吃完药，要先躺一会儿。待药劲儿平服，妹妹扶你到宫外走走。"

皇后眼中充满感激之情，吃力地点点头。

太后在一旁也颇有些感动。按常规，皇后生病，不但该不着皇贵妃侍候，还是她擅房专宠的好时机，可她居然自愿来中宫侍奉，能不让人感动吗？可孝庄太后感动之余，又生出了新的疑问：她到底出自真心，还是故意作秀？

"皇儿，到底生的是什么病？"孝庄关切地问。

"母后，儿臣只是偶感风寒，请不必担心。"

孝庄太后点点头，放心地说道："凡事要看开一些，不必过虑；有病切记及时医治，不可贻误。"

皇后频频点头。董氏笑着说："姐姐，等你病体痊愈，也常出宫走动走动，如果你愿意，妹妹也可常到中宫陪伴。"

皇后拉着董妃的手，感激不尽地说："多谢妹妹，真是难为你了，又要侍奉皇上，又要侍候姐姐，你也要多保重才是。"

当孝庄太后再次来到坤宁宫时，她着实吓了一跳。不是因为看见皇后稍有起色的病容，而是看见仍在床榻上喂药的董妃之故。她的脸也消瘦了不少，当董妃为太后施礼请安时，太后正面看见那双本来美丽有神的眼睛，不但失去了昔日的光彩，而且布满了纵横的血丝，甜甜的声音也沙哑了。

孝庄太后吃惊之余，连忙问道："眼睛何以如此红肿，声音何以如此喑哑？"

不待董妃说话，皇后已在床上含泪答道："回母后，皇贵妃妹妹已三天三夜没合眼了，守在床前通宵达旦。"

孝庄太后真的被感动了，她看了一眼满面倦容的董妃道："皇儿也该注意休息，别一个没好，又累垮了一个。"

董鄂妃听到太后呼自己为"皇儿"，似乎认下了自己这个儿媳，心头不禁一热。

孝庄太后虽然还并没有彻底认这个儿媳，但近来一些日子，亲见董鄂氏如此之德之行，心中的敌意和心理上看不惯的定式，已渐渐地消解、弱化。

六、皇帝出家

优遇汤若望

顺治自己曾对左右大臣说："汝曹只语我大志虚荣，若望则不然，其奏疏语皆慈祥，读之不觉泪下。"还说："玛法为人无比，他人不爱我，惟因利禄而仕，时常求恩。朕常命玛法乞恩，彼仅以宠眷自足，此所谓不爱利禄而爱君亲者矣。"汤若望宣扬西方宗教和科学，是西方文化的启蒙者，孝庄和顺治都为他的博学和真诚而倾倒，但他们是中国封建社会的最高统治者，他们只能对西方开明思想感到新奇，却没有付诸实践，惜乎，悲乎！

汤若望 (1591—1666) 普鲁士国人，明万历末年到中国传教。他以通晓天文、历法、数学、机械等学，受到欢迎，入清后更加受到重视，多尔衮命其编历法、修《时宪历》，掌钦天监监印。顺治二年（1645 年）加太常寺少卿，成为正四品的清朝官员。

最初，汤若望是因为治愈了福临的尚未完婚的皇后，而受到福临母亲的敬重，称汤若望为义父，顺治帝遂称其为"玛法"，即汉语爷爷之意。

福临亲政后的顺治八年（1651 年）六七月间，与福临尚未完婚的皇后博尔济锦氏，在服用了汤若望的神奇药水后，竟在两三日之内有了奇迹般的好转，能下床走动了。消息传到慈宁宫，孝庄太后凤颜大悦，十分感激这位从未谋面的洋教士，也很想结识一下这位被传得神乎其神的人物。

不久之后，后宫内便传出太后懿旨，召汤若望进宫。宫里宫外许多人都十分惊异，就连这位鹰鼻鹞眼的洋神父，在教堂门前接到懿旨时，也是满脸的惊诧莫名。他无论如何也弄不明白，当朝太后为何会召自己入宫。

孝庄太后第一眼看到汤若望，她心里便生出了一种很特别的感情。这位一头白卷发、高鼻碧眼的老人留给太后的初始印象，不像一般人所感受的那样，是相貌怪异、举止让人可笑之人，而是一位慈祥而又善良，充满温情的长者。从他那蓝眼睛里放射而出的，是暖意融融的目光；笑意，刻写在他的眉间唇上；而长者的朴实和厚道，则爬满了纵横的皱纹之中。

"微臣汤若望，拜见皇太后陛下！"汤若望第一次见孝庄太后，也对她高贵的气质和美貌，留下了深刻的印象。

"神父大人，请坐。"孝庄微笑着说。

汤若望谢坐之后，太后不由得又去注意他的胸前，那是枚金光闪闪的十字架。汤若望看出了孝庄的注意力所在，用手拿起十字架，轻声说："太后陛下，您对这个也有兴趣吗？"

"哀家只是觉得这圣物怪神秘的，但不知究竟是何物。"

"太后陛下，这是个十字架，它在很久以前是古罗马的刑具，后来耶稣基督为了替世人赎罪被钉在十字架上。所以，我们的圣教就把十字架作为信仰的标志，挂在胸前。你看，有了这个十字架，基督就在我心中。"

孝庄太后全神贯注地听着，非常感兴趣，因为这些都是她前所未闻的。

"神父大人，那位耶稣又是谁呢？"孝庄太后好奇地问。

汤若望见太后似乎对耶稣基督有了些兴趣，也十分高兴，这岂不是发扬光大圣教的天赐良机吗？要是皇太后信了教，整个大清国也许就成了天主教的天下。

"太后陛下，耶稣就是救世主，他是专门拯救人类脱离苦难的。他母亲马利亚，就是常说的圣母，本是一位地中海海边的渔家姑娘，在一次梦中与神交会，后来在海边渔棚的马槽里生下了耶稣。"

孝庄太后听着这些故事，只是觉得新奇和有趣，并不是非常感动。真正使她感动不已的，倒是汤若望那特有的慈祥的笑容，那样娓娓动听的话语，以及安详、温厚的目光。

看到汤若望，太后突然有了一种生平第一次见到慈父之感，自己虽说是科尔沁贝勒之女，但草原男人个个威猛剽悍，极少有温情对子女的表现。而十三岁离开草原，来到了清宫，就更得不到父辈温情的关怀了。因而深潜于心的几十年热切之望，今天终于找到了它的对象。由此，她对汤若望的感情距离渐渐拉近了。

"神父大人，哀家可否向你讨一个十字架戴？"孝庄太后突发奇想。

汤若望顿时大喜过望，当即起身说："当然可以了。皇太后陛下信我基督，微臣不胜荣幸，也十分感动。我脖子上的十字架，是我三十年前到罗马教廷，大主教亲自给我戴上的，现在就送给太后吧。"

说完之后，汤若望摘下胸前那枚十字架，走上前去给孝庄太后戴上。然后，他手抚胸口，温厚地对太后说："愿上帝与你同在，我年轻的孩子，阿门。"

听了这句话，孝庄太后越发激动，心里不住地在想，我要真有这么个"父亲"该多好啊！

人之于事于物，越是得不到者，心里便越是想它。孝庄太后一生很少得到父爱，所以她心里就强烈渴求得到这种爱。

"汤大人，你可知道今日哀家为何请你入宫吗？"

"臣不知。"汤若望茫然地摇摇头。

"记不记得一个多月前，有位宫女请你为郡主治病？其实病人不是郡主，而是当今的皇后娘娘。"

"你说什么，皇后娘娘？我没有听错吧？现在她怎么样了？"汤若望这一惊不小，他怎么也不会想到自己能为皇后治病。

"皇后娘娘的病体已痊愈，多亏了大人神奇的圣水，帮了哀家的大忙，哀家要重重酬谢神父大人。"

"皇太后陛下，救死扶伤，帮助世人脱离痛苦，是我教之根本，也是我等之责任，无须太后重谢。"

"古人云：滴水之恩，当以涌泉相报。可见知恩图报是我国人的美德，何况大人治好的是我大清国皇后之病，怎能不谢呢？来人，传哀家的旨意，赏汤若望白银千两，马十匹，绢绸各一匹。"

"谢太后。"汤若望慢慢地谢恩，看他艰难的样子，孝庄于心不忍，忙上前把他扶起来。

等汤若望领了赏后告退时，孝庄太后先是犹豫了一下，然后笑着说："神父大人，后宫的大门向你敞开着，闲暇的时候要常来坐坐。"

自从见了汤若望之后，孝庄太后便常常把他与自己想象中的慈父联系在一起。慈祥的面容、诚恳的态度、和蔼而又直言不讳的话语、温和的目光，孝庄每每回忆起来，常常感动不已。所以，隔一段时间，孝庄太后便会下旨召汤若望入宫。汤若望每次晋见时，便向太后娓娓不断地讲述充满人情味的宗教故事，使长期生活在人情味儿淡漠的深宫、渴望温情的孝庄太后倍感兴趣，深受感动，而她心中与汤若望近乎父女的情愫更深了。最后，孝庄认汤若望为义父，汤若望的身份更不一般了。

顺治帝福临与汤若望相识，是由范文程引见的，但是让顺治去见汤若望者，则是孝庄太后。

有一次，顺治到慈宁宫请安，发现母后的脖子上挂着一个金灿灿的链子，链子末端还有一个金光闪闪的十字架垂在胸前。福临惊奇不已："母后，这是什么？"

孝庄太后手捏十字架，放在唇上吻了又吻，笑着对福临道："这是西方洋人之教的圣物。此物很是神灵，改日额娘让你玛法也给他孙儿戴一个，可祛邪消灾。"

"玛法？谁是我的玛法？"

"就是钦天监的汤若望。额娘已认他为义父，他不就是你的玛法吗？"

福临对汤若望充满了好奇之心。一听说是位洋人，一肚子的学问，还能让母后认他为义父，心想此人要不是神仙中人，就是一个身怀妖术者，朕倒要见识见识。

这一天，在谈完了政事之后，福临对范文程道："范学士，听说你与汤若望相交颇深，可否明日就带他来见朕？"

范文程奏曰："皇上，不知召汤大人有何事？"

"朕听人议论，说这汤若望学识渊博，精通天文、历法、医术，何其了得云云，朕倒想亲眼一见。"

范文程这才松了一口气，他原先不知这位古怪乖僻的帝王召汤若望，到底是祸是福，颇为这位神父担心。

当汤若望第一次出现在顺治面前的时候，福临就被他那慈祥的目光与和蔼的微笑所吸引。自打懂事起，他从未见过如此慈祥的男人。

宫中的太监不算也不去说它，而朝廷的大臣们见到自己时，倒是非常恭恭敬敬、服服帖帖的，但那毕竟是一种臣子对皇上的尊崇，没有平等的发自内心的真诚。

"微臣汤若望拜见陛下！"

福临听了这一声，才如梦方醒，忙说道："汤大人平身，大人乃母后的义父，论家礼，朕该称你为玛法，以后大礼就免了吧。来人，给汤大人看座。"

汤若望坐了下来，用温和的目光看了看顺治，他发现这位天子似乎心事重重，少年老成。

"汤大人，朕听说，测算大清国第一次出现的日食，以你所测算为最准。你可与朕说说，这日食是怎么回事，是不是天狗吞日呢？"

汤若望笑了："陛下，世界上根本就没有什么天狗。我们脚下的地球，与太阳、月亮一样，都是悬在空中的圆球体，它们在不停地运动。以太阳为中心，地球围着这个中心转，就有了一年的四季之分；地球自己也转，才有了昼夜的交替，而月亮它是围绕地球转的。当它们三者运动到一条直线上时，地球挡住月亮，就是月食，月亮挡住地球就是日食。哪有什么天狗吃日？"

顺治听汤若望一边滔滔不绝地说，一边不停地比画着，还间杂着笑声，而这些天文知识是他从未听说过的，故而引起了他强烈的好奇心。

"汤大人，你说地球是个圆球体，悬在空中，而且还不停地自转。那么，当人们头向下的时候，为什么没有掉落下去呢？"

"因为地球有很大很大的吸引力，把我们都牢牢地吸在地上。"

顺治点点头，似若有所悟："哦，地球就像个大磁石，人就是小铁屑了。"

"陛下妙喻精当。"

福临还问了许多问题，什么下雨时为什么会打雷呀，扇子扇风为什么感到凉快呀，等等，不一而足。汤若望一一耐心地给予解答。所有这些天文、物理等方面的科学知识，都使顺治感到非常新鲜。尤其当汤若望告诉他"大清国并不在地球的中央，而只是一块普通的陆地"时，福临惊异得瞪大了眼问："我大清乃天朝大国，自上古以来都处于土地的中心，为什么现在又不在中心了呢？"

汤若望道："陛下，不但中国，任何国家从来都不是地球的中心。因为地球是圆的，它的表面根本就没有中心可言。任何一点都可说是中心，而又都不是。"他边说边比画，力图说得更明白一些。

顺治听了，似懂非懂、似信非信地点了点头。他一下子听了这么多，还要慢慢消化才行。

汤若望讲得出神入化，福临听得津津有味儿，不知不觉到了中午。顺治传旨，赐汤若望、范文程一起用膳。顺治招呼汤若望坐在自己的身边，边吃边谈，一顿饭竟用了一个多时辰。当汤若望起身时，因不习惯盘腿而坐，腿早已麻木，站了几次终未能站起来，福临忙上前搀扶。

从此以后，汤若望那海阔天空的自然知识深深地吸引了福临，成了他心目中不可或缺的人物。汤若望的地位也迅速提升，福临亲政的当年即被封为通议大夫、太常寺卿。顺治九年（1652年）七月初五日，汤若望向朝廷进浑天星球、地平日晷等仪器，皇帝赐以朝衣、凉朝帽、靴、袜等物。顺治十年（1653年）三月初二日，顺治帝又授予汤若望"通悬教师"称号，加俸一倍，并赐之敕谕。敕文对汤若望大加赞扬，说："尔汤若望来自西洋，涉海十万里，明末居京师。精于象纬，闳通历法……朕承天眷，定鼎之初爱咨尔姓名，为修大清《时宪历》，迄于有成，可谓勤矣；尔又能洁身持行，尽心乃事，董率群官，可谓忠矣……今特赐尔嘉名为'通悬教师'。"

在与汤若望的交往中，顺治对天主教也产生了兴趣。有一次，汤若望应召来见顺治，君臣二人在乾清宫西暖阁促膝长谈。这次长谈，汤若望向顺治详细介绍了天主教和其他宗教知识。听着听着，顺治便唤来刘正宗，要他把有关上帝的信条、恩典、"十诫"以及养生术等逐一记下来。汤若望笑着说："陛下，这些就不必记了。微臣和其他神父著有许多有关这些方面的专著，若陛下喜欢，臣可送陛下一读。"

福临很高兴，即传旨："吴良辅，着人快些随玛法至宣武门教堂，取回玛法送朕之书。"

吴良辅小声说："回皇上，此时外面正刮着大风，是否……"

"嗯！"顺治不悦，瞠目而视。

"嗻！"吴良辅只好乖乖退出，立刻派人去取。

半个多时辰之后，圣书已经取回。顺治取书在手，临窗而坐，静静地读了起来。读得那么入神如痴，就连晚膳也忘用了，挑灯夜读直到天亮。从此，顺治也成了天主教的信奉者，脖子上挂着汤若望亲手给他戴上的十字架。

顺治十四年（1657年）正月三十日，是福临十九岁的生日。第二天，群臣入朝拜贺，福临当众宣布要到玛法家过寿诞，并命在汤若望所建的天主教堂前立

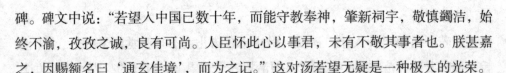

碑。碑文中说："若望入中国已数十年，而能守教奉神，肇新祠宇，敬慎蠲洁，始终不渝，孜孜之诚，良有可尚。人臣怀此心以事君，未有不敬其事者也。朕甚嘉之，因赐额名曰'通玄佳境'，而为之记。"这对汤若望无疑是一种极大的光荣。

在顺治十三年（1656年）、十四年（1657年）的两年中，顺治帝先后共二十四次到汤若望的馆舍亲访他。德国人在考察了当时的情况后说"皇帝亲到民宅，这是非常稀少的事件"。与此相映衬的是，这两年间福临"仅有一次出宫拜访一位皇叔于其府邸之中"。

在频频的接触中，福临深为汤若望渊博的学识与高尚的品德所折服。对各种知识都感兴趣而又好学的福临，向汤若望请教有关天文、历算、宗教以及社会人生等各方面问题。福临总以获得新鲜的知识而感到惬意，并愈加尊敬汤若望，他免除汤若望觐见时的跪拜，并屡加厚赐。福临常常召汤若望至宫中，往往谈到深夜，最后还要"命四位或六位青年贵胄护送他到家"，并一再嘱咐要小心护送。福临亲临汤若望住宅"作较长之晤谈"时，不拘君臣礼节，随意历览教堂书房以及花园等处。若逗留时间稍长，即令进便餐，"欢洽有如家人父子"。

顺治到汤若望的住处亲访，除了听他讲解各种新鲜有趣的知识以外，还很愿意披露自己的隐私和心事，向汤若望请教。

顺治十年（1653年）七八月份的一天，一队十分排场的銮仪人马出了内城，直向宣武门而去，这是皇上要去探访他慈祥的玛法。

宣武门内大街，两旁是一排排低矮的民房，临街的房屋虽稍微高大一些，但也多为两层。在这片民房之中，一座崭新的教堂耸立其中，犹如鸡群之鹤，与巍峨的宣武门城楼遥遥相对，一中一西，迥然不同，十分醒目。

在汤若望面前，顺治是率真的、随意的，而汤若望在顺治面前也不拘束。像刚才的座位之事，在充满封建仪规的人家，是绝对不会发生的。按规矩，天子在臣下或普通人家坐过的地方，都应覆以明黄色之布，以示皇上之尊，只能顶礼膜拜之，岂可再坐！可汤若望只是笑谈而已，从来就不这样做。而顺治呢，也不希望他这样做。他之所以到汤若望这里来，就是为了寻找那种稀有的自然、亲切和率真。

两人坐到了椅子上，顺治忽然长叹一声，一时脸上布满了乌云。

"皇上，有什么烦心事，说给微臣听听，也许臣可为皇上排忧解烦。"

顺治看了看汤若望，只是一个劲儿地摇头苦笑，然后沉默不语。突然之间，他忍不住说了出来："玛法，在你们西方，如果一个男人不爱自己之妻，却喜欢另一位女子，而那女子已许配与人，他会怎样去做？"

汤若望会心地笑了："皇上，按我们西洋的做法，他会去追求那位女子，如果她也爱他，他们就可以结为夫妻。相爱就是一切，男女之间只要两情相悦，就可以去追求、去争取。"

顺治听了这话，眼中射出惊喜之光。继而，这光芒又渐渐暗淡以至消失了。他心事重重地摇摇头道："这在大清国，该会遭多少人的反对，甚至冒天下之大不韪！"

汤若望颇为不解："皇上贵为天子，富有天下，还有不能娶的女人吗？"

"玛法，你觉得朕富有天下吗？朕连一个可意的女人也不能拥有，更毋论富有天下了，那是句骗人的鬼话！"

"皇上，你身为天子，不能等同于一般人。你要肩负天下的重任，怎能为一女子而灰心丧气呢？"

顺治笑了："玛法，你也跟中国的父亲、爷爷们学会了，动不动就用天下的大道理压人一头。如果说朕是天子，不能得到真爱，那么，作为普通人的焦仲卿、梁山伯，他们得到了吗？他们只能化蝶为鸟，双双而飞罢了。而朕，就连这一点儿也做不到，天下的重任压得朕喘不过气来！朕该怎么办呢？"

"忍耐，再忍耐，主说，我不下地狱谁下地狱？人来到世上就是受苦的，是来赎罪的，上至天子下到百姓，无一例外。你看，人就是哭着来到这世上的，谁见过喜笑颜开地生在世上的孩子？"

"玛法，忍、忍，又怎样忍得下去？"

汤若望看着顺治愁苦的脸，心里一热，伸手拍抚他的肩头，轻声说："皇上，这就是罪孽呀，天天向上帝忏悔，上帝会保佑你的。"

顺治两眼含泪，喃喃地说："上帝？上帝何在，上帝何在呀！"

"皇上，就在你心中。"

说完，福临竟已泪流满面。汤若望用手帕给他拭泪，并轻轻地拍着他的背，以示抚慰。

虽然，在玛法这里找不到答案，但得到了发泄，当顺治离开教堂的时候，心里轻松了许多。这也就是他很愿意去探访汤若望的原因之一。

汤若望在福临的心目中威信很高，福临对他几乎到了言听计从的地步，而汤若望也确实在福临的政治生涯中发挥了不小的作用。

顺治有一种"火烈急暴"的脾气，易动肝火而不顾一切。作为封建帝王，有时他"略一暗示，就足够把进谏者的性命毁灭了"。当时朝中所有人，有时连孝庄太后都无能为力，而唯独"汤若望有胆量和威望，他不顾一切，敢向皇帝指示皇帝所应走的道路"。

这方面最典型的例子，当数顺治十六年（1659年）七月，汤若望在百官列队前往请求之下，恳求顺治罢亲征郑成功之成议，前文已经细述，此不多赘。

顺治十二年（1655年）七月二十日，福临因汤若望"历任十载有余，治历明时，勤劳素著，不取俸薪，照旧惟领酒饭一桌，应复职加恩"，遂授为通政使，赐二品顶戴。十五年（1658年）诰封光禄大夫，秩为正一品，这完全是福临重视信任而优遇的结果。

顺治自己曾对左右大臣说："汝曹只语我大志虚荣，若望则不然，其奏疏语皆慈祥，读之不觉泪下。"还说："玛法为人无比，他人不爱我，惟因利禄而仕，时常求恩。朕常命玛法乞恩，彼仅以宠眷自足，此所谓不爱利禄而爱君亲者矣。"汤若望宣扬西方宗教和科学，是西方文化的启蒙者，孝庄和顺治都为他的博学和真诚而倾倒，但他们是中国封建社会的最高统治者，他们只是对西方开明思想感到新奇，却没有付诸实践，惜乎，悲夫！

敬仰佛教高僧

多尔衮专政后对他的压制，而孝庄太后忙于应对各种复杂的局面，对他亦疏于关爱，这些都使顺治的心灵成了感情的荒漠，更使他失去了凭借和依属感。所以，他才会喜怒无常，才会从汤若望身上汲取一点儿父爱，从董鄂妃身上寻找些许母爱。福临在天主教的十字架上找到了一些人间真情，但并未找到精神寄托。接触佛教后，他的心灵痛苦得到了一些缓解，精神上也得到了一定的满足，于是佛教便成了他摆脱心理痛苦的工具。

顺治十四年（1657年）深秋，福临驾幸南海子，在太监的怂恿下游幸海会寺。天子盛大的仪仗到了南海子之后，就见驿道旁有一处大宅，高墙重宇，气派非凡，金色的琉璃瓦在日光的照射下发出熠熠的光彩。在一片破败的乡间农舍的映衬下，这处建筑格外引人注目。

福临看后甚为惊奇，不由得问御辇旁的吴良辅："吴公公，前方何处，竟如此气派？"扶辇而行的吴良辅边走边答："皇上，那是海会寺，供奉佛祖的。听说寺里有一得道高僧住持，一时宗风大振，信徒云集，香火旺盛。"

福临脸上似乎浮出了不经意的笑。宗教到底是什么呢？连汤若望那么一位正直、和善、宽厚的长者，也信仰什么天主教。他还多次劝朕要祈祷、忏悔，遇事要多忍耐。朕如果忍耐了，那么为什么到现在也废不了那个后宫的母老虎。什么天主、基督，朕才不信呢！汤若望是朕的玛法，朕佩服他的渊博学识，而不信他的什么圣教！

哦，这佛教，好像听说是从印度传来的。我们满人原先只信天神，不信佛。后来，西藏三世达赖奈南嘉措与蒙古的俺答汗关系密切，遂使蒙古各部摒弃了信奉已久的萨满教，改信喇嘛教。蒙古女人进入大清后宫，带来了此教，满人便渐渐知道了这种宗教。五世达赖阿旺罗桑嘉措曾流亡于漠西，得顾实汗兵马相助，得返西藏。太宗时，双方遣使通好，喇嘛教开始传入大清国。去年，那位五世达赖曾亲诣京师，谒见了朕。不知这海会寺是不是喇嘛庙。

顺治坐在辇里边走边想，不觉之间仪仗来到了海会寺前。此寺占地百亩，颇有气势，但见寺内紫烟缭绕，善男信女进进出出。福临因听了吴良辅的话，自己也一时心血来潮，便传旨游幸海会寺。

圣旨传下，仪仗霎时停了下来。内大臣索尼命侍卫立即包围了寺庙，并派人入寺搜查，顿时寺内一阵骚动。

顺治下辇进了庙门，里面是大雄宝殿。殿内信徒如织，齐跪于地，在紫烟袅袅、木鱼声声里，朗朗的诵经声响彻天宇。

福临正在迟疑，就见一位年长僧人，身披袈裟，单掌施礼道："贫僧不知圣驾临幸，接驾来迟，万望恕罪。"

福临望着他那光光的和尚头，颇觉新奇，再看那头顶上的六个小圆点，更使他莫名其妙。见这和尚气宇轩昂，谈吐自如，便笑道："朕只是路经此地，顺便下辇瞧热闹，不至于打扰佛事吧？"

和尚忙答："圣驾光临，使敝寺四壁生辉，焉有打扰之说，请皇上至客室休息用茶。"

来到客室，但见五间大堂，堂内窗明几净，一尘不染，红木门窗皆精雕细镂，四壁悬挂一些山水、花鸟字画，显得淡雅不俗。福临霎时便有一种宾至如归之感，真想坐在这儿清静一会儿。

坐下不久，堂外便来了几位僧人。为首者乃一五旬僧人，虽然胡须略显花白，但脸色红润，眉宇之间似有一股佛光仙气。上得堂来，那僧人单掌举起，深施一礼，朗声道："阿弥陀佛，敝寺刚刚落成，便有大贵人入寺，实乃我佛之盛事、小寺之荣光。本寺住持叩见皇上。"

顺治见那住持僧人慈眉善目，与汤若望颇为相似，不由心生好感："高僧法号为何？"

"回皇上，贫僧入我佛门凡四十年，犹未修成正果，先师赐名号'憨璞聪'。"

这和尚的名字倒挺特别，如此拗口，想来这佛教也很深奥吧。想到这里，福临不由问道："贵教有何教义？所奉何人？"

"吾教乃佛祖释迦牟尼所创。入世即为苦海，苦海无涯，大众难涉，佛祖纷遣弟子，劝人向善，普度众生。只要吃斋行善，就可升入极乐世界，永享欢乐。"

福临听得似懂非懂，但与这位临济宗龙池派和尚交谈后甚觉投契，便开始对佛教产生了兴趣。

顺治十四年（1657年）十月初四，福临在南苑万善殿召见憨璞聪。福临问："从古治天下，皆以祖祖相传，日理万机，不得闲暇，如今好学佛法，从谁而传？"憨璞聪答曰："皇上即是金轮王转世，夙植大善根，大智慧，天然种姓，故信佛法。不化而自善，不学而自明，所以天下至尊也。"福临听后不但觉得受用，而且很受启发。此后，又不断召见憨璞聪，详细询问佛教界的耆宿。他得悉临济宗龙池派内有许多著名高僧后，心中便十分向往。

顺治十五年（1658年）九月，福临遣使赴江南湖州报恩寺召名僧玉林琇来京。由于清初江南士人对满洲贵族统治多有不满，因而诏书到时，玉林琇颇以清高自持。先是"卧床不起"，后多次辞谢不应，使者深感为难。使者曾三次上奏皇上，说明玉林琇谢绝的情形，但顺治帝均不允许。最后，玉林琇才于次年二月勉强入京面圣。三月行至天津，玉林琇又称病不行。福临得知后大为不悦，答应他问佛完毕即送返归。事隔一年后，顺治帝曾对木陈忞说："当初在山，即坚卧不起，极是高尚。到天津，欲饿死不来。如人家请客相似，客到门不肯入，教东家体面何在？"福临尽管曾对玉林琇的怠慢耿耿于怀，但会面后却被这位禅宗和尚完全折服了。

玉林琇在京时，福临以禅门师长礼遇玉林琇，自称弟子，并请其起法名。玉林琇不敢，起身推辞再三，福临不允，并"要用丑些的字眼"。玉林琇遂书十余字进览，福临自选"痴"字，上用龙池派中的"行"字，即法名"行痴"。于是福临又自号"痴道人"，以后其钤章还有"尘隐道人""懒翁""太和主人""体元斋主人"等。从此，凡请玉林琇说戒或致信札，福临均称弟子某某。玉林琇住万善殿凡两个月，多蒙对问。

一次，福临问道："悟道的还有喜怒哀乐否？"玉林琇回答："唤什么作喜怒哀乐？"又问："山河大地从妄念而生，妄念若息山河大地还有也无？"答曰："如人睡梦中之事，是有是无。"福临听后如聆佛语纶音，神情大悦，随即赐以"大觉禅师"称号。

又有一次，福临见禅房静洁、远离尘嚣，问道："大师，弟子深知心静则气平，可又为何不能心静呢？以至于常常与大臣们争执，与后宫斗气。"

玉林琇淡淡一笑道："皇上，老衲讲个故事。佛陀在世时，有一位婆罗门来到佛前，拿了两个花瓶献佛。佛陀对他说：放下！婆罗门把左手所拿花瓶放下。佛陀又说：放下！于是，婆罗门又把右手所拿花瓶放下。然而，佛陀还是对他说：放下！婆罗门感到莫名其妙，茫然地说：'我已经两手空空，没有东西可以再放下了，请问，你现在要我放下什么？'佛陀说：'我并没有叫你放下手中的花瓶，要你放下的乃是你的心境。当你把心中之物统统放下，再没有什么的时候，你将体验出生活的原味。'"

福临听了也淡然一笑，脸上仍有不信的神色，玉林琇于是又道："皇上，老衲再讲个故事。昔日，会元和尚带着徒弟赶路，来到河边见一女子待渡，又苦于河上无桥无舟，会元和尚便背起那女子涉水过了河。回到寺里许久之后，徒弟问会元：'师父，出家人不近女色，你如何能背那女子呢？'会元和尚正色说：'我早已放下了，你怎么还背着呢？'"

福临开心地笑了，似乎有所启悟，又问道："大师，如何做才能使心中无物呢？'空'为何物？"

玉林琇笑道："昔日禅宗五祖弘忍欲传第六代祖，便命弟子们各作一偈。大弟子神秀在塔上作了一偈：'身是菩提树，心如明镜台；时时勤拂拭，莫教惹尘埃。'一日之后，塔上又出现一偈云：'菩提本无树，明镜亦非台；本来无一物，何处惹尘埃？'皇上以为此二偈孰高孰下？"

福临答道："第二偈高。"

玉林琇微笑不语，福临若有所悟，又问："大师，爱子近日夭折，爱妃痛不欲生，悲痛成疾，朕当如何劝慰？朕又如何自处？"

"皇上，人生百年，如电光石火转瞬即逝，凡夫俗子以生为乐，大智大悟者以生为苦，生不过是一段路程而已。皇子定是前世修得正果的金童，故转世即逝，从而早回极乐世界，又有何悲呢？"说完，又随口吟出了四句偈语：

> 人生如梦又如戏，
> 生有何欢死何惧？
> 如梦似幻何所依，
> 梦醒却又在梦里。

"好，大师这偈语说得太好了。"顺治听后，自己的心情先就宽慰了许多，不觉脱口而出。

玉林琇乃得道高僧，对一位内心充满痛苦，一心想得到解脱的人，很轻易地就把他渐渐拉向了佛门。

玉林琇是一位谙通世故的僧人，"语不及古今政治得失、人物臧否，惟以第一义谛启沃圣心"，绝不接触实际，尽为谈禅说玄，这与汤若望的睹时政之得失、言百姓之疾苦，迥然不同。如此一来，便使福临这位日理万机疲惫不堪的年轻皇帝颇感慰藉，于是福临对佛教的信仰愈来愈虔诚，盼望结识更多名僧之心也越发迫切。

顺治十六年（1659年）四月，玉林琇请求回还。临行时福临赐黄衣、银印，并遣官送归，且令使者召玉林琇弟子茚溪森进京。六月中，玉林琇回到湖州，即令茚溪森随舟入京。

就在封玉林琇的同时，福临又封憨璞聪为明觉禅师。由于憨璞聪的推荐，福临在玉林琇离京前的一个月即闰三月遣使前往浙江宁波天童寺召龙池派另一位名僧木陈忞进京。

七月，茚溪森应召到京。顺治是从玉林琇录中发现茚溪森偈语最好，特别指名召来。福临在万善殿召见茚溪森，在问对佛法过程中，福临不断地"点首称善"。后来，福临曾多次要封他为禅师，只是由于茚溪森考虑师徒不便并受封号，极力推辞，才算作罢。而后，福临遂亲笔大书"敕赐圆照禅寺"匾额，以示优崇。

九月，木陈忞的到来使福临对佛教的信仰达到了一个新的境界。这时，龙池派的许多高僧名师大都云集京城，除上述人物外，其中尚有木陈忞弟子天岸本升，玉林琇弟子慧枢行地、骨岩行峰，木陈忞侄孙玄水超昦等。福临不时召见问对。在众多僧人的包围之下，福临悠悠然陶醉于佛家意境之中。

木陈忞到京后，下榻于万善殿，福临曾多次亲往馆舍就见。问对时，两人山南海北，道古论今，除他本人身世、佛门法道之外，还语及古今人物臧否、八股时文、辞赋书法，乃至《西厢记》《红拂记》，等等，彼此相契，话题极为广泛。为了博取皇恩、扩大禅宗的影响，木陈忞还盛赞福临"虚怀好学"，御下"能通天下之情"，而批评崇祯"口舌喜怒，进退臣工缺乏知人之鉴"。又说：当今皇上"夙世为僧"，是高僧转世，故能"尊崇象教，使忞与天下僧侣得安泉石"。他劝福临要"于事无心，于心无事"。"但遇大小事务，不妨随时支应，事后返观"。他甚至于还建言，以科举之名诱士子参学，要求朝廷"但悬一格"，"若有人悟得祖师禅定，即与他今科状元"。福临亦对木陈忞推崇备至，命他给自己取"慧曩"为名，"山臄"作字，又起"幻庵"为号，题"师尧堂"作堂名。

木陈忞出身"书香门第"，出家后又留心翰墨，故博于"外学"（注：僧人以世俗之学为"外学"），长于诗文，又工于书法。因此，使他显得知识渊博，才华横溢，能言善辩，词锋犀利，深得顺治的赏识与敬重。他到京不久，便被封为弘觉禅师，优礼有加，深受宠眷。

除了顺治帝亲往馆舍就见之外，木陈忞还不时被召入内廷。福临曾对他说："愿老和尚勿以天子视朕，当入门弟子旅庵相待"。木陈忞不仅以高深的佛学造诣，更以其特有的深厚文化功底，使福临倾倒。虽然这是二十岁刚刚出头青年天子与年过花甲老和尚的忘年之交，但福临似乎丝毫没有因年龄差距带来的思想交流隔阂之感。

木陈忞把谈禅与谈诗说艺融为一体，妙趣横生，福临最愿与之交谈，心情也最为舒畅。他与木陈忞接触中无所不谈，无拘无束，显示了这位青年天子的博学与多才多艺。

福临曾与木陈忞谈论古今辞赋，说道："辞如楚骚，赋如司马相如，皆所谓开天辟地之文。至若宋臣苏轼《前、后赤壁赋》，则又独出机杼，别出一调，尤为精妙。老和尚看这两篇前后孰优？"答曰："非前篇之游神道妙，无由知后篇寓意深长。前赋即后赋，难置优劣也。"福临说："老和尚论得极当。"于是当即背诵《前赤壁赋》，而后，福临又道："惟陶潜《归去来兮辞》独佳。"言罢又背一遍，而后背诵《离骚》。

福临不仅熟知《西厢记》，还对木陈忞说："西厢亦有南北调之不同。"由此可见，他对一些文学作品还颇有自己的见地。他曾对木陈忞评《红拂记》说："红拂词妙而道白不佳。""不合用四六词，反觉头巾气，使人听之生趣索然矣。"

福临很了解也很关心当时文坛情形，他曾说东南的慎交社"可谓极盛，前状元孙承恩亦慎交社中人也"。他特别欣赏当时的文学家尤侗，并多次向木陈忞询问尤侗情况。福临称赞尤侗"极善作文字"，要人取来尤侗的近作，"亲加批点"，"称才子者再"。他更要求取来"全秩，置案头披阅"。他还将极富文采的《讨蛮檄》一文展示给翰林院学士们说："此奇文也。"他对尤侗所著骚体赋"益读而善之。令梨园子弟播之管弦为宫中雅乐，以为清平调比之也"。福临很同情尤侗的遭遇，"叹其才高不第，屈居下僚，复为上官论斥"，并当着木陈忞面表示准备"擢升"尤侗。

福临还欣赏当时的文学批评家金圣叹。他向木陈忞询问："苏州有个金基采，老和尚可知其人？"回答道："闻有个金圣叹，未知是否？"福临说："正是其人。他曾批评《西厢记》《水浒传》，议论尽有遐思，未免太生穿凿，想是才高而见僻者。"木陈忞说："与明朝李贽同一派头耳。"

福临对木陈忞的书法十分欣赏，他说："朕极喜老和尚书法。"而福临自己既擅长书法又善于绘画，且颇有造诣。他的书法学钟、王、颜、欧，"笔势飞动"，而"山水小幅，写林峦向背水石明晦之状，真得宋元人三昧"。木陈忞对其评价是："池临晋帖，画仿元人，莫不汲幽造玄，深臻大妙。"福临在"万机之余，游戏翰墨，时以奎藻颁赐部院大臣"，"每图大臣像以赐之，群服天纵之能"。仅《天童寺志》所载他赐给木陈忞等人的书法绘画藏于天童寺的，就达二十余卷轴。

木陈忞的弟子们均多才多艺，机锋敏捷。一日，福临与木陈忞共同欣赏尤侗以《西厢记》情节所作的一篇制义文：《怎当他临去秋波那一转》。福临看到兴致高昂之时忽然合起书卷来，道："请老和尚下。"木陈忞说："不是山僧境界。"这时天岸升首座在席，福临便问："天岸何如？"天岸升答："不风流处也风流。"福临为之大笑。

　　福临从禅宗和尚处找到了更多的共同语言，而和尚也以自己的思想影响着福临。皇帝的爱恨好恶绝不仅仅是个人的私事，其举手投足的影响所及，往往会超出他自己所能预料到的后果，在宫里宫外形成一种风气。越王好勇而民多轻死，楚灵王好细腰而国中多饿人，上之所好，下必有甚焉！南唐二主爱好词曲，则词曲由俚俗而登大雅；宋徽宗喜道，于是国中和尚蓄发入观。由于顺治帝的潜心奉佛，使世情人心为之一变，京城内外新寺接踵而起、香火旺盛，江浙一带奉佛修寺之风蔚为壮观。宫中众多的太监、宫女乃至嫔妃也纷纷信佛，其中包括福临最宠爱的董鄂妃和近侍太监吴良辅。

　　木陈忞在京八个月，于顺治十七年（1660 年）五月告辞南还。福临非常留恋，请其留下弟子以早晚说话。木陈忞回答说："诸弟子都是戆底人，恐有不到处，得罪皇上，反成道忞过咎。"福临说："老和尚一旦还山，教朕如何忍得。"于是，遂留旅庵、山晓二人暂住前门善果、隆安两寺。福临特书"敬佛"两个大字及所绘山水、蒲桃画各一幅赐赠。十五日，木陈忞离京南下。木陈忞离去后，福临常念念不忘，当年两次遣官专程探问。这年冬天，他又亲书唐代诗人岑参《春梦诗》一首，赠与木陈忞。诗云："洞房昨夜春风起，遥忆美人湘江水。枕上片时春梦中，行尽江南数千里。"

　　木陈忞离开后，福临再召玉林琇进京。此时，他身边已经再也不能没有和尚了，其佛缘极深，直到生命终结。

　　福临之所以信佛，除了佛教临济宗龙池派的宗师们为抗衡天主教，并与其他教派和宗教争夺在中国的正统地位，而故意靠近、拉拢他之外，还有一个起决定作用的内因：福临自幼生长在宫廷里，森严的清规戒律使他很少得到母爱，而父爱更是少得可怜。尤其是多尔衮专政后对他的压制，而孝庄太后忙于应对各种复杂的局面，对他亦疏于关爱，这些都使他的心灵成了感情的荒漠，更使他失去了凭借和依属感。所以，他才会喜怒无常；他才会从汤若望身上汲取一点儿父爱，从董鄂妃身上寻找些许母爱。这些爱虽然在一定程度上可以弥补少年时的感情需要，但自幼遭受的心灵创伤与磨难，造成他超乎常人的精神负担，使他一直在寻求着解脱的途径。福临在天主教的十字架上找到了一些人间真情，但并未找到精神寄托。接触佛教后，他的心灵痛苦得到了一些缓解，精神上也得到了一定的满足，于是佛教便成了他摆脱心理痛苦的工具。

痛责爱子

福临苦笑着说："大师兄，朕意早决。爱妃临去之前，曾执朕手对朕说：人生一世，一口气不来，三尺躯何托？朕一直在苦苦地参她的这一偈语。时至今日总算参悟了，她是要朕出家，离开这人世间的争权夺利、尔虞我诈、征战杀伐等孽障，离开人间的流泪喋血之痛苦啊！"

在僧徒的包围及其思想影响之下，福临渐渐萌生了出家的念头。

顺治十七年（1660年）春夏之际，南苑德寿寺竣工，福临特传旨玄灵宫宴请木陈忞。顺治与木陈忞对坐在寺中禅床上，默默相对之中，福临苦笑着道："大师，朕整日劳碌，心烦已极，每对青灯黄卷，无限神往，'百年三万六千日，不及僧家半日闲'啊！"

木陈忞听福临顺口便可说出偈语，不由赞道："皇上不愧为夙蕊高僧，禅师转世。"

福临正色而言："朕想前身的确是僧，今常到寺，见僧家明窗净几，辄低回不能去。朕于财宝固然不在意中，即妻孥亦觉风云聚散，没甚关情。若非皇太后一人挂念，便可随老和尚出家去。"

木陈忞听后不由得大惊，皇上说是挂念皇太后，不如说是皇太后每每对其加以劝阻，而太后在朝野上下的威望，木陈忞是深知的，如果皇帝真的要出家，那太后能答应吗？"勾引皇帝出家"，这天大的罪名谁能担得起？原本为皇帝讲禅说法，使皇帝奉佛，是为了与洋教争夺地盘，树立临济宗天下正统的地位，谁承想皇帝会真的迷上了佛祖，这如何是好！

于是，木陈忞忙劝道："皇上，出家事关国运玄机，不可轻举妄动。菩萨们也往往现身为天王、人王，或者宰辅，以保国护民、济利众生。如果只图洁身自好而出家，即使修行几劫也不能成佛作祖。就好像皇上不现身为帝，又如何请来众多的僧徒来兴扬佛法，行诸多善事呢？万望皇上千万不可有出家之念。"

见福临一脸的失望，木陈忞又说："保持国土，保卫生民，不厌拖泥带水，行诸大悲大愿之行，只有这样，才是皇上奉佛的最好做法。"

木陈忞说完后，见福临虽然接受了自己的意见，但仍是一脸的失望和困惑，便相机改换话题，他从怀中掏出一个折子，双手奉上：

"皇上，贫僧为修建德寿寺善举作了《敕建德寿寺记》一文，请皇上御览。"

顺治接过文章，展开仔细地读了一遍，不住点头赞许："好，写得太好了，有风骨，有文采。吴良辅，传朕的旨意，赏道忞大师白银千两用以修葺寺院。"

木陈忞虽然此时劝阻了福临的出家之念，但不久之后，顺治再也经受不住打击，决心要"披缁山林，平身修道"了。

一年一度的中秋佳节又来临了，福临来到慈宁宫给太后请安。慈宁宫里虽然有他的亲生母亲，但福临却很少来这里，只有节日、生辰或母后生病，才来请安。

孝庄太后见儿子来了，心中按捺不住惊喜，脸上的笑容也溢了出来。她虽然不满意甚至斥责儿子的一些行为，但毕竟是自己的唯一亲生儿子，母子之间能有多大不可化解的仇恨呢？

"儿臣给母后请安。"福临的神色肃然，肃然中还带有几许忧伤。

"皇儿，为何如此郁郁寡欢？"太后关切地问，显得很慈祥。

福临认为母后这一切都是表面文章，不痛不痒的，并没有关切到自己的心痛之处。于是他不冷不热地说："母后，皇贵妃卧床数日，恐大去之期已不远。儿臣请母后见谅，今日的中秋家宴儿臣就不参加了，想前往承乾宫多陪陪她。"

孝庄太后心头猛然一凉，一个皇贵妃比母后、皇后都重要、都挂心，看来儿子与自己的距离是越来越远了。可现在又能说什么呢？即使说了，他一个字也不会听的。

福临走了。中秋节的慈宁宫显得冷冷清清的，孝庄太后似乎觉得秋风已经很凉了。

慈宁宫里的秋风凉透了孝庄太后的心，承乾宫里也是死一般的沉寂。董鄂妃躺在榻上，往日的花容月貌已被雨打风吹去，只剩下一副皮包骨头。床榻边坐着另一位董鄂妃，生得和几年前的董鄂妃十分相像。她是董鄂硕之次女、皇贵妃的妹妹，而今也已入宫，被封为贞妃。

皇贵妃看看顺治，又瞅瞅妹妹，艰难地笑了笑。然后，又轻轻对福临道："皇上，臣妾今生能得到皇上如此宠爱，可谓三生有幸。但臣妾命小福薄，无缘久承皇恩。以后，还请皇上多关顾妹妹了。"

福临望着病中的董鄂妃，无数往事历历在目，止不住双眼湿润、泪珠晶莹。他似乎在为自己无力救助她而深感悲伤和内疚。

董鄂妃见状，拉着福临的手，故作轻松地笑笑说："皇上，臣妾近日想起一偈语，不知皇上能否参悟，'一口气不来，三尺躯何托'。"

顺治心中一惊，然后紧紧握住爱妃之手，一言不发，两行热泪流了下来。

四天之后，即顺治十七年八月十九日，孝庄太后正坐在慈宁宫里闭目诵经，每诵一遍便拨下一个念珠。当宫外传来急促的脚步声后，诵经之声便乱而不清。她微微睁开双眼，但见索尼已满头大汗地跑来。

"启奏太后，承乾宫皇贵妃病逝了。"

孝庄一惊，随后长长地出了口气，心神凝定了下来。

"太后，皇上已封皇贵妃为'端敬皇后'，并命大臣们拟谥号。"

孝庄挥了挥手，示意索尼退下。她想安静一下，整整绷了四五年的神经终于得以松弛，她这才感到累了，同时有几许胜利的喜悦涌上心头。

乾清宫里，福临正像圈在笼子里而无可发泄的一头怒狮，来回不停地踱步、怒吼，而两旁的大臣们则战战兢兢。礼部尚书觉罗郎球出班，跪地奏道："皇上，端敬皇后的谥号臣等已议，拟为'孝献庄和'，不知圣意如何？"

顺治瞪起了眼睛，"为何只有四个字？"

"回皇上，端敬皇后生前为皇贵妃，依祖制，谥号应为四个字。"

"放肆！朕既已封她为皇后，一切当按皇后礼制办。"

"这……怕……"

顺治见他还有疑虑，气得咬牙切齿，吼道："滚！"

觉罗郎球只好战战兢兢地退了出来，再与大臣们商议，然后又如此连去了三趟，都被福临骂了出来，其中一次皇上摔茶杯，差点儿就伤了他。众大臣这才彻底明白，要不把所有的好词全使上，是过不了这一关的。

到了最后，由秘书院大学士王熙跪奏道："皇上，臣等已再三商议，端敬皇后的谥号拟为'孝献庄和至德宣仁温惠'十字。"

福临一拍御案，厉声喝问："区区十字如何概括端敬皇后一生？为何谥号内不见'天圣'二字？"

众臣皆惊，面面相觑。"天圣"乃最尊崇的谥字，只有正宫皇后生子为帝才能有"承天辅圣"之字，即使嫔妃生子为帝，然后封后，其谥号也只能有"育圣"等字。这董鄂妃生前并未封后，更无子嗣为帝，这种要求太过分了。

王熙于是忙奏道："皇上，只有正宫娘娘可有'天圣'二字，端敬皇后若用此字，实为不妥。"

福临正待发怒，刘正宗也跪地奏道："皇上，端敬皇后的谥号已有十字，若加'端敬'已有十二字，而先皇太宗的谥号也才十五个字，如果再加谥字，怕要超过先皇，就太违礼制了，请皇上三思。"

刘正宗早已晋为文华殿大学士，又是顺治多年的宠臣，所以他敢冒帝威而直谏。

众大臣见皇上稍有犹豫，忙齐跪地劝谏，顺治这才作罢。

之后，福临令词臣作《端敬皇后祭文》。词臣也像礼部尚书觉罗郎球一样，被皇上骂退了三次，到了后来，中书舍人张宸的祭文在殿上宣读，福临泪如泉涌，当殿下旨擢张宸为兵部督辅主事。

八月二十三日，顺治一道圣旨传下：

"端敬皇后仙逝，京中文武百官五品以上者须随梓宫送丧，二品以上旗籍官员抬棺。诸王以下，满汉官四品以上，并公主、王妃以下俱于景运门内外齐集哭临。诸王大臣的命妇皆须到景山寿椿殿哭祭，内大臣命妇哭临不哀者议处。全国官吏服丧一月，百姓三日。"

此旨一下，满朝惶恐，但无一人敢犯颜劝谏，谁都明白，这是皇上在无端地发泄。

这一日，以茚溪森为总指挥，为皇贵妃举行充满佛教气息的盛大葬礼。从皇宫到景山，沿街齐刷刷跪着两排太监、宫女和内廷侍卫，打头的是一红色招魂幡，宫廷乐坊和寺院的乐师组成了混合乐队，哀乐阵阵、佛号连天。然后是一百和尚，手持佛珠串，边走边诵经超度。再后是殡葬的物品，纸的、布的，还有真的珍珠宝玉、车马轿船，样样俱全，各种各样的幡招，遮天蔽日。巨大的梓宫居中，扶杠抬棺者均是二三品八旗勋贵，分班轮流执杠。梓宫后是顺治帝亲自执丧，百官身披孝衣头戴孝帽紧随其后。一时间，从皇宫到景山，人头攒动，纸钱飞舞，白幡飘飘，哭声震天动地。

梓宫进入寿椿殿，哭声更如雷动，殿内外哭作一团，哀声惊天地而泣鬼神。数百命妇早已吓得魂飞魄散，哭泣之声恸切如丧考妣，甚至比丧考妣更伤心，简直都把平生之力甚而吃奶的劲儿都使了出来，能哭多大声就哭多大声，谁还敢惜一点力气，谁还敢偷懒耍滑，而且还不能干号，必须声泪俱下！要知道，皇上严旨："哭临不哀者议处。"什么是"哀"？什么叫"不哀"？没泪也得流眼泪，谁愿意得罪皇上！

如此一来，不到半个时辰，已有九位命妇哭不出声来，五位命妇背过气去。缓过气来还得继续哭，声音哑了，哑着哭。非但寿椿殿内外，就连整个景山都笼罩在昏天黑地之中，闹得鸡飞狗跳、鬼神不安。一个皇贵妃发丧，从未有过如此的场面，一代枭雄多尔衮的葬礼也没有如此盛大，孝端皇太后的葬礼更无法望其项背。这些都使人感到，分明是皇上借机恣肆发泄一种刻骨铭心的丧妻失子的深仇大恨，他抖擞最后的一点儿精气神儿和力气，向不公的命运和母后的淫威发起最后的抗争。

而慈宁宫里却出奇地静，大臣们都去了景山，命妇们就更不用提了，所以没有人来。整个皇宫笼上了恐惧的气氛，谁都知道皇上已经疯了，这当口招惹他，绝没有好下场。

可内大臣索尼却又来了。他是整个葬礼的后勤部长，不用陪着顺治跪在梓宫前听和尚们念经，而要为葬礼的不时之需准备东西，在景山和皇宫之间来回跑。

"太后。"索尼俯伏在地，似乎有话要禀奏。

"索大人，你不去景山，跑到哀家这里有何贵干？难道不怕皇上大发雷霆吗？"

索尼忙道："回太后，臣是到内务府取东西，顺道特来给太后请安。"

孝庄太后一脸平静，笑着说："难得索大人有如此忠心，后宫之事搅翻了天，大人还记得来向哀家请安，实在不易，有什么话快快说来！"

索尼见太后如此镇静，只稍稍犹豫了一下，便直截了当地说了出来："太后，皇贵妃病逝，举国哀恸，厚葬本无可非议，然皇上之举过格过分，实在令人担心。而今官议汹汹，群情激愤，王公重臣们哀怨声声，长此以往，恐激起众怒，故微臣想请太后出面劝阻。"

孝庄听后点了点头："索大人跪安吧，哀家自有主张。"

索尼走后，孝庄并没有当即出宫，她反复思考了当前的形势，掂量着是否出面干预。对于谥号的逾制、葬礼花费之巨、仪礼过于隆重，她不会不知道，但就是不闻不问。她之所以不打算干预，因为她知道，若此时出面，顺治非但听不进一个字，还很有可能会激起母子之间面对面的直接冲突。可现在也太不像话了，一个皇贵妃去世，竟如此兴师动众，侵扰勋贵和百官，影响皇威和国家的尊严，再不劝阻势必激起众怒。

"苏麻喇，备辇去寿椿殿。"孝庄终于下了决心，要出面干预。

从皇宫到景山，沿途白幡招展、香案林立，还有成行成排的太监、宫女跪拜。离景山尚有一里之遥，便可听到命妇们的哭号。

一进寿椿殿，但见大殿之上正停放着董鄂妃的梓宫，殿下坐着几百名和尚，身披袈裟，手执法器，朗声诵经。福临则坐在大殿的廊下，百官跪于院中；而旁边的偏殿是命妇哭丧之所，震天的哭声将几百和尚的诵经之声压了下去，只能瞄见和尚们的嘴在蠕动，木鱼和其他法器在敲打，可听不到一点儿声音。

孝庄太后下了凤辇，径直向偏殿而去。哭得头大眼昏的命妇们见了太后，哭得更伤心了，不过这次倒是真的伤心，伤心的泪水可劲儿地流。

太后对跪满一地的命妇们挥了挥手，说道：“好了，大家都歇歇吧。”

哭声一下子低了下来，福临似乎吃了一惊，向偏殿望去，看见了慈宁宫的太监和宫女，他心里自然就明白了。

吴良辅小跑而来，低声奏道：“皇上，太后来了，在偏殿等着见皇上。”

福临极不情愿地站起身来，向偏殿走去。命妇们见皇上来了，又开始哭起来，不过那声音比原先小多了。

孝庄太后坐在殿上，一脸的风平浪静。顺治忙施礼道：“多谢母后亲临道场，儿臣给母后请安了。”

太后波澜不兴地轻言：“皇上，常言人死不能复生，董鄂妃是个好孩子，人人疼爱，可她命薄福小，无长寿之命。皇上对她情深意笃，额娘心里清楚，但让命妇们在此哭号不止，使她死后仍不得安宁，不合她的心愿和脾性，额娘深知董鄂闺女是个爱清静的孩子，还是让她清静一些为好。她生前从不奢靡铺张，从来都恭敬他人，而今日皇上让二品勋贵为她抬棺扶柩，也有违她的为人和心愿，以致让人非议她的品行，这能是皇上对她的心意吗？”

福临坐在一旁，对母亲的话未置一词。孝庄太后不想再多说什么，看了看身边的苏麻喇，神情严肃而又真切地吩咐：“苏麻喇，代哀家给董鄂妃上香。”

苏麻喇领命，随着一个引领太监去正殿，跪于梓宫前，上香跪拜。

礼毕，太后由苏麻喇扶着离去，福临送到殿门而别。

不多一会儿，吴良辅在廊下高喊：

“皇上有旨，三品以上文武官员明日起轮番哭临，各命妇分为上、下午轮班哭临，其他官员依旧每日来此做法事。”

孝庄太后这么大的权威，其出面也只是平息了一场空前绝后的痛哭大会。至于其他方面，福临毫不理会母后的态度，依然我行我素。

整整三七二十一天啊！百官每日都在寿椿殿守灵、参与法事，只有三品以上的大官儿才能分几班休息一下，而命妇们得孝庄太后之恩惠，也可哭临半日，休息半天。

三七日，即九月初十，在寿椿殿前为董鄂妃举行盛大的火葬仪式。端敬皇后的梓宫下面和四周堆满了薪柴，茆溪森秉炬，在众僧的诵经声里和命妇们的哭号声中，点燃了木柴，不大一会儿，棺椁便没入一片火海之中。茆溪森的偈语是："出门须仔细，不比在家时。火里翻身转，诸佛不能知。"

大火越烧越旺，诵经之声也越来越高，福临一眼不眨地看着火海中的爱妃，看她随着烟火升腾了起来，最后化作几缕青烟消散而去，一下子便跌坐在御座之上，似乎整个世界都不存在了，他自己也随着烟火飞扬而去……

大火烧了三日三夜方才熄灭，两座宫殿和摆放其中的珍贵陈设，连同大批的珠宝首饰，俱被大火吞噬。

三天后，福临传旨，请茆溪森和尚收灵骨，自己率百官亲临现场。

茆溪森带着大弟子白椎和尚在灰烬中仔细寻找，小心收拾董鄂氏的骨殖，福临不由得亲自来到他们身旁观看。

白椎和尚对师父道："皇后光明在何处？"

茆溪森答曰："无踪迹处不藏身。"

说完举起手中的白玉如意，高声唱出一偈：

> 左金乌，右玉兔，
> 皇后光明深且固。
> 铁眼铜睛不敢窥，
> 百万人天常守护。

能够确解的不是禅，这几句偈语是何意，无人能确解，但一定是祝福之言。

百官和命妇们好不容易等到火化结束，便急急慌慌如鸟兽般散去，各自回府喘息去了。顺治再下圣旨，将承乾宫三十名太监和宫女尽行赐死陪葬。这场过分过格的盛大葬礼至此达到了最高潮，此后仍断断续续、时起时伏地持续着，直到顺治去世，才不再折腾。

董鄂妃死后，福临躲在养心殿，常常守着她的一堆遗物发呆，旁边伴着贞妃。从贞妃的身上，福临仿佛看到了董鄂妃模糊的身影，使他沉湎于思念之中而不能自拔。

他早已无心过问朝政了。所有的政务，都是由大臣们请示太后而定。

金秋十月，秋风送爽、红叶遍野。西苑万善殿内香气氤氲，佛祖像下紫烟萦绕，案前坐着两人，一位是住持和尚，另一位是福临，下面有近百僧人打坐于地。

"皇上果真要出家吗？请皇上三思而后行。"那位住持和尚很真诚地说。他正是茆溪森。

福临苦笑着说："大师兄，朕意早决。爱妃临去之前，曾执朕手对朕说：人生一世，一口气不来，三尺躯何托？朕一直在苦苦地参她的这一偈语。时至今日总算参悟了，她是要朕出家，离开这人世间的争权夺利、尔虞我诈、征战杀伐等孽障，离开人世间的流泪喋血之痛苦啊！"

福临说到此处，双目中露出无限的神往，随即口中轻轻吟道：

> 恼恨当年一念差，
> 龙袍换掉红袈裟。
> 我本西方一衲子，
> 缘何生于帝王家。

茆溪森听后像是吃了一惊："皇上与佛门真乃有缘，仅这四句偈语，就非一般弟子所能参悟。"

福临如释重负，轻松地道："大师兄，请开始吧！"

茆溪森点了点头，站起身来，向下面的僧徒们示意。一时间，殿内法器齐鸣，众僧诵经声起。福临跏趺而坐，也双手合十诵经。茆溪森对着佛祖行了大礼，然后取下案上的剃刀，随着他手势的上下左右运动，一缕缕青丝从顺治头上轻轻地飘下。

消息传来，紫禁城内乱作一团。诸王大臣听说皇上已剃度入佛门，一时不知如何是好，就如一群无头的苍蝇，不辨东西南北。即使这样，他们也不敢多说，也不敢多动，只好窝在家里，听候朝中的音讯。

最坐不住、最为生气的还是慈宁宫里的孝庄太后。

当孝庄太后的凤辇停在西苑大门口时，茚溪森率全体僧众迎接。孝庄下辇后，对茚溪森的笑脸不理不睬，径直来到了禅房。

"大师，你那位师弟何在？哀家要见见他。"

从偏门走出一光头青年，轻声说："儿臣叩见母后。"

孝庄太后差点儿没背过气去，身子向后一仰，好半天才缓了过来。"难道这就是大清天子？这就是我含辛茹苦拉扯大的儿子！"天哪，我为什么如此命苦啊！佛祖啊佛祖，你为什么视而不见大清的几万万子民？你如何就忍心把他收归你的座下，而让天下苍生再遭涂炭，而让我大清再临危机？

"母后。"福临颤抖着声音叫道。

"你们都给我退下！"孝庄太后喝道。

当室内只剩下母子俩时，孝庄双眼直盯着福临："儿呀，你究竟为何要出家？"

"母后，儿臣实在厌倦了人世间的一切，什么功名呀，富贵呀，女色呀，亲情呀，都于我如浮云。"

"那祖宗的血汗和尊严呢？列祖列宗为你留下的千秋基业呢？大清国的子民呢？难道你都不要了吗？"

福临苦笑着道："母后，记得昔日玛法曾说过，保罗的信中说，你赚得了整个世界，却失去了你自己，这样的生活又有何意义呢？儿臣不孝，不但不能发扬光大，连继承先祖基业也做不到，实在惭愧。现在就请母后另立新帝吧，儿臣有四个儿子，先帝也有几位儿子在世，难道只有儿臣一人可继承祖业吗？"

孝庄太后愤然怒斥道："你怎会不知，立新帝何其艰难？况且，今日我大清虽在中原立稳了脚跟，可天下尚未太平，四方贼寇作乱，朝内党争不息，天下百废待兴。你正值青壮，本是大展宏图之时，却要背弃祖宗，为遁世而出家，你该好好想想，对得起谁？今诸位皇子皆尚在幼中，再立幼子为帝，谁敢担保你昔日的故事不再重现？难道你这么快就忘了我们母子那屈辱的日日夜夜了吗？若再出一个多尔衮，大清的基业岂不又要经历一场风雨飘摇？"

听见"多尔衮"的名字，顺治脸上似乎笼上了一层灰暗之色，片刻之后，脸上的阴云渐次散去，他只有喃喃而语："母后，儿臣不愿再想以前之事，贵贱荣辱，都是过眼烟云。"

孝庄太后气极恨极，以致声泪俱下，哽咽着道："儿啊，难道你连额娘也不要了吗？你那三宫嫔妃、满堂儿女，难道都要行将老迈的额娘替你抚养吗？祖宗的千秋大业、大清的千万子民都要额娘垂老之时替你经管吗？你又如何能忍下心来坐视我们老的老、小的小，为大清奔波操劳？你就真能心如止水吗？"

顺治"扑通"跪倒在太后面前，也声泪俱下："请母后不要再逼儿臣了。儿臣什么都清楚，但儿臣实在不愿再坐回那个御座上。刚刚登极的那些年，天天盼着坐御座，待到亲政了，真正有名有分有权力地坐上御座，才尝到了坐在上面的真滋味儿。局外人都以为坐在上面风光无限，但儿臣却如坐针毡，如坐火山口，如履薄冰，如临深渊，时时都有危险，刻刻都在悬心。这样的日子儿臣早已过够，母后就忍心把儿子往绝路上逼吗？"

母子俩在禅房里相对而泣。太后对此一筹莫展，因为她知道，劝告之言已经说尽，再怎么说也是徒劳。更何况如果自己再说下去，福临一定会发怒，母子之间又会争得形同水火。现在儿子已给了自己足够的面子，依他的脾性，该尽了多大的努力才克制住自己的呀！

慈宁宫里的灯光彻夜通明，年近半百的孝庄太后一夜未眠，终于想出了对策。

湖州城北，远远可见一塔高耸云端。塔高九重，八面临风，重檐复宇，鸟革翚飞，层层廊庑萦绕，宏伟壮观。来到近旁，塔在一座寺内，寺庙正门为两层穿堂，红墙灰瓦，雕梁画栋，檐下悬一横匾，上书"报恩寺"。

几匹快马从平门飞奔而来，直奔报恩寺，为首者乃身穿夹袍的宫廷太监，后面是四位身穿缇衣的大内侍卫。香客们远远见了这一拨儿人，便纷纷躲向两旁，闪出一条路来。

到了寺门口，几人翻身下马，门房僧人早已出门相迎："几位公爷，有何吩咐？"

为首的太监喝道："快请你们住持出来接旨！"

门房不敢怠慢，转身入寺。不多一会儿，一位瘦和尚走了出来，后面簇拥着几十位和尚。

来到寺门口，瘦和尚双膝跪伏在地，朗声道："报恩寺住持玉林琇接旨。"

"奉天承运，皇帝诏曰：朕久习佛经，奉佛谨敬。今骑马外出，偶因坐骑惊厥而有所省悟，特召报恩寺住持玉林琇大师入京'证道'。着即日来京，不得有误，钦此！"

玉林琇接旨后又惊又喜，皇上第二次召自己进京，看来已对佛门着迷，对我临济宗更加青睐，但此旨似有疑处，若仅"证道"，则京中尚有许多临济宗的高僧，为何千里迢迢到湖州召我呢？莫非其中既有皇上对我的信任，又有隐情不成？

"请问公公，老衲何时动身？"

"大师，皇上心里急着呢！请大师这就动身，车马已由衙门准备妥当。"

玉林琇心里更加感到奇怪了，上次皇上召我进京，拖了几个月才成行，而此次为何这样急？莫非京中有什么事了？

待玉林琇到京后，才知道确实是出了大事。端敬皇后新丧，福临哀痛深切，欲遁空门，而自己的弟子茆溪森已为皇上净发，孝庄太后怒斥不争气的儿子。这些事情的根根梢梢玉林琇知道得一清二楚，其来源当然是后宫的特别"关照"。

玉林琇之所以极力以佛教影响福临，其目的并非要福临出家去当和尚，而是为了提高他本人的威望，并借助皇权来扩大临济宗的势力。

因此，当他得知这些事情以后，勃然大怒，当即命人聚柴薪，要烧死茆溪森。福临在此情况下，不得已表示愿意蓄发，茆溪森才免一死。

之后，福临就见玉林琇于丈室，问道："朕思上古惟释迦如来舍王宫而成正觉，达摩亦舍国位而为禅祖，朕欲效之如何？"

玉林琇回答说："若以世法论，皇上宜永居正位，上以安圣母之心，下以乐万民之业；若以出世法论，皇上宜永作国王帝主，外以护持诸佛正法之轮，内住一切大权菩萨智所住处。"福临终于听从他的决断。

接着，福临命选僧一千五百人，于阜成门外慈寿寺，从玉林琇受菩萨戒，并加封他为"大觉普济能仁国师"。

七、慧眼识真

玄烨继位

孝庄太后脸上静如止水，心里却如同惊涛拍岸，波澜起伏。她心如明镜，在立嗣问题上，她和儿子的看法和态度有天壤之别。索尼的话重重地敲在了太后心上，立嗣？皇上会立谁呢？皇后没有子嗣，其他妃嫔之子有四个：福全、常宁、隆禧、玄烨。皇上会立谁呢？

正月初三，新年刚过，偌大的京城还沉浸在新年的喜悦之中，人们的年瘾似乎还没有过足，鞭炮的火药味和各家飘出的酒菜的香味弥漫在京城的上空。各种祝福还在大街小巷回荡，一派君臣民同乐的喜气景象。

宣武门外红墙灰瓦，高大雄伟的悯忠寺是京城最古老的寺庙之一，相传始建于唐贞观十九年（645 年）。当年唐太宗李世民率兵远征高丽途经幽州，为安抚阵亡将士，下令在幽州城东南建造寺院未能如愿，后来武则天追怀先帝遗愿建成这一寺院，赐名"悯忠寺"。寺内有一三层巨阁，耸立入云，禅庐连绵，是出家人剃度之良所。今天这里迎来了一位特殊的出家人，这就是当朝司礼太监，皇上的大红人吴良辅。

日上三竿，皇上的仪仗来到寺外，寺内顿时人声鼎沸，热闹非凡，寺内住持率全体僧侣盛装迎出寺门外，顺治身着龙袍，头戴龙冠进入寺内落座大雄宝殿前。

殿外早已新建了戒坛，坛上设有香案，案上有香炉，案前有蒲团，旁边早有两位小僧手捧红布相蒙的放着剃刀的托盘。在坛下众僧的齐诵经声和法器齐鸣的盛大仪式中，住持玉林琇健步登坛，坐于案前。大师刚刚坐好，吴良辅身着崭新的灰布袍，面带沮丧，眼含泪珠来到顺治面前，伏地跪拜，颤声口呼"万岁"，以头触地，然后缓缓起身，一脸无奈地来到佛祖像前，跪地叩拜后，走上戒坛，落座玉林琇身边。玉林琇起身拿起剃刀开始为吴良辅剃度。

随着玉林琇两手的不停抖动，吴良辅的头发一缕缕飘落下来。虽然顺治皇帝看见吴良辅的泪珠随头发落下后心里不是滋味，但是他的心情还是慢慢地平静了下来。吴良辅毕竟作为自己的替身代己向佛，一定程度上了却了自己的部分心愿。从另一方面看，吴良辅是自己的近侍，在宫中权势太大，已惹得诸多大臣不满，自己又不想像处置刘正宗那样处置这位跟随自己十多年的近侍，比起刘正宗，吴良辅也算幸运多了。

顺治皇帝终究还是一代明君，尽管在追求董鄂妃的过程中，显出了大有不要江山要美人的架势，但是在遁入空门无望的情况下，他并没有忘记自己代天牧民的君主身份，及时处置了两个相互勾结的宠臣，他绝不养痈遗患。

吴良辅剃度后，孝庄太后心情也舒畅了许多，这一天她正在侍弄她养的花草，大臣索尼急急忙忙地进宫奏事。

"太后，大事不好，皇上……皇上生病了。"索尼紧张地奏道。

孝庄太后有点诧异，皇上前些天还送吴良辅到悯忠寺剃发，好好的会有什么大不了的病，值得如此紧张，想到这些她平静地问："皇上得了什么病，索大人这般惊慌？"

"御医诊断可能是出痘。"索尼悲伤道。

"啊？！"太后一惊，手里的花枝掉到了地上，闭上了眼睛，身体倾倒。

索尼见状急呼："太后，太后多保重！"

宫女们迅速扶住了太后。

太后缓过神后忙高喊："快扶哀家到养心殿去啊！"

太后在两个宫女的搀扶下从慈宁宫来到养心殿，径自坐在椅子上，殿内太医、宫女都要给太后行礼，被太后止住。太后急切道："曹太医，皇上到底是什么病？"

曹太医小心地说："回太后，皇上可能是出痘。"

太后闻听此言，终于忍不住流出了眼泪。她清楚地知道，成人一旦出痘几乎无活的希望，小儿出痘也许十活一二。豫亲王出痘而死的例子让太后心有余悸，她心里迅速闪念宫里又要有大的纷争了。

太后缓缓起身，一个人向顺治的寝室艰难地走去。太后轻轻来至床前，看见顺治的脸上密密麻麻地布满红痘，双眼紧闭，喘着粗气。她再也不忍多看，在床前默默站了片刻悄然离去。

回到慈宁宫，太后跌坐在椅子上，浑身酸痛，心中默默流泪。

太后正在胡思乱想，索尼又来到慈宁宫，看见太后一脸愁容，十分坚定地说："太后，恕臣直言，大清又到多事之秋，今日又要仰仗太后了。皇上病体难测，太后一定要坚强起来。"

太后见索尼也是愁眉苦脸的样子，不由说道："索大人，朝廷的事还得靠你支撑，要密切注意朝中的一切动向，无论大小变故要及时禀报哀家知道。"

"回太后，刚才皇上传旨，单召大学士王熙入殿议事。"

孝庄太后虽然伤心，但她却是一个意志坚强的人，为了大清的基业，她可以舍弃一切。听了索尼的话，她马上重振精神轻声道："以索尼大人看，皇上单独召王熙所为何事？"

"立嗣！"索尼坚定地说，"在此生死存亡之紧要关头，皇上一定是考虑大清的未来，立嗣就成了我天朝头等大事。"

索尼的话重重地敲在了太后的心上。立嗣？皇上会立谁呢？皇后没有子嗣，其他妃嫔之子有四个：福全、常宁、隆禧、玄烨。皇上会立谁呢？为了揣测大臣心思，看他们心有何属，太后遂问索尼："以索大人看，皇上会立哪位皇子？"

老成持重的索尼听太后问自己的看法，心里一动，忙答道："微臣不敢猜度圣意。"

听此言太后说："索大人，哀家多年来很注意你的品行，不愧是皇上信任的重臣，在此国家危难之际，你要多多为皇上分忧，也要为哀家多操心。"

"为主分忧、精忠报国是为臣的职责，臣谨遵太后之命！"索尼朗声回答。

"那好，你先下去，哀家还要把近来的事情好好想想。"

"太后多保重！"说完索尼退了出去。

"太后，内廷大学士王大人求见。"苏麻喇禀告。

太后被这一声喊惊醒，忙问："哪个王大人？"

"王熙大人。"

太后马上振作起来，心里在想这个王熙来此何为，嘴里却马上说："快快有请！"

"不知王大人此时来见哀家所为何故？"孝庄太后静静地看着王熙问。

王熙略微迟疑了一下，马上道："太后，微臣不敢对太后隐瞒秘密，今日皇上召臣入宫向臣传谕立嗣之事。臣以为此事重大，特来向太后奏报。"

太后心里大喜，和颜悦色道："那么皇上欲立哪位皇子为太子？"

"启奏太后，皇上欲立从兄弟为新帝。"

此言一出，如同炸雷在太后头顶响起，她万万没有想到儿子会立他的兄弟们为帝，而抛弃了他的儿子和额娘。太后五内如焚，肝胆欲裂，这表明儿子至死也不原谅他的额娘啊。然而孝庄毕竟是个毅力坚强的人，毕竟经历过大风大浪，她语气缓慢但又坚定地说："王大人，你不愧为我大清的忠臣，哀家知道你的忠心，你且退下，这件事不要对任何人提起！"

"嗻。"王熙答应一声，小心地退了出去。

孝庄太后连夜下懿旨请诸亲王和汤若望入慈宁宫议事。

慈宁宫内，太后端坐上首，安亲王岳乐、承泽亲王硕塞、肃亲王济度、显襄亲王富寿等，几位亲王端坐两侧，汤若望坐在太后身旁。太后看了看诸亲王，严肃地说："哀家请诸位亲王来主要是议一下朝中天大的事。"

几位亲王正纳闷皇太后召他们来干什么，他们还以为是研究皇上医病的事，没想到太后接着说道："如今皇上病体沉重，立新君成了我大清的头等大事，我要听听你们大家的意见。"

大家听了更是一愣，可谁都不发言，因为他们都不清楚皇太后的意思。

孝庄见大家都不说话，只好试探性地说："自古帝位传子嗣长者，我大清先帝驾崩时，就有立兄弟为帝之争。如果当今皇上要立从兄弟为帝的话，诸王以为如何？"

此言一出，全场哗然，众人议论纷纷。但他们又心怀各异，如果立从兄弟，硕塞和富寿有份，他们与顺治是异母同父的兄弟，但安亲王岳乐和肃亲王济度不满。硕塞与岳乐对顺治是忠心的，顺治也器重他们，而济度和富寿对顺治不满。但是在皇太后意思还不十分明确的情况下，他们也得花点心思揣测。

沉默了一会儿，济度首先表示反对立"从兄弟"。他说道："立从兄弟不妥，应择立一嗣子为上。"

硕塞道："择一从兄弟，可免除辅政王欺幼主的事件再次发生。"

就这样争论了很久也没有定议。安亲王岳乐站起身，平静地说道："择嗣而立，千古定制，当今皇子有的已过十岁，完全可以立为新帝，臣以为应立子嗣为帝。"

安亲王如此一说，没有人再说什么，因为众人都看见太后正微笑点头呢，谁也不敢自找没趣。太后见没人反驳安亲王的话，就趁势说道："既然大家都附安亲王之议，那么我们就进宫见皇上吧！"

在大家正出门时，太后与汤若望耳语了几句，汤若望就独自回教堂去了。

其实，顺治决议立从兄弟是有他的考虑的，第一，立从兄弟为帝，可以逐渐将蒙古女人从后宫挤出去，摧毁她们在后宫中的尊贵地位，以便阻止蒙古势力在宫中形成霸势；第二，从兄弟都有独立执政能力，也可以阻止后党、重臣的专权，防止自己的悲剧重演；第三，新帝即使不把蒙古女人扫地出门，但他们与太后、皇后没有什么关系，他们执政后，自会培植一批新的宫廷力量，削弱蒙古后党势力。顺治万万没有想到王熙会去告密。顺治帝比较宠信汉臣，但现在皇上已是日薄西山，同时王熙是汉臣，他深受儒家思想影响，以为皇上应立长子为嗣，怎可另立他人呢。另外王熙也知道孝庄太后在宫中、朝中的势力和威严，更知道宫廷斗争的险恶，他怎么敢在这关乎国本的大事上私自隐讳呢。他虽然知道皇上的固执，但他还是考虑到孝庄的威势，所以他才向太后告密。

孝庄太后率众亲王来到养心殿时天已大亮，顺治刚喝完药，躺在榻上。寒暄之后，太后直奔主题："皇上，你病体沉重，是否考虑了立太子的事？"

顺治沉思片刻道："立太子是件大事，朕想听听大家的意见。"

孝庄道："皇上身体欠安，立嗣大事应该早定，以安臣子之心，定国本之议。所幸皇上尚有四子，应择其一立为太子。倘若皇上有所不测，诸亲王定会拥立你的儿子为君，誓死相辅。"

太后此言已毕，诸亲王立刻齐跪于地大声呼道："请皇上速做决断，立一皇子为太子。"

顺治明白这一切都在母亲的掌控之中，他沉默了很长时间才轻声道："那么就立玄烨为太子吧。"

太后听到这句话吃了一惊，竟然十分合自己的心意，她甚至有点不解。难道王熙说了假话？但是太后立刻镇静下来说："我让人推了玄烨的八字，是极贵的命运，他虽不是长子，但他已出过痘，终生不会再有生命危险，为帝业稳定计，确应立玄烨。"

诸亲王又是随声附和："皇上圣明！太后圣明！"

那日王熙去后，顺治又仔细想过一遍，不久前，自己曾派人问过汤若望，他也主张立玄烨。自己想立从兄弟不过是想避免多尔衮专权这样的事情，细想如果从兄弟们也互不服气，还不如立幼子使国家稳定。自己继位也算一个实证，真如此他也就心安了。于是说："你们跪安吧，立玄烨为太子。"

太后接着说："诸王听着，你们食君禄报君恩，要竭力为主分忧！"

诸王很懂事地齐声道："谢太后教诲，臣等告退！"

初六夜，养心殿里死气沉沉，静寂无声，只有宫灯里的蜡烛偶尔燃出"啪啪"声，顺治躺在榻上，浑身如火烧一般的难受，他静静地注视着一点点燃尽的红烛，心里生出一丝悲哀和凄凉，自己大概和这根蜡烛差不多吧，不久将燃尽最后一滴油，从此在这个世界上消失。他突然喊道："来人！"

"奴才在！"一个小太监忙跑过来跪在地上。

"传王熙大人立刻进见！"

"嗻。"小太监转身而去。

不多时，内廷大学士王熙跪在了榻前。

顺治在榻上吃力地说："朕患痘，势将不起，尔可详听朕言，速撰诏书，即就榻前书写。"他长出了一口气，王熙想起顺治对自己的多年宠信，泪流满面泣不成声。

"君臣遇合，缘尽则离，尔不必如此悲痛，此何时，尚可迁延此事，致误大事？"

王熙这才伏地磕头，拭泪吞声，握笔草诏。刚写完第一段，顺治一阵剧烈咳嗽，口吐鲜血，小太监忙用手帕擦拭。王熙马上道："臣恐圣体过劳，请皇上授圣衷，臣仔细写完后再交由皇上过目。"

顺治确实也支持不住，就缓缓地一句一歇地口述其意后，让王熙自己去写。

王熙连夜拟诏，反复修改，天亮时终于将写好的诏书交与顺治。王熙刚走出养心殿，迎面碰上了孝庄太后，二人打过招呼后，王熙离去，太后进殿。

太后来至龙榻前，顺治有气无力地说："母后，恕儿不能施礼相迎。"

太后坐在床沿上，用手轻轻拍了拍顺治的手算是安慰，自己也抑制不住自己的泪水。她本来还想与顺治议辅臣之事，可是看到儿子的情况严重，又不忍让儿子为此操心，只好把自己要说的话埋在心里，说道："母后天天为你祈祷，希望你能尽快康复龙体。"

"母后，儿自知将不久于人世，这些年来我们母子虽然在有些事情上多有分歧，但儿子深知母后也多是从大清祖业考虑，现在我大清又到关键时刻，不知母后有何考虑？"

太后听顺治这么一说，再也忍不住而失声痛哭。皇太极死后，母子俩的处境实在不如人意，甚至是有苦难诉，顺治亲政以后也确实有所建树，可惜天不假年，如今奄奄一息。大清朝宫廷斗争又要起纷争，孝庄太后毕竟不俗，她强忍悲痛说："额娘真的很欣慰，本来辅政大事由皇上独断就行，现在你问额娘，说明你还信得过额娘。新皇太小，辅政之事，事关国家安危，宜早做定议，以稳定朝局。额娘以为要防睿亲王故事重演，应废除摄政制，改为辅政制，由皇上挑选几位忠诚可靠的重臣委以重任，让他们佐理政务，一切政事经共同协商。凡欲奏事，共同启奏。使他们之间彼此牵制，难以独断专行。议之结果，必须经过太皇太后和皇帝的许可，才可以谕旨的名义发布天下，皇上以为如何？"太后见顺治点头，继续说："辅政大臣不能由宗室诸王担任，可选用上三旗异姓重臣，以免诸王倚仗辈分权势轻慢幼主。索尼、遏必隆、鳌拜等属两黄旗，且志虑忠纯，苏克萨哈虽隶属正白旗，但此人刚正不阿，不事奉承，多尔衮专权时不但不得重用，反而受到百般打压，后来首揭多尔衮之劣迹，立下头功，而他居功不傲，一直忠心耿耿，此乃贞良死节之人，大可信用。"

顺治听到这里笑了，他把圣旨递给母亲，太后看后悬着的一颗心终于落地了。儿子真不愧为明君，尽管在废后等事上母子如同水火，可在关于大清基业上，母子意见却惊人地一致。只是在四位辅政大臣的排序上苏克萨哈排在了遏必隆和鳌拜之前。

顺治说："按此四臣索尼资望德才俱佳，惜乎是老了点；苏克萨哈颇有才具，忠心耿直，敢于任事，却又资望太浅；遏必隆凡事不肯出头，柔过于刚，但绝不至于生事；鳌拜明决果断，兼文武之才，惜乎失于刚躁。四人若能同心同德辅佐幼主，朕也就可以放心去了。"

初七中午，索尼、苏克萨哈、遏必隆、鳌拜四位辅政大臣被召到养心殿。四人跪在榻前，顺治有气无力地说道："尔等都是朕任用多年，始终对朕忠心耿耿之人，今朕把幼主托付尔等，尔等应竭尽全力，辅佐新君。为人臣者，能得托孤之信为三生之幸，望尔等能效三国诸葛孔明，鞠躬尽瘁，而不法汉之霍光。"

子夜时分，顺治终于走完了他短暂、辉煌而又坎坷的一生。二十四个春夏秋冬伴着那说不尽的哀怨和苦痛，融入了浩瀚的天际中。

正月初九清晨，金水桥畔，松柏垂泪，河水呜咽，六部、寺、院、府百官齐跪于金水桥外，大学士王熙朗声读诵大行皇帝的罪己诏。百官正在思索着大行皇帝的"检讨书"，又听到王熙宣道："八旗及外藩蒙古和硕亲王以下，奉国将军以上，公主以下，固小格格以上，和硕福晋以下，奉国将军之妻以上，咸集养心殿前诣大行皇帝几筵，焚香跪哭奠酒。固山额真、昂邦、章京、承政等以下官员，齐集乾清宫前，其妻等命妇齐集大清门，各按旗序立举哀。第二日，梓宫安放景山寿皇殿，王公贝勒、文武百官，哭临三日，诸大臣各返衙门守制，二十七日严禁回府。"

顺治皇帝的大丧办得十分隆重，灵堂就设在养心殿。一床陀罗经被，黄缎面上用金线织满了梵字经文，一袭一袭铺盖在皇帝的梓宫——金匮之中，安息香插在灵柩前的一樽鎏金宣德炉内，细如游丝的青烟缭绕在大殿，宣告它的主人灵魂已升到三界之外。一道懿旨传下，文武百官都摘掉了披拂在大帽子上的红缨子，礼部堂官早拟了新皇帝御极的各项礼仪程序——先成服，再颁遗诏，然后举行登极大礼。

巳时二刻，六十多岁的索尼——首席顾命辅政大臣至慈宁宫请训，并迎皇太子爱新觉罗·玄烨到乾清宫成小殓礼。新太后佟佳氏为人寡言罕语，拙于辞令，有些应付不来，便瞧着孝庄太皇太后道："请母亲慈训。"孝庄太皇太后搭眼瞧时，看到老态龙钟的索尼泣血伏地请训，便想到自己一生的遭际：少小入宫，盛壮时丧夫，费了多少周折，经了多少惊险，周旋于多尔衮、济尔哈朗之间，甚至搭上了自己的贞操，好不容易才保住了儿子的皇位，才过得几天安生日子，便又遭此变故！心里一阵酸楚，眼泪早流了下来："你是先朝老臣，要节哀顺变。三阿哥聪明是尽人皆知的，你们好好保扶他，他长大自然不会亏负你们！你把这话转告顾命列位，也告诉他们，我的这个小孙孙我也是保定了的，你们素日知我的本性，惹翻了我也会够你们受的！就这些话，苏麻喇，你送皇太子去养心殿。"

苏麻喇从阁后拉着八岁的玄烨走来。他好像有点不太自然，给太皇太后和太后各请了个安说道："皇额娘，我要阿姆一同去。"

"阿姆"便是奶妈，孙氏听到皇太子叫她，赶紧出来，拉着玄烨的手说："好阿哥，听话，从今儿个起，您就是皇上了，不能再任性，阿姆不过是个包衣奴才，这种地方是去不得的。"

"苏麻喇告诉我，无论谁都得听皇上的，皇上的话就是圣旨，我现在下圣旨：'阿姆陪我去！'"玄烨执拗地说。苏麻喇在旁抿嘴发笑，拿眼望着新太后。

佟佳氏深感欣慰也有几分得意，瞧见孝庄也在点头微笑。跪在一旁的索尼也是一愣，惊异地望着这个即将君临天下的小主子。玄烨一手拉着孙氏，一手拽着苏麻喇就要出去，慌得索尼连忙起身，以老年人少有的敏捷抢出一步，高喊一声："皇太子启驾，乘舆侍候了！"

养心殿内，西暖阁中素幔白帏，香烟缭绕，十分庄重肃穆，中间的牌位上金字闪亮，上书"世祖体天隆运定统建极英睿钦文显武大德弘功至仁纯孝章皇帝之位"——这便是顺治了。按照索尼预先吩咐的，玄烨朝上行了三跪九叩首的大礼，早有内侍捧过一樽御酒，玄烨双手擎起朝天一捧，轻酹灵前，礼成起身。看着这个场面，索尼想起先帝在世时的知遇之恩，不由得老泪纵横，哭出声来，在场的太监、王公贝勒一见举哀，忙呼天抢地地齐声号啕——这就算"奉安"了。从此刻起，皇太子便算送别"大行皇帝"，在枢前即位了。

"请皇上入座，接受群臣拜贺，以定君臣名分。"索尼朗声道。

玄烨闻言便大大方方地坐上御榻。诸臣立刻跪地高呼："恭贺吾皇，祝吾皇万岁！万岁！万万岁！"

行过三跪九叩大礼后，玄烨十分镇定地道："众爱卿平身！"

朝贺后，太皇太后召见四位辅臣，庄严地说："常人之间能托孤，乃至友；君臣之间能托孤，乃至信。尔等万不可辜负先皇之至信，同心协力，共辅幼主。"

年近七十的索尼老泪纵横道："臣老迈昏聩仍得先皇信任，虽死难报君恩一二。"

苏克萨哈道："臣出身正白旗而受先皇器重，虽肝脑涂地也难报皇恩，臣为大清赴汤蹈火不惜此身。"

遏必隆见别人都表忠心，也忙说："臣愿尽心尽职，以报先帝知遇之恩。"

鳌拜一捶胸脯，大声道："臣今天的一切都是先帝所赐，为我大清愿上刀山下火海，如有违先帝，天打雷轰！"

太皇太后见四人都表了态，心中大喜道："尔等忠勇可嘉，哀家甚感欣慰，日后你们应竭尽忠心辅佐幼主以报答先皇。"

孝庄扫视了他们一遍，接着说："新皇尚小，着安亲王负责先皇丧事，承泽亲王负责内廷事宜，索尼等人筹备新皇登极大典。"

众臣一一领命而去，孝庄看了玄烨一眼，轻声说道："皇上，眼下急务应赐死贞妃，让她为先皇殉葬，悯忠寺的吴良辅也是无用之人，他代替先皇出家之务已尽，也应殉先皇而去。"

玄烨虽然还不懂得这些事情，但他心里知道太皇太后这些决断都是为他好，他十分敬佩太皇太后的果断，于是他说："一切听从皇祖母的安排。"

一切安排停当后，祖孙二人看到顺治的梓宫，心中泛起了无限的悲哀。玄烨虽小却知失去父亲的苦痛，而太皇太后多年来与儿子虽有不和，但顺治毕竟是自己的亲骨肉。

这天，梓宫从养心殿移出，哭声震天，梓宫前跪立着新皇玄烨、二阿哥福全，另外还有两位皇子，都是披麻戴孝，手执哭丧棒，诸亲王跪在皇子之后，百官人人身披白袍，满满地跪在殿前，梓宫前的纸钱盆内火焰熊熊。

就在众人围着梓宫跪地而泣时，众人看见乾清门的台基上，有一位半百的老妇，身着黑丧袍，面南手扶石基而泣，虽听不到她的哭声，但从那剧烈抖动的双肩上可见她痛哭极哀。

儿子的梓宫从养心殿渐渐远去，宫中哭声沸天而出，渐去渐远，乾清门外的哭声才响了起来，似乎这时，她才醒悟过来，死去的不只是大清皇帝，也是自己的儿子。

在乾清门旁呜咽的哭声回荡的时候，梓宫已来至景山。寿皇殿上，顺治的梓宫刚刚放好，一口小尸棺也停放在了梓宫的旁边，众人都感到惊讶，但谁也不敢多问一句。

小棺内放的是贞妃的尸身，她是董鄂妃的小妹，秉性温良，极像其姐。自董鄂妃死后，顺治一度推爱于贞妃。

应该说顺治是一个重情义的帝王，董鄂妃刚入宫，要封贤妃，其父被擢升内大臣，后又晋封三等伯。顺治十五年其弟十三岁袭爵，被封为一等侍卫，其妹也入宫被册封为贞妃。为了这点宠爱，贞妃竟付出了生命的代价。宫中无情，此言信也。

百日之期已过，茚溪森带领众僧诵完最后一遍佛经，百官轮流向大行皇帝叩首辞行，最后茚和尚手持火炬，点燃了一大堆薪柴，顿时，皇子、诸王、大臣叩首哭泣，各命妇、后宫嫔妃哭声震天，熊熊火焰，呼呼的风声夹杂着噼里啪啦的燃薪声，伴着哭声冲向云霄。

随后，宫外赶来一辆大车，车上装载着顺治生前用过的和喜爱的珍宝器物，来至火堆前，数十名太监大把抓着车上的东西投入火中，谓之"大丢纸"。旁边的僧人眼也不眨，仍念念有词，倒是有些达官显贵们暗暗惊叹，王家富丽，此真大观也。其实也未必是皇家摆阔，烧了这些一是为了把顺治生病期间所用污物除去，二是为了避免新皇帝与孝庄睹物思人，引发悲伤。

大火烧了数日，茚溪森和尚一直在高声朗诵着偈语。在只有顺治才能明白的朗朗佛家偈语中，巨大的梓宫熊熊燃烧，顺治也随缕缕青烟升到了西天乐土。顺治终于在他死后，真正满足了他对佛的向往，最终离开了让他痛苦烦恼的朝堂。

在维护大清和自己利益的斗争中孝庄取得了彻底胜利，这个胜利有一定的偶然性，她也为此付出了惨重的代价——失去了儿子的生命。乾清门上空久久不去的哭声似乎在诉说着她无限的隐痛。

初识辅臣奸心

四大辅臣商议已定，鳌拜当仁不让地发号施令："来人，带领大内侍卫包围钦天监，生擒汤若望一干洋人，押刑部议罪。"孝庄越想越气，抓起御案上辅臣的奏折，用力掷在地上，厉声呵斥："汤若望乃先帝信任之臣，必须释放所有洋人，一个也不准杀！"

又是一年春天。今年的春天特别的好，刚出三月，冰雪全都融化，无风无沙，阳光普照。到了四月，早已是绿树成荫，芳草鲜美了。

四月二十六日是新皇的登极大典，天还没亮，宫内外早已忙活起来，等到日出宫墙的时候，宫内外已准备停当，各种幡、伞、扇、麾、节，灿若云霞，仪仗兵、侍卫、护从大臣、数百铁骑，立满宫内外。

身着崭新朝服的老臣索尼驼背趋步来到慈宁宫。太皇太后正坐在殿上，旁边坐着康妃佟佳氏。这佟佳氏因儿子登极按制已册封为皇太后。只是这康妃已失去往日的容颜，原本是一个活泼开朗一心要做皇后的人，后来在后宫渐渐失宠，比处于冷宫的静妃好不到哪里，心中忧郁，气郁于心而生病在身。今天是儿子登极大典，母以子贵，她强撑病躯，接受朝贺。

"臣给太皇太后、皇太后请安，时辰不早，请皇上速速启驾，臣特来迎驾。"

孝庄看着地上的索尼一副老态龙钟的样子，很恭敬地伏在地上，转脸向内望了望，轻轻喊道："苏麻喇，还没有整理好吗？快送皇上去乾清宫。"

苏麻喇从内室拉出八岁的玄烨。他怯怯地望着地上的索尼，似有些畏难，跪地给孝庄和母后请安，然后拉着孙氏和苏麻喇出去了。

人生就是一幕戏，有时会出现相同或相似的场景、唱腔和曲调，坐在御辇上的玄烨，一手拉着孙氏的手，一手扶辇，很惊奇地注视着这花花绿绿浩浩荡荡的队伍。他不明白今天他是戏中的一个角色，一切完全按照上台前别人告诉他的那样去做。

坐在凤辇上的孝庄仿佛也在梦中，今天这个大典的过程，她闭上眼也知道是什么样的场面：天坛祭天，接受朝贺，大赦天下等等。这一幕她已亲历三次，儿子登极、亲政，现在又是孙子登极。今天和十八年前那一幕一模一样，只是御辇上的人是八岁而不是六岁，是孙子而不是儿子，自己也已是知天命的老妪而不再是风韵美妇。

入得宫中，皇上的御辇直入午门，到了武英殿，孝庄和皇太后及皇上入殿休息，百官在午门外下马落轿，步入午门，齐集太和殿。

刚休息一会儿，就听一个太监跪在门外高声道："百官到齐，请皇上、太皇太后、皇太后临殿，接受朝贺！"

玄烨虽然年纪小有些怯，但今天他在孙氏和苏麻喇的陪同下，又想起自己随班到朝时，见父亲临朝时那龙行虎步的威风，立刻放慢脚步，两只小手背在身后，迈起了八字步，小胸脯挺得老高，昂头正视前方，他的这一举止引得孝庄和佟佳氏相视而笑。跟在后面的太监、侍卫们非常惊奇，八岁孩童能有这等气势，正应了一句古话：有志不在年高，无志空活百岁。

玄烨刚坐稳，诸王、贝勒、贝子首先恭贺，接着四位辅政大臣朝贺。

按先帝排位。索尼是首位辅政大臣，苏克萨哈居二，遏必隆第三，鳌拜在末尾。四人上前伏地，索尼见鳌拜超另两位辅政大臣之前，几乎与自己并肩一起，于是狠狠瞪了他一眼，鳌拜自知理亏，在地上向后退了退。但鳌拜仅后退了半身，与苏克萨哈并肩。

"臣等恭贺皇上，祝吾皇万岁！万岁！万万岁！"

玄烨走下龙位，先扶起索尼："索大人平身！"

索尼感动得老泪纵横，忙又磕了个头才站立一旁。

"你是苏克萨哈？"

苏克萨哈忙以头触地道："正是微臣。"

还没等皇上问话，鳌拜抢先说话："臣鳌拜叩见皇上。"

玄烨差点把鳌拜当成了遏必隆，迟疑了一下，指着遏必隆问："那么你就是遏必隆了？"

"微臣遏必隆恭喜皇上。"遏必隆忙磕了三个头。

玄烨回到御座坐下，又看了四人一眼，童声童气但很有底气地说："先皇大行之前谕朕尔等是满洲英豪，是忠义之臣，让朕听你们的话。"

四人闻听，不胜感激，先皇的遗命是对自己多大的信任！索尼不由哽咽，跪地道："先帝待臣若此，臣定不负先皇之明，臣愿立誓言：'我等奉先帝遗诏辅助幼主，当尽忠智，辅弼国务，不徇私情，不计仇怨，不结党羽，不受贿赂，绝不见利忘义，沽名钓誉，以求富贵，唯以诚报先帝大恩，若有阴谋，天诛地灭。'"他看了看其他三个，"尔等愿否？"

苏克萨哈朗声道："臣愿立此誓。"

遏必隆与鳌拜异口同声道："吾愿意。"

孝庄微笑道："若如此，也不枉先帝对尔等的信任。"

下面又是百官朝贺，上贺表。内侍大臣宣读诏书，大赦天下，改元明年为康熙元年，玄烨即为康熙皇帝。

初夏时节，一天，侍卫们很早起床，在天安门前发现一个三十多岁的男子跪地举书。侍卫问他是干什么的，他说他叫周南，桐城人，特来赴阙上书。

一个高个子卫兵有些不耐烦，过去抓住他的肩，口中连说："快去，活得不耐烦了吧？一个布衣，上书上到你们知县衙门，跑到京城来上哪门子书？吃饱了撑的！"

不料那周南还挺倔，一梗脖子，争辩道："你懂什么？天下兴亡，匹夫有责。

杜甫也说过，位卑未敢忘忧国。在下不远千里，特来上书，怎么说是吃饱了撑的？你才吃饱了撑的呢！"

闻听此言，几个卫兵上前架起周南，准备把他扔得远远的，那周南两脚乱蹬，口中叫道："你们要干什么？你们为何不让我上书？"

正在这时，天安门内走出了一位三十多岁，身着蟒袍，正准备骑马而去的大臣，他看到这一场景，大喝一声："住手！"

两个卫兵一看是当朝首辅大臣索尼之子索额图，忙松开周南见礼。

索额图问明情况后大吃一惊，一介布衣竟敢如此，不是沽名钓誉之辈，便是爱国之士，索额图问周南上书目的何在。

周南说："请求太皇太后垂帘听政，太皇太后德高望重，应垂帘听政，决议大计，方可保朝政无失，天下太平，此乃万民之福，国之幸事。人人翘首以待。在下愿尽薄力，为朝廷上一言，为何不可呢？"

索额图听了这话，方知此人乃爱国之人，于是笑道："尔不必生气，本大人只是顺便问问，既然尔有如此爱国之心，本官愿请先生到敝府一叙。至于这封奏书嘛，自然也可以直达上听。"

周南闻言大喜，忙伏地道："多谢大人！"

索尼接到周南的上书，马上召集四位辅政大臣商议。鳌拜看过奏书，顿时大怒，吼道："这个周南，区区一秀才，竟敢妄谈国事，定为沽名钓誉之徒。新皇虽小，但有我们四位辅政大臣，又有何忧？"

他说罢，见无人回应，不由得看看三个，索尼正用目光瞪他。

"三位，吾等虽为辅政大臣，不过是辅佐政权。这王权仍由八岁新皇执掌，若太皇太后愿出来垂帘，吾等肩上之重担会轻许多。此事最好奏请太皇太后定夺为上。"

慈宁宫内太皇太后展书一看，只见周南写道："天赐大清，鼎定中原，今世祖创业未终而中道崩殂，天下并未承平，四夷之敌犹在。新皇正值冲龄，未能理政。昔日宋哲宗以二十四岁即位，承兄之业，太后仍垂帘半年，扶马送一程。今圣上年仅八岁，太皇太后又德高望重，正可沿袭古制，亲临朝堂，亲理国政，决议大计，建一代不朽之帝业，造万民之福，此乃天下所盼，众望所归，请太皇太后三思而圣裁！"

孝庄看了此书，微微笑道："几位爱卿是何态度？"

索尼道："臣等恳请太皇太后垂帘。"

孝庄把那书向案上一扔，面有不悦之色："哀家乃一妇道人家，岂能临朝听政？虽唐有武后，宋有高氏，但我大清祖制：后宫不得干政。此时让哀家垂帘，不是陷哀家于违背祖制之地吗？皇上虽年幼，但先帝挑选尔等四位忠志之臣，佐理朝政。尔等不思先帝之殊恩，而想让哀家垂帘，尔等如此之心如何对得起先帝在天之灵？"

索尼正在迟疑如何对答，不料鳌拜抢先说道："太皇太后所言极是，吾等受先帝之托，就应竭尽全力辅助幼主，怎可劳太皇太后之金躯临朝听政？此等荒谬之论应予斥责。"他本来就反对太后垂帘，但索尼和苏克萨哈坚持奏请太皇太后垂帘他也没办法，现在见太皇太后不愿垂帘，心中大喜。心想：如果太皇太后垂帘听政，还要我们这些顾命大臣干什么。

鳌拜正在动心思。孝庄道："你们不要再有其他的心思，应一心辅政。近日可有急奏？"

索尼忙奏道："近日四方时无急事，只是西南云贵有奏，言孙延龄与平西王吴三桂时有矛盾，军队不稳。"

孝庄点了点头，沉思片刻："哀家知道了，你们去吧。"

一日，鳌拜正在伏案办公，大学士班布尔善走了进来，这班布尔善是皇族，与康熙未出四服，但因祖上军功不显，家道日衰，虽为皇族，眼下只得一大学士衔。

"鳌大人，徽州新安卫官生杨光先近日进京，向礼部进献《摘谬论》和《辟邪论》，并上一书，力陈新法之谬，请示恢复旧历大统历法。"班布尔善正捧着礼部转呈的奏折，微笑着看着鳌拜。

鳌拜接过奏书，展开一看，只见上书道："基督教乃西洋教，由前朝旧臣汤若望带入京师，我大清入关之初，仅凭一次巧算得信于睿王，又因汤氏施展小技，迷惑后宫及先帝，遂得宠信，以致洋教大兴。所编历法，错谬百出，仍得颁行，一时宪历而敢书'依西洋新法'五字暗窃正朔之权以尊西洋，明示天下以大清奉西洋正朔，毁灭我国圣教，唯有天主教独尊，诬我祖伏羲亦为亚当子孙，系来自犹太国者，此乃大不敬也。臣请尽废新历，以正国统。"

这书虽反对新历，但矛头不仅对着新历，也对着制定新历的人。鳌拜对那个洋老头早有不满，他凭什么能官居一品？皇上临朝，百官侍立，他却坐在皇上旁边。

鳌拜翻看着杨光先进献的《摘谬论》和《辟邪论》专门挑新宪历的错误之处和疏漏之处进行批驳。鳌拜像得到宝贝似的，立刻去找另三位辅政商量。

索尼道："新历法系睿王派人所定，多为汉人考虑，而少顾满族，且宠信洋人，以致洋教盛行，确实有损我大清国体。"

鳌拜愤愤道："汤若望仅凭一些雕虫小技，迷惑圣听，又以新历窃取高位，依本官之见，应尽废新历，驱逐洋人，宁使中国无好历法，不可使中国有洋人。"

遏必隆原本滑头，此时附和索尼、鳌拜的态度道："这新历法理应废除，我朝律法多沿前明，这历法也应沿袭前朝。"

苏克萨哈道："修订历法，关乎国家大事，理应慎重处理。"

"慎重？如何慎重？依本官之见，应立刻囚禁汤若望等人，尽废新历以免后患，做事不可手软有妇人之仁。"鳌拜就是看不惯苏克萨哈那认真劲，凡事都要弄出个是非曲直来。

众人都看索尼，因为他是第一辅臣。索尼也觉得应该废除新历，便点了点头。

鳌拜像得了圣旨一样，传兵部尚书噶褚哈和吏部侍郎泰壁图命令道："你们兵部马上拟诏令京师一带所有教堂一律关闭，派兵封锁各教堂，洋教士统统关押起来，遣送回国。"

紧接着传命他的两个侄儿——大内侍卫赛本得、纳莫道："你们马上带宫中侍卫包围钦天监，把汤若望、南怀仁、利类思、安文思四名洋人擒获，再把李祖白等人押送刑部。"

他们依命而行。一队侍卫如狼似虎，直扑钦天监，衙内众人还没明白是怎么回事，就被捆绑上了。

"这是干什么？"有洋人质问，也有中国人质问，他们实在不明白自己犯了什么罪，得到的答复是：辅政大臣决议，废新历驱洋人。

宣武门外教堂里，汤若望正在闭目祈祷，几名侍卫不由分说，上前架起老人就往外走。

"上帝啊，你们要干什么？"汤若望不解。

赛本得冷笑道："干什么？朝廷有令，所有洋人一律囚禁，走吧，汤大人。"

汤若望十分不解，他不明白为什么会出现这样的局面，但也旋即明白，自己在中国的使命已经结束。

当天夜里，繁星闪烁的天空出现了一片亮光，越来越亮，从东南划破夜空，坠向西北，那是一颗彗星。

第二天，京中议论纷纷："彗星出现可不是吉兆，又要出冤案了。上次出彗星先帝就驾崩了。"忽然大风刮了三天，整个北京城变成了混沌世界，大白天十步之外看不见人影。城中百姓一片惊慌，纷纷烧香叩头，请求神灵保佑。

刑部侍郎迈音达来到东暖阁，四位辅臣都在，他们正在商量如何处置此事，迈音达见他们忙道："各位大人，新历法一案如何结案，请大人们定夺。"

"你们刑部执掌刑律，为何要问别人如何结案，难道让我们去审案？"鳌拜十分不悦，厉声喝道。

迈音达道："鳌大人，杨光先上奏，并未说出钦天监众人所犯何罪，本官无凭无据，如何定罪？"

四辅臣这才意识到自己有些唐突。索尼略略沉吟了一会儿说："近几日天象异常，京中议论纷纷，人心惶惶，此案应早结为宜。据历法推算，五日内可能有日食，可让汤若望、杨光先和回历学者各自推算，谁的正确，谁的不实，到时可不言自明，若汤若望推算有误，可定他欺君之罪。"

"对，事实胜于雄辩，一旦他算不对，就可定他的罪。"遏必隆附和道。

迈音达怯怯地说："汤若望已经吓瘫痪了，不能说话了。"

"那可让南怀仁代替嘛，反正他们都是西洋人。"鳌拜有些不耐烦。

迈音达来到牢门口道："朝廷有令，命神父推算下次日食时间，违者斩首。"

南怀仁很吃惊，仿佛看到了生的希望，睁大了眼睛问："推算日食干什么？如果算对了，是否放我们出去？"

迈音达不置可否转身而去。

半日后，推算结果交到了刑部，杨光先推算五日后二点十五分将出现日偏食，回历推算是二点三十分出现日偏食，南怀仁的结果是三点整将出现日全食。

五日后，整个朝堂上下一片寂静。各部尚书、侍郎、八旗王公贝勒和四位辅政大臣齐聚太和殿外，以验证谁的结果正确。

午后二点太阳依然灿烂，二点一刻还是晴空万里，二点二刻还是天空晴朗。杨光先和回人推算的结果都不对。那么西洋人推算的对吗？少顷，天空开始变得模糊，太阳四周出现了阴影，宫中一阵骚动，所有人都注视着太阳的变化。三点整，大地一片朦胧，再看太阳已全没有了，只有一个黑黑的铁饼贴在天空。四周是耀眼的光。这时众官员面面相觑。

众官员讨论了半日，最终还是稀里糊涂地议定：将汤若望、南怀仁凌迟，李祖白、利类思、安文思斩首，其余众人流徙。杨光先继任钦天监监王，废新历，复旧历。

第二天，索尼一干人手捧奏章来乾清宫上奏，近侍张二毛高喊一声："皇上有旨，宣辅政大臣上殿——"言未毕，忽觉天旋地转，索尼几乎栽倒。

"快，地震了，快保护皇上！"苏麻喇一声高喊，外面马上窜来两名侍卫护着康熙出了大殿。

连震三日，宫中纷纷在宫院内搭了帐篷。许多年久失修的民房震塌了。数万居民纷纷搬出居室。伴着人们的惊慌，流言四起："听说朝中要废新历，杀洋人，上苍发怒了。""听说钦天监那洋老头是先帝的玛法，现有人要杀他，先帝显了灵，警告他们一下。""新历推行已有数年，为何要废？西洋人推算日食完全正确，还要杀，真是天理难容！"

种种议论在京城流传，最终传到了慈宁宫。

"太皇太后，这次地震均因狱讼不公所致，汤大人何罪要处凌迟？！"苏麻喇在为汤若望鸣不平。

孝庄一脸冰霜问齐跪在地的四辅臣："四位大人，此次京师地震，你们在外面都听到了什么？说与哀家听听。"

四辅臣哪里还敢吭声，他们自知理屈。

孝庄越想越气，抓起御案上辅臣的奏折，用力掷在地上，厉声呵斥："汤若望乃先帝信任之臣，必须立刻释放，所有洋人一个也不准杀。"

索尼跪在地上，直了直身子道："请太皇太后息怒。汤若望及其他洋人可免处罚，但新历必废，新历法乃昔日睿王为照顾汉人而定，今中原已定，应尊崇满洲，才能凝聚八旗子弟，固国基长治久安。"

"臣附议索大人，废新历系议政会议定议，若完全推翻恐遭众臣不满，再说西洋人在中国传播洋教，毁我圣教，蛊惑人心，阻大清对汉民的归化，李祖白等人崇洋媚外，鼓吹西学，背家忘祖，罪当该诛。"鳌拜向前挪了一步道。

太皇太后明知四位辅臣错了，但不能完全驳了辅政大臣的面子，只好挥手道："你们跪安吧！"

不久后，钦天监里的李祖白等五位中国人被处斩，新历法被废除，杨光先出任了钦天监监王。汤若望出狱后，南怀仁等把他抬到宣武门外教堂里，由几位神父轮流照料，靠孝庄多次恩赐的几千两银子又活了两年，终老于教堂内，总算得以善终。

鞠养教诲幼孙

没等康熙说完，鳌拜愤然卷起衣袖，高举拳头，厉声咆哮："欺君之罪，本应凌迟处死，今斩首于市，已是从轻发落，皇上如此优柔，何以以儆效尤？不斩三人，老臣誓死不容！"康熙沉默良久，长出一口气，叹了声："唉……念三人乃大清重臣，留个全尸吧！"可惜三位忠臣就这样冤死在了鳌拜手中。

东直门大街有一处府第格外醒目，高大的门楼，高高的红墙里面也是重殿叠宇，十分宽敞。院子的后花厅里此时坐满了人，鳌拜坐在首位，旁边是他的弟弟穆里玛，还有班布尔善、噶褚哈、泰壁图、阿思哈、迈音达、济世等人，他们有说有笑不亦乐乎。

"鳌大人，此次废新历虽没有杀掉汤若望那洋鬼子，但总算把新历废了，也算替满人争了口气。多尔衮为了推行'以汉治汉'，尊崇汉臣，推行新历，真让满人憋气，先帝爷治他那么狠，新历却始终没废，现在多亏了鳌公之力。"

鳌拜得到赞扬，黑脸上泛起了红光，洋洋自得，但口里却谦虚道："此次废新历是大家的功劳，哪里是我一人之力呢？今后只要大家齐心协力，好日子还在后头呢！"

"在下有一事不明，太皇太后和先帝在挑选辅臣时，为何把鳌公排在第四位？论忠心，论军功，鳌大人比苏克萨哈、遏必隆都有过之而无不及，难道仅靠论资排辈吗？那索尼老迈昏聩，苏克萨哈凭着反咬主子得宠，更可气的是遏必隆，完全是个哈哈翁，遇事就缩头，也排在鳌公之前，真让人生气。论能力鳌公应排在第一位。"

"此言不假，鳌大人对大清可谓赤胆忠心，太宗驾崩，若不是鳌大人持剑起誓，多尔衮早登极了。世祖登极后，多尔衮始终打压排挤，以致大人立下赫赫战功，却因功受罚，几乎论死。这一切先帝和太皇太后难道忘了吗？"

众人纷纷为鳌拜抱屈。鳌拜笑笑道："算了，现在总算苦尽甘来，熬到头了。"

"大哥，不提多尔衮，兄弟倒忘了，昔日入关时，我们镶黄旗的地都是良田沃土，可多尔衮却因两白旗南征有功，把原划给咱们的地换给了正白旗，使我们只得到一些贫田薄地。可正白旗都是旱涝保收的良田，这地还得换回来。"穆里玛愤愤地说。

在座的大部分是两黄旗人，他们齐喊："对，我们应该把地换过来。现在咱们两黄旗的人也有权了，应该换回本属咱们的地。"

"按理说换地是应该的，只是时日已久，两旗军民也种了十几年，再换回来怕有纷争。再说正白旗的人能同意吗？苏克萨哈、户部尚书苏纳海也是正白旗人，他们会乐意换地吗？"

鳌拜对这事早有不满，只是当时位卑言微，有口无处说，后来又在多尔衮手下过活，屡受排挤，现在终于可以吐气扬眉了，自然想挽回这个面子，为两黄旗人争脸。于是他说："如果大家认为可以换，我们就换。"

班布尔善煽风点火："现在不是我们想不想换，而是我们能不能换回来的问题。"

穆里玛轻蔑地一笑："能换不回来？四辅臣中有三个是两黄旗的人，苏克萨哈再不乐意也是三比一，只要辅臣定议，那黄发孩童和半百老妪又能奈何？"

"放肆！"鳌拜一拍案几，大声呵斥，"你有几个脑袋，竟敢蔑视圣上？此言要是传扬出去是要灭九族的。今后再要胡言乱语，我定要大义灭亲，缚你到刑部大堂。"

穆里玛被其兄呵斥一通，自觉失言，只好红脸坐在一旁再不敢出声。

班布尔善神秘地笑道："四位辅臣，索尼年已七旬，还能活几日？遏必隆是个墙头草，顺风倒的货色，只有那个倔驴苏克萨哈，他是正白旗人，经过上次先帝的大清洗，正白旗中能立在朝中主持大计的只有他了，他虽然也拉了几个人，但终究立足未稳，根基尚浅，一旦把他剔除，鳌大人，这辅臣中，只能由大人说了算。辅臣的话，在朝中比亲王的话有分量，百官谁敢不听呢？到那时，大人还不是要雨有雨，唤风有风？"

鳌拜轻轻点点头，右手握拳轻轻捶在几上，似是下了决心，而后大声道：

"快上酒菜，本老爷陪各位大人痛饮几杯！"

孝庄太皇太后坐在殿上，康熙坐在旁边，索尼坐在孝庄对面，索额图站在父亲身后。苏麻喇站在康熙的旁边，她领受孝庄的特命，尽心竭力地教导辅助小皇帝。他们好像在商量着什么。

索尼说："太皇太后，皇上已满十三，满汉文业已通晓。不必再请教师授课，且皇上年岁渐长，政事也可处理一些，可选一博学鸿儒，伴在君侧，赐之'侍读'，时时可为皇上传道、授业、解惑。"

康熙一旁道："索大人，千万别选那些迂腐的学究，朕学汉文不是应试科举，而是治国安邦，八股文不必学，只学治术，所以应选一开明儒士。"

太皇太后微笑着点点头，她为孙子的远见卓识而高兴，说道："此言甚是，现在天下太平，马上可得天下，但马上不可治天下。"

索尼道："若说开明之儒者，应是那视功名如粪土者，他们无功名之累，治学可脱八股之臼，此种人多为江南才子，他们恃才傲物，浪迹天涯，不居于官场，怎可求而为师？臣倒有一个人选，不知圣意如何？"

"索大人所言何人？"孝庄问。

"熊赐履。"

太皇太后点了点头，说道："这个名字，我听说过。好像是很有名的学子，在顺治年间参加了科举考试，取得了功名。"

索尼见孝庄高兴，便道："此人乃湖广有名的才子，出身法书世家，家学源远流长。早年家境较好，自恃才高，鄙视功名，游学于江南各地，颇有士名，后受我朝感化，进京求取功名，现在翰林院任御史。"

康熙听了熊赐履的履历，很感兴趣地说："朕有这样的老师，定能学到好的学问，索额图，以后碰到一些什么'才子'呀，'名流'呀，替朕交几位，让朕看看那些才子都什么样。"

"臣遵旨。"索额图忙领命。太皇太后和索尼微微笑了起来。

东便门一带原是前明的一个大码头，大街上熙熙攘攘，人来人往。在城门内不远有块空地，围了十几个人，中间有一个二十多岁的汉子正在卖艺，打了几套拳，表演了江湖人特有的软硬功夫，最后拿出一张宝弓，搭箭在弦，双肩用力，弓即张开满满的，只听"嗖"的一声响，一支利箭飞出，稳稳扎在挂在城墙上的靶心。

"好！"围观的人齐声喝彩。汉子受到鼓舞，动作更是敏捷，又连发两箭，均中靶心，围观的人又是一阵喝彩。

汉子放下弓，端起一个破瓷碗，向观众乞讨，有人就从身上掏出小钱、碎银扔进破碗。

正在这时，"啪"的一声，碗被打落在地。

"谁让你在此处卖艺？"

汉子没敢说什么，抬头一看，见是凶神恶煞般的大汉，也不敢冒犯，说道："请高抬贵手，在下刚到京师，投亲无着，实在没有出路，只好在街头挣几个钱填饱肚子。"

"刚才见你在练摔跤，知道你也是蒙古人，爷很长时间没有和人摔跤了，今天你若赢了爷立马走人，若输了，跪在爷脚下磕三个头，爷就做件善事，怎么样？"

"这位爷，小民不过野夫乡民，哪有本领敢和爷过招呢？"汉子强忍怒火。

那恶神不理会，上前抓住了汉子的双肩，那汉子似早有准备，也双手抓住了他的肩，来不及掀长袍便扭在了一起。进进退退了几个回合，左搬右扭都不能把对方摔倒。恶神十分愤怒，把汉子向后推去，那汉子顺手牵羊，突然向下蹲，将恶神扛在肩上猛力一甩，把恶神重重摔在地上。汉子忙伸手去拉恶神，恶神却恼羞成怒飞起一脚向汉子面门踢来，汉子倒退了几步，两人竟这样打了起来。那人的几个侍从便马上蹿上来把汉子团团围住。

"住手！"只见一位江湖侠士道，"朗朗乾坤，天子脚下，竟有如此无信之人！"

"大胆，我家主子爷乃当朝辅臣鳌拜中堂子侄纳莫。你有几个胆子，敢管我们的闲事？"

本想报出家门来吓退对方，没想到那大侠竟笑道："如此说来，这闲事在下管定了，以免让人说当今圣上纵奴行凶，毁了圣上的圣名。"

纳莫闻言，早已气急败坏，喊道："拿下这狂徒。"

四人放下那汉子围上了这位大侠。大侠摔倒两人，纳莫抽出大刀正要拼命。

"住手！"又是一声厉喝。

纳莫看见来人，跪地道："拜见费大人。"

"你们是来与人打架的吗？误了事，小心你们的脑袋！"

"嗻。"四人齐声应道。

这来人是康熙的侍卫费扬古。那汉子与江湖大侠不知就里。可四恶神不敢不敬，他们趁费扬古转身向那两人说话之际，溜之大吉了。

费扬古问了两人姓名，才知那汉子叫明珠，那大侠叫李贯。费扬古这时出现其实是康熙所派，一为了给二人解围，二为了结交二人。因为这边发生的一切已被微服出行的康熙看得一清二楚。

费扬古说："你们二位身怀绝技，我家主人想见你们，前面有一酒楼，不妨登楼一饮如何？"

明珠有些羞涩，喃喃道："在下乡野村夫，岂能登大雅之堂？"

费扬古笑笑道："在下早已观看多时了，二位的功夫很了得，就不必客气了吧！"

李贯倒很豪爽，拱手笑道："恭敬不如从命，多谢大人。"

二人随费扬古来到轿前。轿帘轻轻拉开一条缝，露出一张十几岁少年的脸，红润饱满，双目炯炯。对二人点点头，算是打招呼，马上又放下帘子，小轿起行。

李贯和明珠都暗暗吃惊，京中乃藏龙卧虎之地，这位少年虽年轻，但气宇冲天，盛气凌云，且他的随从就让那四个恶霸服服帖帖，他一定是哪府的贝勒、贝子爷。

行不出二里，来到一酒楼，匾曰：徽州会馆。早有一人站在门口迎接，那人小声道："主子爷请慢行，小心脚下。"

来至正房，早有一位三十多岁的书生立在门口，双手抱拳迎道："在下周南恭迎龙公子。"

龙公子微微一笑，抱抱拳算作还礼。

原来周南被索额图带回府上，才知他虽为秀才，但学识渊博，很有功底，便想留他在府内，无奈周南颇有书生的清高，不愿在索府白食，索额图没办法，只好把他安置在徽州会馆，每年给会馆送些银两供奉周南，由会馆出面挽留周南在京中游学，免费食宿。索额图也时常带一些名儒来与他交游，所以这周南便乐不思蜀了。

今日，听索额图说有位大府的龙公子学养很深，想来拜访，也很高兴，不想这公子太年轻了，仅仅十二三岁，周南有些不悦。

坐在主位上的康熙看了看周南，见其人相貌不扬，索额图老夸他有才学，今日倒要试试他的真本事。

"周先生，索大人常说先生乃饱学之士，为何不入闱科考，求取功名呢？"康熙微笑道。

周南闻声，轻轻笑道："功名功名，有功而名，若无功而得名，则名不副实，自古以来，武将攻城略地，因功而名；文人学士则全靠朝廷选拔。昔日选士由乡选改为九品官人之法，又由九品官人法改为科举选士。先古之士，可微公卿，游列国，说诸侯，择主而从。曹刿以布衣之躯与鲁庄公同驾，长勺之战，弱鲁而胜强齐。烛武凭三寸不烂之舌，而退秦国数万之师，更有甚者，苏秦凭腹中之墨可舌战六国君臣，兴六国之师西向叩秦。此士子者皆能以功而得名。隋唐以来，科举盛行，风气大变，尚空谈，轻实务，文风浮泛，士品日下，既无安民之志，又无治国之才，图虚名，求俸禄者日众，保人主，富民生者寡。十年寒窗，专制八股之艺，'四书''五经'，唯代圣人立言，发乎情，止乎礼，言不由衷，朝廷以此取士，欲求国富民强，安能得焉？"

坐在下首的明珠脱口道："周先生，求俸禄者又有何错？民以食为天，人不吃饭岂能活下来？有俸禄又可改善生活，先生久居京城，不在享生活之乐吗？求俸之心又有何可责之处？"

周南看了明珠一眼，知道他是一心求取功名之人，便道："这位兄台所言极是，自古以来折磨读书人最多、最痛的就是'仕'与'隐'。这是读书人必走的两条路，有的仕，有的隐，有的因仕而隐，有的因隐而仕。所以古有孔孟儒学，又有老庄玄学。姜太公垂钓渭水，封神拜相。谢灵运弃高宅深院而遁迹山林，在下不才，愿学隐士。古人云：小隐于野，大隐于市。李太白隐迹终南，屡屡回望长安；陶渊明结庐仙境，采菊识酒，心远地偏；还有唐王维，竟能隐于朝，千古至隐也。"

康熙笑道："王维不是隐士，他不过是空领俸禄，而学禅事佛，国之罪人。大隐于朝者，应是苏轼之流，宠辱皆忘，一心为民。"

"好！高！无怪乎索大人说龙公子才高学深，今日一见，果然不俗，公子所言极是。"周南赞道。众人纷纷点头应和。

费扬古见大家谈笑风生，不由插话道："周先生所言士人多隐，若辞官隐退，置君主何处？岂不违了君命吗？"

周南侃侃而道："天子之命系于民命，两者相较，民贵君轻。唐之魏征曰：'民，水也；君，舟也，水能载舟，亦能覆舟。'孟子云：'得民心者江山稳，失民心者江山易色。'士人生来先天下之忧而忧，后天下之乐而乐，以富天下百姓为己任。穷则独善其身，达则兼济天下。所以士子隐与不隐，不在士子，而在天子，明君盛世，无人去隐。"

索额图听了这话，脸上不禁变色，眼瞅着康熙正全神贯注地听讲，这才稍稍心安。

"周先生，你以为天子怎样做，才可得士子之心？"康熙问。

"士为知己者死，女为悦己者容，天子欲得士人，要使用上放心，生活上关心，感情上交心，这样才能留住士人之心。"

康熙微微点头，这才相信索额图所言，怪不得昔日朝廷为延揽江湖人才，常开博学鸿词科，江湖中真是藏龙卧虎，单这周南非一般举子所能及，而他却只考取秀才。熊赐履乃江南才子，名播天下，他在君前也不敢如此讲书。真是听此一席话，胜读十年书。一边想一边看下首的二人，见明珠时常插话，长得像满人，不知为何流落街头以卖艺为生，听他刚才所言，倒是一个热衷功名、有志出仕之人。

"这位来自哪里，为何会流落街头？"

"在下明珠，姓叶赫那拉，正黄旗人，说来祖上也是龙子凤孙，先父尼雅哈在多尔衮执政统领上三旗时，在其帐下任佐领，从龙入关。后来多尔衮被挫骨扬灰，先父被株连罢官，连羞带气，一病不起，家道衰落了。后随族人流落蒙古，蒙古大公念先父旧情可怜我们，给了一小块地。不料去年秋天，鳌拜说正白旗的地原来是镶黄旗的，昔日多尔衮硬行换去，现在重新换回来。蒙古大公赠的这块地正是正白旗的地，要重新交给两黄旗人。我原想祖上正是正黄旗人，可以留下，怎奈鳌拜心黑，在大雪天硬把我们全屯的人赶了出来，一把火烧了村子……惨哪！"

康熙暗暗吃惊，没想到面前这人原是正黄旗人，更没想到鳌拜竟敢私下抗旨圈地，故作平静道："为何不去换回地的地方？"

明珠泣道："鳌拜指定所换地远在河南，这冰天雪地，走不到地方，早饿毙雪中，在下来到京师想投奔先父的朋友，混口饭吃，谁知人情如纸，无人理睬在下，只好流浪街头，不想今日遇上费大人和李大侠相救，又遇上官爷。"

费扬古摇头道："不是在下救你，是龙公子见你功夫很好，派在下前去相救。"

明珠起身向龙公子行礼，康熙摆手道："不值一提，敢问你家人何在？"

明珠泪如珠下："全家赶往京师，不想在热河太平镇又遇上一股匪盗，全家被杀，只剩明珠一人逃离虎口。"

言罢，明珠已泣不成声。康熙劝道："不必过于悲伤，将来会有进身的机会。"

康熙转身正要问李贯，忽见曹寅挂剑从外面快步走来，附在耳边轻声道："太皇太后有请。"

康熙猜想朝中有事，马上站起来对索额图道："快回府。费大人，好生安置明珠和李大侠。"

回到宫中，苏纳海见了皇上，跪地奏道："启奏皇上，鳌拜私自下令要把镶黄旗和正白旗的土地交换，并已私派官吏到河南、直隶、山东等地推行换地令，臣以为土地分拨已久，且康熙三年（1664年）奉有民间土地不许再圈之旨。请皇上、太皇太后下旨将鳌拜的命令撤回，停止换地。"

康熙瞟了一眼太皇太后案上奏折，对苏纳海道："这儿没什么事了，苏大人跪安吧！"

苏纳海走后，康熙望着孝庄的脸说："刚才孙儿碰到了一个叫明珠的小伙子，通过他的言讲，我知道他是叶赫贝勒金台石的孙子，他也被圈地所害，流落街头。昔日叶赫氏有功于大清，让其后代流落街头，必使忠臣寒心，这直接原因乃是鳌拜圈地。"

孝庄愤然道："这四辅臣也太胆大妄为，竟敢私自下令换地，全然不顾朝廷谕诏。索尼、鳌拜等人均为两黄旗重臣，一直忠于皇上，此时怎会如此狂妄？皇帝啊，看来任何人一旦掌权，都会生野心，不可不防啊！"

"皇祖母，你看如何处置？"

"索尼、鳌拜都是老臣，哀家素日待他们不薄，对此事可能也是一时昏头，哀家下谕斥责。诏懿旨中止勘换。他们若还承认哀家这个太皇太后，必定会罢手。"孝庄自信地说。

一道谕令下至满朝各部。谕令道："治国之要，莫先安民。此乃太宗遗训，行之多年，治国有效。圈地乃入关之初，为养八旗之兵、稳定国势而定的权宜之策。今军民安居乐业，天下太平，圈地早应禁止，且康熙三年朝廷特下谕令：民间之地禁止再圈换。今辅政大臣为己利所动，竟敢私自下令，调换两旗之地，兴师动众，侵财扰民，旗民惧怕，民怒沸腾。尔等原本先帝顾命大臣，怎能不思国家之安，而擅动国策，悖妄之至。特下旨立命停止换地，以固国基，安万民之心。"

鳌拜后花厅又是高朋满座。

"鳌大人，换地之事怕是要罢手了，慈宁宫看来是生气了。"

"都是苏纳海那小子告的状，不是他内廷面奏，内廷定然不知，一旦换地结束，生米煮成熟饭，内廷知道也没用了。没想到这事被苏纳海搅了。"

班布尔善阴笑道："他苏纳海一个尚书，上书到内廷，必由大学士先看，呈辅臣批奏，他为何要绕过辅臣，直达天听，这后面定有人出谋划策。鳌大人，当初下官告诫过大人，此事不易，若成了一切都好，若办不成大人也就永无出头之日了，若索尼死后，苏克萨哈必是第一辅臣，那时还有我们的好日子过？"

"这个地换定了，不理他！"鳌拜终于下定决心，转身对众人道，"开弓哪有回头箭，现在三对一扳不倒正白旗，日后他们会更强大。班大人，你注意上呈的奏折；马尔赛，你注意苏克萨哈的行踪；噶褚哈，你马上下令河南、直隶、山东等地总兵、千总、游击，严禁流民妄动；穆里玛，你马上去山东，换地之令仍旧执行。"

康熙五年（1666年）三月，鳌拜以辅臣定议下令换地。换地令一出，所涉三省十个州县顿时乱作一团。原来是小规模的圈换，偷偷地掩人耳目，现在是公开地进行了。

换地令下到户部，侍郎马尔赛对苏纳海道："苏大人，鳌大人的换地令已下，请大人速派换地官员，勘换土地。"

苏纳海看了一眼马尔赛得意的神色，严肃道："两旗土地已种二十余年，土地难以丈量，三省正白旗不肯指出地界，一些镶黄旗人也不愿换，不肯受地。本官已下令二省，撤回换地官员，候明旨进止。"

马尔赛听明白了，苏纳海已公然对抗鳌拜，马上跑去向鳌拜报告。

在苏纳海再次反击时，苏克萨哈也接到了直隶、山东、河南三省总督朱昌祚和直隶巡抚王登联联名上疏。苏克萨哈看罢奏疏马上动身进宫，要求面见皇上。

康熙看到苏克萨哈送上的奏疏惊呆了，奏疏上写道："圈地乃先朝陋规，太祖时即欲废除。今入关定鼎，抚有华夏，更应休养生息，扶植农桑、富国强民，陛下登极之初已废圈地，康熙三年又重申此令。今不知何故，强令正白、镶黄两旗换地，京东各州县一闻圈地，自去年秋收后周围五百里，旗民尽抛弃不耕，民地之待圈者，寸壤未耕，旗地之待圈者，半犁未下，早已荒凉极目。且因旧业难守，百姓有米者已粜卖干净，无资财者也徙他乡。寒冬腊月，霜雪填壑，即使远徙，哪有栖身之处？故仍相聚本地，人多地少难以为生。况且所谓地丁相依，土地被圈占而丁身仍在。虽赋税免除而徭役仍存。百姓糊口尚难，又以何纳赋徭之资。国家课税必减，无论男女老幼，环泣于臣等马前，无论旗民汉人，均怨声鼎沸，千百士子，纷纷上书请罢圈地。今京东各州县旗民失地者不下数十万，田荒粮竭，何以为生？百姓又怎能不铤而走险呢？……换地之令，倘若果真出自皇帝钦令，臣等又何敢越职陈奏？奈何他人弄权，矫旨颁诏，将圈地之令强加于民，臣等又何敢不言？"

"砰"的一声，康熙的拳头砸在案上，刚想发作，忽又想起苏麻喇常叮咛"万事勿急"，马上又克制了自己。

"你所奏之事，朕自当细细体察，只是尔与鳌拜共为辅臣，不应参与党派之争。跪安吧！"

苏克萨哈越想越气，自己一心尽忠，可皇上却很冷淡。

康熙又气又惊又怕，他万没想到鳌拜会公然抗旨，但他也不知应如何处理，所以不能过早暴露心迹。另外苏克萨哈是正白旗人，鳌拜是两黄旗人，他们正是此次纠纷的当事人，他们之间有没有党争派斗？所以康熙在事实没弄清楚前，没有表态，不想让人看出他支持哪一方。康熙六岁就读《帝王心鉴》，他知道皇帝的尊严，不但要靠天意，靠仁义和智信，还要让臣子们永远摸不到心迹，庙谟越深，躬虑越远，臣子们越感神秘，神秘的东西总是尊贵的。

孝庄见康熙满头大汗气喘吁吁而来，不由大惊，忙问道："皇上，出了什么事，如此惊慌？"

康熙从袖中抽出奏疏递与太皇太后。孝庄展开一看，立刻大惊失色，看完之后，满脸惊恐，呆呆怔了半晌才道："这奏疏是何人呈上来的？"

"苏克萨哈。"

"苏克萨哈？"孝庄有一种难言的不安，"皇上，你怎么看这事？"

"他们会不会是派系斗争？先朝就有'北南之争'。"

孝庄摇头道："不会的！苏克萨哈为人耿直，不会因区区小事失节操。若无圈地之事，他万不会妄言上奏！"

"皇祖母以为此事如何处置？"

孝庄思虑良久，最后道："把这奏疏仍送归苏克萨哈，让他交辅臣们商议，定议后上奏，我们不能乱了方寸，先看看辅臣们的意见。"

曹寅把奏折送回苏府道："圣上有旨，差苏大人把奏疏交辅政大臣定议后再行上奏。"

儿子查克旦把曹寅送走后，回到客厅。苏克萨哈对儿子说："圣意难揣，此次发还奏疏，绝非喜事，你我父子要多加小心，少说话，这次怕朱昌祚、王登联凶多吉少了。"

乾清宫四位辅政大臣正在议事，鳌拜与苏克萨哈正在互相攻击。索尼颤巍巍地说："好啦，你们都身为辅政大臣，还有点大臣的风度吗？要说这事也不能怪鳌大人，昔日多尔衮凭什么把两黄旗的地换给正白旗？"

刨树刨根，听话听音，遏必隆听出了索尼的立场后，在鳌拜、苏克萨哈之间和稀泥道："都是为了朝廷，不必大动肝火，我们同为辅臣，怎能伤了和气。依本官看，此事交议政会议商议如何？"

遏必隆看了看各位都没吱声，笑道："此事就这么定了，明日议政会议再议此事。"

回到府内，鳌拜像发怒的公牛，连摔三个茶杯，仆人们吓得远远地躲着。

"来人，快去请班布尔善大学士、噶褚哈大人和阿思哈大人。"

三人来到花厅时，见鳌拜正在气汹汹地踱步，班布尔善笑道："鳌大人，何以如此？"

鳌拜愤愤地说："苏纳海、朱昌祚、王登联竟联合起来对抗我们，今日，苏克萨哈拿出他们的联奏在辅政大臣会上讨论，那奏折上说有人'弄权，矫旨'，他们也太胆大放肆了。"

班布尔善笑道："鳌大人，这点小事就气得坐卧不安，不就是三个正白旗的大臣们吗？有什么了不起。朝中两旗有这么多大臣支持大人，何不来个杀鸡儆猴？"

阿思哈吃了一惊，献疑道："班大人所言应慎重，苏纳海乃户部尚书，朱昌祚三省总督均为从一品大员，王登联也是从二品，算得上地方大吏，怎能说杀就杀，万一泄露出去，让他们知道，先在圣上面前告状，会比这次还要被动。"

班布尔善见鳌拜还有疑虑，笑道："三人不杀，圈地之事必废。若处置得当，谁也救不了他们。兵贵神速，若大人马上令吏部下令，对三人革职禁守。让兵部下令缉拿朱昌祚和王登联，明日议政会议上拿住苏纳海，当场让众人廷议，定个死罪，然后再奏请皇上，到那时，只要大人坚持，议政会坚守原议，皇上、太皇太后也不敢推翻廷议，此三人只有死路一条。"

"好！"鳌拜击掌称赞。他言听计从地吩咐了下去。

议政会议如期举行，安亲王岳乐主持会议，此时的议政王已是今非昔比了。有四位辅臣，议政王成了摆设，毫无实权，岳乐忙宣布开会，鳌拜突然站起来大声喝道："来人，把苏纳海拿下！"

门外早已等候的纳莫已率侍卫窜入屋内，把苏纳海拿住。苏纳海不服，大声吼道："鳌拜，你凭什么抓人！本尚书乃当朝一品大臣，岂是你说拿就拿的！"

苏克萨哈坐不住了，站起身质问："鳌大人，何人下旨要拿苏大人？"

"昨日辅臣定议，苏纳海与朱昌祚、王登联三人结党抗旨，纷纷妄奏，辅臣已命吏部革去三人职务，阿思哈大人，是不是？"

"正是如此，吏部会议，革三人之职交议政会议议处。"

苏克萨哈又看索尼，索尼却装聋作哑。

鳌拜又说："苏纳海身为户部尚书，对朝廷旨意不理不睬，拨地迟误，并与朱昌祚、王登联结党妄奏，抗旨不遵，违背祖制，欺君罔上，大逆不道，理应处死。"

此言既出，没有人再敢说话。

"我反对，苏纳海等人并不违旨，废止圈地，早已是圣上明令，三人共为社稷分忧，共同抵制圈地，怎能说是结党呢？"苏克萨哈义正词严，针锋相对。

"遏必隆，你的意见呢？"鳌拜逼视遏必隆。

"本官附议鳌大人，三人理应论死。"遏必隆乃镶黄旗人，一旦圈地成功，他不但可得良田，而且田产还会增多。

索尼道："两旗换地之事，本官不想介入，此次换地始于昔日睿王，情有可原。"

大家看得很清楚，三比一，那些趋炎附势之人纷纷攀附鳌拜。虽有豫亲王多尼等人反对，但大局已定，苏、朱、王三人被论死。

康熙拿着苏、朱、王被议死的奏议来到慈宁宫。

"皇祖母,这鳌拜也太专横了,敢一错再错、多次矫诏,此次要驳回他的奏请,给他点颜色看看。"

"晚了,他是先帝定的顾命大臣,名正言顺,现在又受满朝两黄旗大臣们的支持,连索尼、遏必隆也支持他,权高势众,咱们没有一击中的的把握,若贸然行事,不但于事无补,反会将自己逼上绝路。"

孝庄长叹一声道:"对鳌拜只有等待,慢慢寻求对策,万不可惊动他,对三位大臣,皇上可亲召四辅臣商量尽量保住性命。留得青山在,不怕没柴烧,实在不得已,也只有随他去了。"

四辅臣来到养心殿,行礼毕。没等康熙发话,鳌拜先道:"皇上,议政会议的奏议已御览了吧?"

"三人本我朝大臣,所奏纯出于公心,应从轻发落……"

没等康熙说完,鳌拜愤然卷起衣袖,高举拳头,厉声咆哮:"欺君之罪,本应凌迟处死,今斩首于市,已是从轻发落,皇上如此优柔,何以以儆效尤?不斩三人,老臣誓死不容!"

康熙沉默良久,长出一口气,叹了声:"唉……念三人乃大清重臣,留个全尸吧!"

可惜三位忠臣就这样冤死在了鳌拜手中。

八、扶助孙儿

联姻纳股肱

太皇太后仔细观察了每个人的表情，她能看出谁是真心拥护，谁是表面应付，谁是随声附和，但她不愿点破，而是装作满心欢喜："众卿都是大清忠臣，为了江山社稷，任劳任怨，无怨无悔。既然众位都同意皇上亲政，皇上就应亲政，亲政后辅臣仍行佐理，不负先帝之托。"

鳌拜正在花厅抽烟，品味着自己日益强大的权势。门房跑来怯怯地道："老爷，遏必隆大人前来拜访！"

鳌拜愣了一下，慢慢睁眼一看，见门房正在厅外跪着，才意识到自己陷入沉思。

"快快有请！"鳌拜想，这老滑头来我府还是破天荒的事，平时请都请不来，今天他会有何事？

鳌拜大老远看见遏必隆进了后院，马上起身迎至厅外，对着遏必隆高声笑道："稀客啊，稀客，遏大人光临寒舍，真是蓬荜生辉。"

没等鳌拜相问，遏必隆先开了腔："鳌大人，俗语云'无事不登三宝殿'，在下今日前来，有一事相求。"

鳌拜哈哈大笑："遏大人乃顾命大臣，当今朝中，有何事能难倒遏大人，反求到在下头上？岂不成了笑话！"

遏必隆看了看鳌拜，低声道："鳌大人，听说了吧，后宫马上要传旨选秀。"

"遏大人，这选秀乃定制，每三年一次，何至如此？难道听到什么风声了吗？"

"大人，你不觉得这次选秀有些特别吗？当今皇上正值婚龄，世祖是十三岁结婚，今年皇上也是十三岁。"遏必隆说。鳌拜说："遏大人，皇上大婚之年选秀，你女儿也没皇后可做。太皇太后一直想让后宫成为蒙古女人的天地，世祖朝后宫三位蒙古后妃，先帝朝中，为了这个，太皇太后与先帝斗了十几年，母子俩斗得你死我活，最终先帝驾崩，此事才算了结。如今皇上对太皇太后言听计从，她正可为皇上再选一蒙古皇后，你就不要去想那个美位了。"

"鳌大人，在下也不是想那个正宫的美位。只是觉得今年选秀不同往年，如果太皇太后想为皇上选一蒙古皇后，应在选秀之前，早早聘下一蒙古公主为正宫，再选立侧宫，可现在后宫并无去蒙古选正宫之意图，在下想，太皇太后不会是改变满蒙联姻的策略，另有他图吧？"

鳌拜暗暗吃了一惊，心中想：这老狐狸整日缩着头笑哈哈的，其实他心里有数，什么事都盘算得清楚，幸亏自己没有女儿选秀，否则，在这事上也会吃他的亏。想到这儿笑道："遏大人，只要太皇太后准备聘八旗女子为皇后，令爱一定会被选中，遏大人现在的身份、地位，何人可比？"鳌拜恭维着遏必隆。

"此事还须大人鼎力相助，才能有一二之望。"他缓了口气，"听说索尼的孙女，领侍卫内大臣噶布喇之女年方十三，也要参加选秀。"

鳌拜终于明白遏必隆为何今日登他的门了。索尼确实非他遏必隆所能抗衡。他必须求自己帮忙，才能与之一拼。

遏必隆见鳌拜犹豫，又道："我们三人虽同为两黄旗，但索尼毕竟是正黄旗，他自己又为辅臣之首，如果他家再出个皇后，大人你在朝中的权势必将受到影响。"

这话正戳到鳌拜的痛处，鳌拜定了定神笑道："遏大人，放心，在关键时候，我会从大局出发的。"

"真有那一天，在下绝不会忘了大人的恩德，小女也会报答鳌大人的。"

在苏纳海三人被诛杀后，朝中一下子空出了三个员额，在确定三个人选时，苏克萨哈见自己的亲信被杀，又举荐自己的一个门生，索尼想荐自己儿子索额图和于成龙，鳌拜荐自己亲信马尔赛、莫洛，遏必隆为了巴结鳌拜，附议了鳌拜。争执不下，他们就一同面君，由皇上定夺。

见了康熙，索尼把所荐人选奏完，康熙还没说话，鳌拜马上抢奏道："皇上，臣以为索大人所荐不妥，索额图乃索大人之子，父子同朝共列大员，前无先例。于成龙乃河南巡抚，虽有清名，但一巡抚擢升三省总督，升迁太快。直隶乃京师之地，应选一稳靠之人为上。山西总督莫洛颇有政绩，吏部奏议，调莫洛为三省总督。马尔赛原为户部侍郎，熟悉户部事务，了解下情，由副转正，臣以为此二人定能胜任！"

康熙正不知所措，鳌拜黑着脸到了御案前双手呈上一纸，跪地道："皇上，这是吏部所议人选，请圣上裁决。"

康熙经太皇太后指点，知道辅臣们的意见太一致并非好事，他们之间有裂隙就好驾驭。他听出了索尼与鳌拜的分歧严重，就说："就依吏部所议吧。"

"谢皇上。"鳌拜起身，并不离去，而是站在那儿等皇上加盖玉玺才离去。康熙心中十分恼怒，但也很无奈。

从此索尼与鳌拜开始了激烈的明争暗斗，鳌拜也欠了遏必隆一个人情。鳌拜在与皇权同僚的争斗中屡屡获胜，他的野心猛增，私欲也膨胀了。太皇太后窥见端倪，决定利用选皇后来分裂辅臣，以达到最终铲除鳌拜的目的。

慈宁宫内灯火辉煌，孝庄太皇太后望着身旁的康熙一天天地长大，心中略略宽慰，笑着说："皇上，你今年十三岁了，该娶亲了，你父皇就是十三岁大婚，十四岁亲政。你想没想聘什么样的皇后？"孝庄与儿子争斗了十几年，也没有如愿，现在也改变了些想法，不能强求，特别是婚姻之事，要与孙儿多商量、多劝导。

康熙稍稍有些羞涩："皇祖母一直认为蒙古是我大清的凤兴之地，后宫皇太后、太皇太后均为蒙古公主，那孙儿就援例吧。"

孝庄摇了摇头，眼泪差点儿流下来，说："这话如果是你父皇说出来，那我会有多高兴啊！为了立后，你父皇与我多有不和，而且英年早逝，如今难得孙儿如此孝心，我老太婆很高兴，可现在立不立蒙古公主为后不重要了。"

康熙不解地问："为什么？"

孝庄道："孙儿，你以为皇祖母是为了自己要立蒙古公主为皇后吗？我朝入关不久，立足未稳，必须依靠蒙古的力量才可定鼎中原，安抚华夏。可是你先父不懂此心，一味追求男女之情。孙儿啊，皇上能全为了情吗？不能。平常人可以为情而死，为情而生，可是皇帝要代天牧民，要以天下为重。现在天下太平了，蒙古对大清的作用已不似当初那么重要了。眼下影响大清稳定的不是外方四夷，而是朝内的四大辅臣。"

"皇祖母，鳌拜其人为何会成这样。当初我父皇选他做辅臣是信任他的呀！"

"人总是会变的，此一时，彼一时。"

"此人野心不小，不除必有后患，皇祖母不如趁他现在翅膀未硬，设计铲除，以防后患。"

孝庄摇头道："朝中大臣多与他有瓜葛，索尼多病，无人可除他。"

"难道眼看他一天天强大起来，养虎为患吗？"

"索尼、遏必隆不与鳌拜对抗是明哲保身，如果索、遏两家都成了皇亲就不一样了。"

康熙终于明白了孝庄的苦心，他说："一切听从皇祖母安排。"

不久，孝庄懿旨：令天下选秀女入宫，以备皇上大婚。

大清朝野顿时喧闹起来，八旗凡有可选之女悉数入京选秀。人人都明白，皇上不会再从蒙古选皇后，谁不想去碰运气。神武门外格外地热闹，参选人数之多为历年罕见，每辆车旁送选的人都满怀希望，坐在车内的每位秀女也抱着同样的心情，只不过比自己的父兄们多了一份羞涩和忐忑。被留牌的秀女都集中在一个宫院内，众秀女立在殿下。文静的低着头想心事，开朗的便几个人聚在一起小声说话。

一名老太监带着一个小太监跑了过来。只听老太监清了清嗓子，高声道："传太皇太后懿旨，令赫舍里氏、钮祜禄氏、佟佳氏去储秀宫见驾。"

三名秀女在太监带领下，鱼贯而入殿内，也没看见殿内有什么，跨过门槛，便两膝跪地，齐声道："臣妾见过太皇太后。"

"平身吧。"孝庄面带微笑，很慈祥和蔼，"抬起头来，让哀家看看。"

三人都面带羞色地抬起了头。

孝庄很满意，不住地点头，从她们的脸上，可以看出赫舍里氏是索尼的孙女，钮祜禄氏是遏必隆的女儿，佟佳氏乃康熙的舅舅佟国维之女。太后最后多看一眼赫舍里氏，这女子说不上漂亮，但很文静很有气质。

太皇太后传旨，着四位辅臣及议政会议立皇后，此旨一出，立刻在朝中掀起了一场轩然大波。

鳌拜心想，若立索尼的孙女，索尼第一辅臣的位置就更牢固。若立遏必隆之女，这老滑头就成了皇亲，他的地位则会加强。若立佟国维之女，虽则是皇上亲上加亲，但他自己的地位还不会受到太大影响，班布尔善劝自己谁也不立，这显然不可能，我总不能阻止皇上成亲吧？皇太后与太皇太后就可以定的事为什么还要让大臣们议，无非是想试探大臣们的心，好，我也给你来个装聋作哑。

索府中，索额图在鼓动父亲议定自己的侄女为后。索尼却说："此乃后宫所掌，是皇室家事。本不该由大臣来定，太皇太后之意，不过欲试我等，若贸然上奏，会弄巧成拙，授人以柄。"

"父亲，儿臣也听别人议论，圣上有选小女为后的意图。若真能成事，这可是我们府上光宗耀祖的大事。"噶布喇说。

索尼生气道："住口！难道能让爷爷荐自己的孙女为后吗？荒唐！圣意难测，不要听信传言！再说我要真这么做，遏必隆首先反对，鳌拜则是更加嫉妒出来反对，说我挟私，在民间则传为笑柄。老老实实做我们的事，不要妄动！"

遏必隆则找鳌拜，请求帮助。鳌拜虽心里不乐意，但却口中答应，他要见机行事，最终达到自己的目的，以此搪塞遏必隆。

正如索尼所料，后宫懿旨传下后，如泥牛入海杳无音信。

过了一阵子，太皇太后与康熙也没有收到一份奏折，康熙道："皇祖母，懿旨已下多日，辅臣们无动于衷，按兵不动，为何如此？"

太皇太后道："他们这些人，一个比一个滑头，他们要上奏立后之事，必定对得起这个，对不起那个，等于引火烧身。索尼、遏必隆都是当事人，不好奏立自家攀皇亲。鳌拜绝对不愿立赫舍里氏，也不想立遏必隆之女。奇怪了，这苏克萨哈怎么也不说话了呢？"

孝庄冷笑一声道："既然他们不议，皇上传旨，立赫舍里氏为皇后。"

康熙望着祖母坚毅的目光点了点头，最后仍不放心地问道："他们会不会有反对的？"

站在旁边的苏麻喇道："皇上请放心，只要皇太后定了，这事他们谁反对也没用。"

皇上立赫舍里氏为皇后的圣旨一传下来，顿时朝野震惊，原先虽有议论，但多是猜测，现在变成现实，仍使很多人大吃一惊，这可是大清首次在八旗下人中选立皇后。

最气的当数鳌拜，但他一直没有想到一个阻止的方案，如何能扭转局面呢？他悄悄地联合遏必隆进宫。

康熙正在储秀宫读书，忽听小太监张二毛跪地奏道："启禀皇上，鳌大人和遏大人求见！"康熙一惊，没想到二人反应这么快，他们来干什么呢？他低声对苏麻喇说："快去慈宁宫请太皇太后。"

苏麻喇自然心领神会，便匆匆去了。

见苏麻喇去了，康熙心想我也会给你们来个顾左右而言他，等太皇太后到了再说。

他缓缓传旨："宣鳌拜、遏必隆觐见。"

康熙见了鳌拜便生气愤，在换地事件中，他受到了极大的"屈辱"，他对这个人好感丧失已尽，剩下的只有憎恶。

鳌拜、遏必隆刚与康熙见过礼，苏克萨哈又要求见。康熙心里泛起一丝喜悦，毕竟苏克萨哈与鳌拜是死敌，这正为自己提供了反击的机会。他吩咐："宣苏克萨哈觐见。"

"臣苏克萨哈叩见皇上，吾皇万岁！万岁！万万岁！"

"苏爱卿平身吧！有何事奏？"康熙不给鳌拜先说话的机会，而让苏克萨哈先说。

"启奏皇上，臣以为立赫舍里氏为后不妥。皇后应出身高贵，岂能选立满人下人之女！臣请圣上三思。"

此言一出，让康熙惊得一个颤动。

这一言使鳌拜又惊又喜，他迅速抢话说道："皇上，臣附议苏大人之奏，苏大人所言极是，立出身卑微之女为后，辱没我大清皇家尊严。"

遏必隆刚惊得还没缓过神来，就又被鳌拜之言击中，心想好一个老狐狸，把我的事也抛在一边了，可是他有苦难言，说不出话来。

康熙见眼前的事出乎意料，一时也没有主张，只好说："此事由太皇太后传旨议定，朕已无法更改。前朝选蒙古公主为后，今朝就不能选满人为后，岂有此理？难道满人与满人不能通婚？"康熙这话说得也很有分量。

鳌拜厉声吼道："索尼不过是八旗王公的一个包衣奴才，选他的后人为皇后，有损大清的尊严，要选也要选个满洲贵族之后。"鳌拜没有办法也只有退而求其次了，言外之意不言自明，最好是把这事搅黄了。

"是谁在皇上面前大呼小叫的？太放肆了！"一个老迈但很有力的女声威严地呵斥着。

原来太皇太后在苏麻喇搀扶下已经走了进来。鳌拜尽管傲慢，但他从心理上还是很惧怕孝庄的，况且他自己也确实有失尊重。

三人赶紧给太皇太后见礼："见过太皇太后！"

孝庄已听到了他们的部分言语，其实就是不听也知道他们要说什么。她冷冷地道："三位大人平身吧！"

站定后鳌拜语气和缓地说："太皇太后，臣以为立赫舍里氏不妥。"说完目光转向遏必隆。遏必隆想缩头也不行，毕竟也牵扯到他的利益，所以他说："我大清应选高贵之女为皇后。"

苏克萨哈也道："臣以为选后之事太皇太后应慎重考虑。"

孝庄心里好笑，但厉声道："苏克萨哈，你在这儿起什么哄？"然后口气又对着三人，"你们都想干什么？后宫传旨，让你们议立皇后的事，你们四辅臣没有一个人上奏，现在皇上立了赫舍里氏为后，你们又群起反对，这不是故意和皇上、和本宫作对吗？是你们尽人臣之礼吗？本来皇上的婚事后宫就可以做主，就因为你们四位是先帝选定的顾命大臣，信任你们，让你们议，你们一个个装聋作哑，你们说说，你们辅政大臣都在干什么？！尽到了自己的职责了吗？！哀家心意已决！不必再议！你们跪安吧！"

说罢，孝庄起身，拉着康熙，在苏麻喇的搀扶下拂袖而去。

孝庄这劈头盖脸的一顿臭骂有理有据，字字掷地有声，骂得三人哑口无言。

七月，皇上大婚。索尼的孙女赫舍里氏被封为皇后，遏必隆的女儿钮祜禄氏和康熙的舅舅佟国维的女儿佟佳氏被封为妃嫔，又一个新的政治婚姻就此缔结。

孝庄传旨让辅臣们对皇上的婚事进行奏议实际上是一着险棋，其实是以退为进，她料定辅臣们一定会各怀鬼胎，事实上也是这样。如果鳌拜推荐遏必隆之女为后的话，会给自己造成一定的麻烦，如今他们均入圈套，皇上的婚事还算顺利。孝庄舍去遏必隆之女，选中赫舍里氏为后，旨在防范鳌拜利用镶黄旗之女成为皇后之机，再进一步扩大实力，同时也是针对主幼臣骄的情况，对清朝元老索尼及其家族予以荣宠的笼络措施。

孝庄此次还改变了皇太极和福临时期，皇后莫不出自蒙古公主的惯例。这并不意味着忽视满蒙贵族联姻的政策，而是从巩固皇权、安定政局的现实需要出发，反映出孝庄作为杰出政治家的战略眼光与灵活态度。

玄烨大婚标志着少年皇帝正在步入青年，其亲理政事已为期不远，孝庄是以此为孙儿早日亲政制造舆论，打下基础。

康熙仍像往常一样至毓庆宫读书，看辅臣奏议，苏麻喇跟在身后。刚至宫院，康熙感觉气氛不对，仔细看看跪在地上的侍卫，个个都是新面孔。他不由一惊，原来宫中侍卫都是先帝在世时挑选的，后进的也多是经太皇太后同意的，现在不知何故，这些侍卫全部换成了新人。正当他迟疑之际，一位侍卫跪地奏道："臣恭迎圣驾！"

这个人康熙认识，他是赛本得，原在乾清门外当差，不知为何到了毓庆宫。

"你原在乾清门外，今日为何到此？"

赛本得忙道："启奏皇上，臣已升为三品侍卫，奉辅臣定议，从乾清门调往毓庆宫当值。"

康熙明白了，赛本得是鳌拜的侄子，这一切与鳌拜有关。

康熙来到慈宁宫。

"皇祖母，孙儿今日去毓庆宫，才知那里的侍卫被人调换了，来了不少新的侍卫。"

太皇太后心中一惊，但表面上仍表现得很沉着，从容道："是谁下令换的？"

"据侍卫说是内务府下的令，可毓庆宫当值执事是鳌拜的侄子，孙儿召见内务府的官员才知道，索尼病重，侍卫大臣噶布喇已请假三日，在家侍奉，孙儿想，此乃鳌拜所为。"

孝庄点了点头，自言自语道："鳌拜太不像话，竟敢趁索尼病重，私调侍卫。他自恃索尼病重，朝中再无可钳制之人。"

孝庄转脸对苏麻喇说："凡事要小心，狡兔三窟，在宫中的行迹尽量要保密。"

从此，康熙的行踪很神秘，只有苏麻喇、张二毛两人知道康熙在储秀宫。百官的奏折，先放在毓庆宫，再由执事太监送至内宫，然后由内宫的人再送往坤宁宫，再由张二毛去坤宁宫取，送到储秀宫，经过几个地方的辗转，不知底细的人不会知道皇上的行踪。

这天，康熙看到索尼的奏折吃了一惊，奏折上写着："臣索尼启奏陛下：先皇创业未终而英年崩殂。陛下八岁登极，位尊九五，臣等受先帝殊遇，奉命辅政，数年来臣观陛下乃雄才大略，有千古名君之遗风，近来学业也有长进，已能亲政理国。臣老迈多病，已无力辅政。昔日先帝世祖亦十四岁亲政，今陛下年德相符，臣奏请陛下亲政。让臣在临终前交政于陛下，九泉之下也好面见先帝。臣盼有此日，切切！"

让康熙吃惊的不仅是这份奏折是索尼上的，也不仅是他请求皇上亲政，更重要的是这份奏折上并没有辅臣们的意见。一般奏折都是辅臣们看过，上面写上处理意见，当然最后都要加上"请皇上圣裁"这句话。

康熙越看索尼的奏折越坐不住。就在苏麻喇陪同下来到了慈宁宫。孝庄看罢索尼的奏折后，问康熙有何想法。

"太皇太后，孙儿早看不惯鳌拜所为，今日索尼上奏请求孙儿亲政，孙儿以为正可趁此良机亲政，以免朝政失控。"

孝庄摇摇头道："皇上不可意气用事，索尼所奏并非辅臣之议，而是他一人之议。此奏可明发辅臣们商议，定议后再御览。若他们诚心想请皇上亲政，自会定议；若他们不想让皇上亲政，皇上就是亲政，他们仍不会放权的。没有实权，又要'亲政'这个虚名何用？"

康熙如醍醐灌顶，不住地点头。

索尼之所以要提出让皇上亲政，是因为自己病重，将不久于人世，在他去世之前皇上亲政，就不怕鳌拜专权，如若不然，索尼去世后，鳌拜将会成为实际的第一辅臣，他的权力就会进一步加强，对皇朝有直接的威胁。

孝庄命发索尼奏折，可试探鳌拜等的心思，也是造皇上该亲政的舆论。

索尼的奏折发下去了，数日不见回音。孝庄已明白了辅臣之心。她正在想如何处置这件事，侍卫内大臣噶布喇急急跑来，进门伏地泣道："臣叩见太皇太后，代父亲向太皇太后请安。"

"平身吧，索大人的病如何？"孝庄问。

"父亲昏睡多日，今日醒来便命臣来慈宁宫为太皇太后请安。蒙太皇太后和皇上深恩，宫中御医多次登府调治，但无力回天，父亲大去之期恐怕不远了。"

孝庄听了这话，心中酸酸的，她突然大声说道："你先回去，好生侍奉你父亲。"

其实，孝庄意识到有必要不顾臣子生病，主子不可探望的忌讳，应该去看望索尼了。所以她先把噶布喇打发回去，然后吩咐苏麻喇以去悯忠寺进香为索尼祈福的名义悄悄出宫，半道上改变方向来到了索尼府上。

索额图、噶布喇一前一后跪在地上磕头道："臣叩迎太皇太后！"

孝庄道："快平身，哀家今日微服来探望索大人，此事不可声张，你们不必拘礼。"

孝庄对索尼嘘寒问暖，十分关心。索尼说话十分吃力，流着泪递给孝庄一份奏折，上写道："臣本八旗旗民，随主子在白山黑水间奔走，受太宗皇恩，立微功而授显位，从龙入关，效命御前，位列黄旗大臣。世祖念臣忠诚，以老悖之年，忝在辅政之列，今日不能匡圣君臻于隆治，死且有愧！今大限将至，无常迫命，衔恨无涯，有不得不言于上者，请密陈之：辅臣鳌拜，臣久察其心，颇有狼顾之意，唯罪未昭彰，难以剪除。臣恐其有异志，上宜速筹善策，剪此凶顽，以免养痈于前而贻害于后哉！"

孝庄看完奏折，看见索尼的脸上有了一丝释然的感觉，忽然索尼颤悠着声音对儿子说："吾儿索额图、噶布喇：吾平日之诲应铭记于心，今将长行，再留数语，吾家受皇恩如春风浩荡，吾以老迈之年而受命于先帝，以下人之身，有女封后，然吾未能匡扶朝政，使小人得志。吾死之后，汝当代吾尽忠，善保冲主，竭尽身命报效于圣上，赎吾罪一二。不得惜身营私，坏吾素志。至嘱至嘱！若背吾训，黄泉之下不得与吾相见！"说罢连咳数声。

孝庄不愿再看下去，起身与索尼告辞。

回到宫中，孝庄对康熙说："祖宗骑射开基，武备不可弛，用人行政，各敬以承天，虚公裁决，非但后宫要建一骑射场，还要下旨天下，练兵备战。"

康熙好像忽然想起了什么，说道："昔日多尔衮手下有个佐领尼雅哈，受睿王株连，家道败落，其子明珠竟流落街头，以卖艺为生。孙儿怕此事让朝臣心寒，想恢复明珠父亲的旧爵，让明珠世袭。那明珠颇有一些文才武略，日后必有大用。"

"是啊，时过境迁，对一些有功之臣，虽犯了罪，但不能斩尽杀绝，冷酷无情，让皇家落个兔死狗烹的恶名。"

祖孙俩正在谈话，听外面苏麻喇道："皇上，熊大人奏请皇上，今日的课还上不上？"

"当然上喽！学业岂可荒废！"说罢，康熙辞别祖母，前往储秀宫。

来到储秀宫，康熙的案上放着一本《后汉书》。熊赐履就和康熙讨论起《后汉书》。

"人还是有点自信的好，一个人若没有自信就会唯唯诺诺，胸无大志，自古凡成功者无不是自信者。"康熙道。

熊赐履讲道："皇上所言极是。不过人不可过于自信，过于张扬，就会引火烧身。比如《后汉书》中有质帝刘缵八岁登极，就因为……"

熊赐履突然不语，他意识到讲质帝有些不妥，所以话说一半便不再说了。

康熙仍等着听下文，见熊赐履停下不讲，便催促道："熊学士，为何讲了半句便不说话？有何难开口的？但讲无妨！"

熊赐履只得接着道："质帝刘缵八岁登极，顺帝临终前把江山托付给大将军梁冀，谁知梁冀成了托孤之臣后，私欲膨胀，独断专横。这小皇帝聪颖过人，如能长成，必为一代明君贤主，可惜这小皇帝锋芒太露，当面指斥大将军梁冀为'跋扈将军'，梁氏恨之入骨，暗以毒饼为饵，使少年英主死于殿中。登极仅几个月死于非命，实在令人惋惜。"

康熙暗惊，他明白了熊赐履犹豫再三不肯讲的原因。这质帝与自己极其相似。而今后自己有什么样的结局，实是难料，不由得问道："熊学士，梁冀专横若此，毒死皇帝后为何没自立呢？"

"当时东汉气数未尽，百官之中尚有不少不畏死之士大胆议论朝政。前有王莽之辙，梁冀不能不有所顾忌。"

"以先生之见，质帝欲除梁冀，应作何策？"

熊赐履似乎意识到康熙之意，沉思片刻，说道："凡事应审时度势，以梁冀之恶，四面树敌，触犯众怒，人心丧失。若能韬晦等待时机，古人云：大勇若讷，大智若愚。外作大智若愚之相，内蓄敢死勇士，结纳贤臣，扶植正论，诛一悍将，不过几力士而已。"

康熙闻言笑而颔首。

索尼病逝了，孝庄的第一反应是无人可抑制鳌拜，权力的天平就要失衡。趁索额图宫中报丧，孝庄、康熙、索额图、熊赐履四人密议结果是皇上要亲政，以削弱辅臣权力。

第二天，太皇太后在交泰殿召见三辅臣。孝庄温和地道："日子过得真快，不知不觉众位已辅皇上七年了，为大清立了大功。人活一世，转眼即逝，索尼大人已作古了，他生前所奏要皇上亲政的奏折已经发给几位了，不知几位议得如何了？"

"启奏太皇太后，臣附议索大人之奏，请皇上亲政。"苏克萨哈首先道。

太皇太后微笑着点头，又去看遏必隆，遏必隆低垂着头偷看鳌拜。

"臣也同意皇上亲政，世祖也是十四岁亲政，今皇上也已十四岁，理应亲政。"鳌拜也是十分真挚地说道。

遏必隆这才发现自己落后，身为皇亲，理应率先支持皇上亲政，可竟落在最后，于是道："皇上已长成人，有亲政能力，早该亲政了。"

太后太后仔细观察了每个人的表情，她能看出谁是真心拥护，谁是表面应付，谁是随声附和，但她不愿点破，而是装作满心欢喜："众卿都是大清忠臣，为了江山社稷，任劳任怨，无怨无悔。既然众位都同意皇上亲政，皇上就应亲政，亲政后辅臣仍行佐理，不负先帝之托。"

孝庄特为孙儿收权安排过渡，以使他在实践中逐步提高，同时也让辅臣有个适应过程，将他们因交权而产生的失落感减少到最低限度，从而保证此次权力交接稳妥进行而让辅臣"仍行佐理"。随后，皇上连下几诏："厚葬索尼，加赐鳌拜一等公，以其子那摩佛袭二等公位。"皇上亲政，于七月初七举行亲政大典。

忠臣献身

鳌拜见康熙的口风有松动，顿时心满意足，趁此送个顺水人情，于是说道："既然皇上说了，那就把苏克萨哈处以绞刑，留个全尸。"康熙正在琢磨下面的话该怎么接。鳌拜看康熙没说话，生怕有变，立即一个长揖道："臣这就去监刑。"说完便退了出去。可惜，一代忠臣苏克萨哈以及子孙七人、子侄四人死于奸贼鳌拜之手。

鳌拜坐在书房正闭目养神，一个仆人抱了一个小黄匣子走来，把小匣子轻轻放在案上退了出去，匣子里全是今日皇上批过的奏折，依先帝留下的惯例，大臣的奏折任何人不得带入私宅。索尼病重后，经太皇太后恩准破了先例，索尼去世后，这特例又转到鳌拜手上。鳌拜漫不经心地拿起一奏折看了两眼就惊住了。他立即让儿子那摩佛派人去请班布尔善和阿思哈。

不大一会儿，二人即到，鳌拜把一份奏折递给二人看，原来这是苏克萨哈的奏折，上面写着："臣苏克萨哈启奏陛下：臣生性耿直，见罪于人众也，昔日从龙入关，虽立微功，而先帝重用，今位列辅臣。臣受命以来，夙夜忧叹，然臣才疏学浅，不能匡扶朝政。幸陛下已亲政，已能担国事，臣请辞去辅臣之职，愿做一人主之奴，请为先帝守陵，以报先帝厚恩。"

"大人，苏克萨哈辞职是好事啊，您何必如此惊惧？"阿思哈问。

班布尔善道："这哪里是辞职啊，这分明是要挟鳌拜大人也辞辅臣之职。"

鳌拜道："正是这样，班大人看此事如何处置？"

"鳌大人，苏克萨哈的辞职如果是受人指使，问题就复杂了。"班布尔善道。

"你是说宫中？"鳌拜又是一惊。

班布尔善又指着康熙的朱批念道："苏克萨哈受国恩，乃先帝顾命大臣，理应竭忠佐理政务，为何出此辞职之言论？着议政王岳乐问他，朕躬究竟有何失德之处？致使该大臣不屑辅佐？朝政有何阙失，该大臣何不进谏补遗而欲前去守寝陵？该大臣是否身受何种逼迫乎？"

班布尔善看了看鳌拜道："苏克萨哈请辞并不可怕，可怕的是朱批，皇上是不是在拿这件事做文章呢？苏克萨哈上奏请辞，为何着安亲王去问而不是鳌大人？皇上亲政时间并不长，苏克萨哈辞职，皇上自责'失德'，有何'失德'？如果有'失德'，应该是鳌大人的责任，怎么会是皇上的呢？说苏克萨哈辞职是受逼迫，不得已而为之，是谁在逼迫他？这不是暗示鳌大人吗？"

"以班大人看，皇上意欲何为？"

班布尔善呷了口茶，诡秘地道："皇上故意把苏克萨哈的奏请批发明传，只是第一步，其真实意图是想让众臣都知道大人排挤苏克萨哈，行政中有失德之处。如果鳌大人再不识相辞职，就由安亲王出面弹劾鳌大人，逼你辞职，万一不成功，则可弃卒保车，这一石二鸟之计一定是慈宁宫所设。"

"我倒要看看最终是谁遭殃。"鳌拜愤怒地一捶桌子。

在宫中，康熙与安亲王岳乐也在商量大事。

"皇叔，朕已亲政，然而鳌拜根本没有还政的意思，你认为应该如何处置？"康熙单刀直入。

岳乐昔日很得顺治帝的宠信，从感情上说他愿意帮助康熙，但先帝托孤之臣是四位异姓大臣，皇室近族已成了陪衬，有职无权，能有何作为？他看着皇上盯着自己就真诚地说："臣愿为皇上赴汤蹈火，请皇上明示。"

康熙满意地点了点头，示意苏麻喇把苏克萨哈的奏折交给安亲王看。

等岳乐看完，孝庄开口道："安亲王是先帝的宠王，虽然先帝托孤于辅臣，但真正能在关键时刻助玄烨的还应该是咱自家人。现在索尼已死，鳌拜迟迟不愿归政，终为心腹之患。现在南方有三藩，台湾沦于郑氏之手，北边还有罗刹国，朝中再是这样子，怎能安抚四夷，平定天下？"

岳乐沉思片刻道："鳌拜所为，举朝皆知，人人共恨，可是他趁噶布喇守孝，接领侍卫内大臣之职，如今宫中内外多为他的人，臣担心万一事有不谐，反而贻害圣上，还望三思而后行。"岳乐的担心的确有道理。

"这倒是实情，此事之难非同一般。所以才请你来，此事势在必行。苏克萨哈已经请辞，你可去问苏克萨哈辞职之因，然后去暗示鳌拜辞职，他若愿辞辅臣之职，可保他一切无事。若有异常，只有请王爷召集我皇室贵胄为保皇室而战了。这个脓包儿现在不挤会越长越大，总有一天会有人唱逼宫戏，有谁能做定国公？"

岳乐已经明白了这个暗示，时至今日，也只好骑虎而行了。于公于私他都愿意这样做，于是他说："臣竭尽全力完成此事！"

他们正在说话，突然费扬古从外面急急跑来，到了御前跪地奏道："皇上，太皇太后，大事不好，鳌拜已令大内侍卫和兵部包围了苏大人的府宅，说是皇上的旨意。"

康熙一拍御案，厉声道："贼鳌拜竟敢私改御批，公然抗旨不遵，不除鳌拜大清永无宁日。"

孝庄急切道："皇上要冷静，看来眼下不是除鳌拜的时候，现在看如何救苏克萨哈全家性命。"

正说话间，太监来报："皇上，鳌大人求见。"

孝庄对康熙说："皇上，欲擒故纵，眼下只有忍一忍了。"

康熙来到乾清宫，远远就看见鳌拜正跪在宫外候驾，康熙在曹寅和苏麻喇的护卫下，健步来到殿内，坐在御榻上，说："宣辅政大臣鳌拜见驾。"

听到太监的呼唤，鳌拜很不耐烦地爬起来来到殿上，见礼后不等康熙客气，他就自行站起身。看见他这样，康熙气不打一处来，可是他还是压住怒火道：

"鳌大人，有何事要见朕？"

"苏克萨哈身为顾命重臣，不知仰报天恩，却大肆狂吠，欺蔑主上，臣接圣上朱批后，十分气愤，着人捉拿了他全家，请皇上发落。"

康熙惊讶道："鳌大人，朕让安亲王去问他为何请求辞职，并未传旨捉拿苏府众人啊！"

"苏克萨哈如此目无君上，分明欺主年幼，理应交议政大臣会议议处，怎能只让安亲王问问了事？不严惩怎能维护圣上尊严？"

康熙见鳌拜脸都变形了，怒目盯着自己，气得想宰了这个国贼，怎奈自己势单力薄，一时还完成不了这事，只好作让步道："苏克萨哈上书请辞是有不妥，就请议政大臣会议吧。"康熙之所以这样说，是因为他知道岳乐已知圣意，会力保苏克萨哈。

康熙带着一肚子气来到骑射场练功夫，他把剑舞得呼呼带风，似乎替他出了怒气，直练得大汗淋漓。

刚回到储秀宫，太监禀道："皇上，安亲王和鳌大人在乾清宫求见。"

康熙面无表情地来到乾清宫，殿外跪着索额图、熊赐履、阿思哈、马尔赛、噶褚哈等部院大臣，个个表情麻木，鳌拜、岳乐领班跪地。

康熙若无其事地坐在御榻上，问道："何事要奏？"

岳乐抬头看到康熙犀利的目光，手捧奏折不敢说话。鳌拜大声道："苏克萨哈一案，奴才等已奉旨议过，苏克萨哈世受皇恩，身为重臣，竟以请辞要挟皇上，欺主犯上……"

康熙终于忍不住了："苏克萨哈不过请辞，怎么会议得这样严重？"他想，安亲王怎么搞的，竟然大气不敢出，遂问，"安亲王，你以为苏克萨哈案应如何处置？"

安亲王还没说话，鳌拜抢着说："欺主犯上，应以谋反罪论处，凌迟处死，全家抄斩！"

康熙气得无法忍耐："苏大人不过说句气话，也不致犯如此重罪！所以，不允所请！"说罢，不顾一切冲出大殿。

来到慈宁宫，孝庄看他气愤难平，不禁吃惊地问："究竟发生了什么事？皇上为何气成这样？"

康熙道："这个鳌拜越来越放肆，竟敢私改御批，妄抓大臣，把持议政会，把苏克萨哈全家一律斩草除根，其心何其毒也！"

孝庄听了也感到吃惊，可她还是说："皇上，此时绝不可与鳌拜闹翻，如果鳌拜一意坚持，也只好以苏克萨哈来换几年大清的平安了，人在屋檐下，不得不低头。昔日多尔衮专横时，先帝便是靠着装成一副不学无术的样子，才没使多尔衮篡位，现在鳌拜远比不上过去的多尔衮，大丈夫能屈能伸，你要先忍耐。"

太后这么一说，康熙又想起了《后汉书》中的故事，他叹息一声而去。

慈宁宫的灯亮了一夜，孝庄想了很多，从儿子登极一直到现在，索尼、鳌拜这些人在昔日都是忠诚的人，特别是鳌拜，敢说敢为，为顺治继位出了大力，为保顺治受了多尔衮多少气，可现在他的忠心哪儿去了？居功自傲，到了与皇上为敌的地步。

康熙一整夜没有睡，他始终没有想出可保苏克萨哈的办法。天刚亮他就吩咐上朝，鸡鸣三遍时，康熙已经坐在乾清门外了。乾清门外听政是顺治留下的老规矩，但他没有康熙起得这么早。

五更整，殿前执事高喊："早朝开始，百官上朝……"

百官闻声鱼贯而入，分立两边，康熙落座榻前，百官施礼后，太监喊道："今日早朝，百官有本快奏，无本退朝。"

"臣有本奏，"鳌拜闪身出班，伏地道，"皇上，苏克萨哈罪大恶极，请皇上圣断，早早结案。"

康熙极力压住怒火道："鳌大人办事认真，朕已了解，此案确有未当之处，理应重议，不必急躁。"

鳌拜厉声奏道："皇上，不杀苏克萨哈，众议难平！"

康熙已读过《中庸》，他要用中原圣人来劝鳌拜。于是康熙劝道："鳌大人，常言道'严于律己，宽以待人'。你与苏克萨哈均为先帝宠臣，国家栋梁，诛杀大臣乃国之大事，不可草率，况且你与苏克萨哈素有不和，不要让人觉得你挟私报复。"

鳌拜心想：黄毛小儿，竟敢绵里藏针，我岂能示弱。于是他高声吼道："皇上此言让臣十分不解，臣与苏克萨哈虽有嫌隙，但都是因公不和，属政见不同，并无私仇，宽待恶人乃妇人之仁。"

就在君臣二人争执之时，泰壁图从中缓和，因没法相劝，遂见缝插针道："皇上，平西王又上奏催要军饷，请圣上决断。"

鳌拜正与康熙较劲，却见半路杀出个程咬金，从中搅和，他上前夺过泰壁图手中的奏折，狠狠瞪着眼道："兵部的折子先由部里会议后再上奏，你为何不议而妄奏，居心何在？"

泰壁图遭鳌拜呵斥，他看到鳌拜凶神恶煞一般，赶紧退了下去。

康熙看到这样的情景，再也没法容忍，心想，再这样相持下去，双方都下不了台，便起身拂袖而去。执事太监忙喊了声："退朝！"尾随康熙而去。

早膳也没用，康熙一直在储秀宫里生闷气，这鳌拜越来越放肆，竟敢在百官面前大闹朝堂，呵斥部院大臣，且大臣们如此惧怕于他，且敢御前拦截奏章，可恶至极，也可见其在朝中的飞扬跋扈程度。

"皇上乃万金之躯，怎能不吃饭呢？天下之事，吃饭最要紧。"太皇太后还没进来便唠叨开了。康熙看了苏麻喇一眼，似乎是在埋怨她惊动了太皇太后。孝庄进来后接着说："别人还正盼着皇上吃不下饭呢！越是碰到难事，越要放宽心，身体要紧。难道皇上还有祖母经过的磨难多吗？你看，哀家现在不是活得好好的。"说着示意太监把早膳端上来。

吃罢饭，熊赐履又来给皇上讲课，康熙与孝庄都认真地听，熊赐履讲道："皇上，上次讲质帝的故事值得借鉴。越是在紧要关头，越要稳住阵脚，待对方自乱阵脚，自乱必败。"

"朕具体应采取什么策略呢？"康熙十分苦闷。

"皇上，同是一只老虎，是在它发怒时打好，还是在它睡着时打好，道理其实很简单，只不过是旁观者清。"

"现在如何让老虎睡觉？"

"老虎只有吃饱喝足了又没有觉得威胁的时候才会睡觉。只有舍弃苏大人，让鳌拜觉得他一言九鼎，朝中再没有人与他抗衡，他才会麻痹。此事不可急，急则生变。请皇上三思。"孝庄点头称是。

"昔日已杀三位忠臣，今日再杀忠臣，朕岂不成万人唾骂的昏君？"康熙不忍道。

孝庄劝道："自古忠节之臣无不是在国家危难之时挺身而出，舍身取义，杀身成仁。皇上，来日方长，为了大清的基业，只好牺牲几位忠臣的头来换取太平。只要皇上记住他们是忠臣，他们的血就不会白流。"

三日后，鳌拜带着赛本得、纳莫挂剑入宫，被费扬古阻拦，鳌拜大吵大嚷直往殿内闯，康熙听到争吵，大声道："费侍卫，退立一旁，不得对鳌大人无礼！"

赛本得、纳莫仗剑立殿外，鳌拜昂首进了大殿，伏地道："皇上，不知苏克萨哈一案如何裁决？"

康熙心中恼恨，却脸上带笑说："鳌大人，这几日太皇太后一直在朕面前说起你昔日之功，如何拥立先帝继位，如何与多尔衮斗争，保护先帝和太皇太后。只是自从辅政以来，得罪的人多了点，常常被人误会。苏克萨哈的案子，就按你的奏折办，念他昔日有功，就从宽处理吧。"

鳌拜见康熙的口风有松动，顿时心满意足，趁此送个顺水人情，于是说道："既然皇上说了，那就把苏克萨哈处以绞刑，留个全尸。"

康熙正在琢磨下面的话该怎么接。鳌拜看康熙没说话，生怕有变，立即一个长揖道："臣这就去监刑。"说完便退了出去。

可惜，一代忠臣苏克萨哈以及子孙七人、子侄四人又死于奸贼鳌拜之手。

奸人就擒

突然，十几个小童围成一圈，如猛虎下山般同时扑向鳌拜。鳌拜见状马上迎战，打算卖卖老，怎奈他算盘打错，前面两场是为了麻痹他。其实围过来的十几位，个个精壮勇猛，虽都不是鳌拜的对手，但俗话说"双拳难敌四手，饿虎也怕群狼"，鳌拜终于被精心训练的小侍卫们扭捆住。鳌拜厉声叫骂，也没人理睬。费扬古与明珠迅速蹿过来，把刀架在了他的脖子上。

苏克萨哈被冤死，鳌拜权势进一步扩大，更为飞扬跋扈、欺君擅权。玄烨去南猎时，让随行的鳌拜奏闻祖母，但鳌拜却不遵旨，全然不把玄烨放在眼中，他的种种僭越行径，已构成对皇权的严重威胁。至此，孝庄终于作出决断，支持并指点孙儿拟定清除鳌拜的全盘计划。

此前孝庄让玄烨广征谏言，制造舆论，通过各种举措，纠正辅臣政治上的失误与弊端，这使朝廷上下人心振奋，玄烨威望日增，鳌拜逐渐走向孤立。与此同时，玄烨身边聚起一批年轻的满族贵族成员，他们朝气蓬勃，索额图即是其中的突出代表。索尼孙女做皇后，更加深了索尼家族与清皇室的关系，也加强了正黄

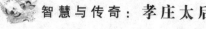

旗对皇室的向心力，并影响到镶黄旗。索额图对玄烨十分忠诚，在清除鳌拜的过程中，成为玄烨最得力的助手。

鳌拜集团附者甚众，盘根错节，已控制中央机构各要害部门。为最大限度地减少动荡和不必要损失，孝庄帮助玄烨制定了"擒贼先擒王"，迅速打击主要党羽，震慑其他成员，稳妥解决问题的基本策略。据此，玄烨命索额图秘密地组织起一支善于扑击的少年卫队，又在行动前有意将鳌拜的一部分党羽遣往外地，以分散其力量。此外，玄烨还采取了其他一些周密部署。

一日费扬古把明珠叫至房中，支走仆人，从袖中取出一黄绢，低声道："明珠听旨。"

明珠心中大惊，马上伏地道："明珠接旨。"

"明珠先祖有功于大清，其父虽在睿王帐下听令，但并没有恶迹，受睿王株连，朕于情不忍，特恢复明珠祖上旧爵，令明珠袭爵，奉旨后入宫，任四品侍卫，钦此。"

"臣谢主隆恩！"明珠连连磕头。

"明大人，快起来。皇上特差在下传旨让你进宫，皇上在等着呢！"

进宫后，费扬古对他道："你站在这儿，什么时候听见喊你的名字就进去，没喊名字不准乱动。"

明珠点头，立在门外不动，费扬古进了殿，见太皇太后和皇上正在商量什么，熊赐履和索额图也坐在殿里。

"启奏皇上，明珠已在殿外。"

康熙不假思索地向张二毛道："宣他上殿。"

"皇上有旨，宣明珠上殿——"张二毛一声高喊。

明珠正在想如何回答皇上的问话，忽听这一声喊，忙跑了进来，跨过门槛，他便跪在地上，根本没敢看殿上何人，便伏地道："臣明珠叩见皇上，吾皇万岁！万岁！万万岁！"

康熙向下望了望，见明珠一身的武装，身材很魁梧，十分高兴，笑道："平身吧，朕让你世袭父职，先在宫中任侍卫，等外任有缺，再改放外任。"

"多谢圣上恩典，臣终生感恩圣上。"

"明珠，你祖上可都是忠臣，就算你父亲在睿王帐前听令，也无恶行，所以皇上才复了你的爵位，日后要想着朝廷的好处。"一个女人的声音说道。

明珠抬头一望，御榻上盘膝高坐一位五十多岁的妇人，明珠明白，她可能就是当今的太皇太后，于是又忙跪地连磕三个头，朗声道："臣流落街头，沦为乞儿，皇上念旧情，恢复臣旧爵，是臣的再生父母，日后甘为皇上效犬马之劳，虽肝脑涂地也在所不惜。"

康熙看了看费扬古，吩咐道："费大人，领明珠去内务府报到，分他到毓庆宫当值。"

明珠去后，熊赐履道："皇上，现在宫中缺的就是明珠这样的人，外结贤臣，内养勇士，是制胜的关键。"

孝庄不无忧虑地看着熊赐履。

熊赐履继续说："大凡权臣均手握重兵，结党于朝，外有强援，内有朋党。处置稍有不慎，便会激起突变，引发事端，古今类事多矣。"

康熙闻言点头道："听先生之言，好像已有除贼之计，说来听听。"

"太皇太后，皇上，见过乌龟吗？它虽然身体很软，可外面有一个厚厚的外壳，外人很难伤害它，若想伤它，只有把它引出来，趁其不备，一举歼灭。"

索额图闻言点头赞许，而后献疑曰："先生之计有道理，不过鳌拜耳目遍及京城，府内侍卫如云，京中重兵在握，就是皇宫中的侍卫也多是他的手下，整个京城都是他的壳，又能把他引到哪儿呢？"

熊赐履笑了笑："索大人，手大捂不住天，鳌拜势力再强大，也不可能把整个京城都变成他的外壳，我们现在的地方他的势力能到吗？汉初吕后铲除韩信是在什么地方？"

索额图佩服熊先生这一妙招，熊赐履接着说："西汉时韩信为汉王立下奇功，手握重兵，功高盖主。刘邦想铲除他，又怕韩信造反，一直无计可施。后来吕后生出一计，传懿旨召韩信入后宫，韩信见后宫都是宫女，赤手空拳，他的戒心全无，很轻松地进了吕后的宫中。正在他与吕氏说话之际，宫女们争相给他献殷勤，扇风捶背，最后把绳索套在了他的脖子上。一代名将，就这样惨死于几位宫女手中。吕后不动声色，用韩信意想不到的方法杀了他。"

孝庄太后很受启发："今日之言，乃国家机密，虽妻子父母不可语，一旦泄露，国家不堪。"

"吕后高明，以天下最弱之人捉杀天下最强之人，皇祖母，我们能否用此法？"

孝庄沉思了好一会儿，才缓缓摇头："不可。韩信与吕后相处多年，以弟嫂相称，可召他进内宫。如果哀家召鳌拜，他不但不会放松警惕，反而会更加小心。"

经过一段时间的策划，孝庄终于想好了一套可行方案。

这天，孝庄趁康熙来请安时对他说："皇上，我想好了一条计策，你听听看。以弱胜强必须保证两点：一奇，二快。只有出奇兵，攻其不备，战必胜，胜必速才可。吕后擒韩信，以女捉男，可谓'奇'也，可妙计不可再用。不过天下最弱之人不过妇孺。吕后用宫女，我们可用小孩，谁会对半大不小的少年存戒备之心呢？"

康熙不解："孙儿听说鳌拜力大无穷，勇猛善战，小孩怎么去对付凶神恶煞？"

孝庄笑道："鳌拜虽勇猛，然十分粗鲁，不善注重小节，尤喜布库、摔跤。若招募数十名十二三岁内侍，以陪皇上习布库为名，天天训练，一则可保皇上安全，再则可作制敌奇兵。"

"皇祖母，这群娃娃兵交给谁调理呢？"

"此事要细细琢磨，精心安排，确保万无一失，若有一点疏漏，都会酿成大祸。我看就交给明珠吧，这孩子身体素质好，又聪明伶俐，且皇上还给了他爵位。"

康熙立即派人把明珠叫来问话。明珠再次来到殿上，孝庄看他穿着官服比以前威风多了，笑眯眯地问："明珠，现在穿上这官服感觉如何？"

"臣多谢太皇太后和皇上的恩赐！"

"明珠啊，如果有人给你更大的官做，你还会说这样的话吗？"孝庄要探这孩子的城府。

明珠一惊，他知道只有皇上是至高无上的，如果有人敢擅自封别人官职，那他一定是奸臣，必遭满朝共诛之。他心里明白，这是让自己表忠心，忙道："回太皇太后，小臣虽愚昧，但有一事很清楚，臣的心中只能有皇上，于皇上有益的事，臣当竭尽全力做好，于皇上有害的事臣不但不会干，而且决不许别人干！"

孝庄微笑不语，对康熙点了点头，康熙正色道："明珠，朕交给你一个任务，从明日起，从八旗子弟中挑选几十名十多岁的少年陪朕练习布库。"

明珠一愣，问道："皇上，臣愿在御前效力，以生命来保皇上安全，为何派臣去带一群娃娃练习布库？"

孝庄道："保护皇上不只有在御前，凡是为大清效力的臣子都是保卫皇上，这些娃娃年龄与皇上相仿，陪皇上练布库既可锻炼皇上的身体，也可使祖宗的技艺得以传承。再说，你还在宫中为皇上训练布库对手，如果皇上武艺提高了，你也算立大功了。"

明珠想，虽然不在御前行走，但是自己也算一步登天了，如果差事办好了，不愁日后高升。于是说道："臣遵旨，定当尽心竭力把皇上交给的娃娃训练成优秀的布库高手。"

孝庄满意地笑了："你在京中也无处落脚，就在宫中腾间房住下，练习布库的地方就在钦安殿吧，那地方僻静，是个练武的好地方。"

钦安殿在御花园，原是和硕格格孔四贞的居所。孝庄曾下令宫中人等及百官不准私入钦安殿，从那时起这处花中宫殿成了一个安静之所。孔四贞出嫁搬出皇宫，这儿便更安静了。

肃穆的大内中从此来了一群憨头虎脑的小伙子们，寂静的钦安殿热闹起来。每天都可见一群身穿清一色跤服的少年们在院内练把式，竖蜻蜓跳跤步，冲拳踢腿。宫中都知道这是善扑营，少年均是奉旨选来陪皇上作扑击之戏的布库娃。

杀了苏克萨哈后，鳌拜经常在家里举行宴会，结交朋党之事已成家常便饭。

这天赛本得与纳莫从宫中窥探消息回来时，鳌拜正坐在上席高谈阔论，陪坐的还有班布尔善大学士和吏部尚书阿思哈，另外还有穆里玛、马尔赛、泰壁图。居于下首的有那摩佛和迈音达。

鳌拜见二人进来忙问："钦安殿内在干什么？"

"回叔叔，钦安殿里来了一群十一二岁的小孩，在那里摔跤，说是为陪皇上学扑戏而特意送来的，担任教练的叫明珠，是多尔衮手下佐领的儿子。"鳌拜听了点点头。

"鳌大人，皇上弄这么多小孩进宫练布库不会有什么企图吧？"泰壁图发疑问道。

马尔赛进来后，大家给他让了个位子坐下，正吃着一块肉，听到泰壁图的话，把还没嚼烂的肉咽下，抢着说："泰大人过于小心了，我大清祖上立下的规矩，骑射武功是必修科目，这事也值得大惊小怪？况且现在宫中是老的老，少的少，全靠着鳌大人为他们支撑江山呢！要不怎么会加封鳌大人为太师，加封那摩佛为太子少师呢？"

听了这话，鳌拜心里舒服极了，喝了口酒，哈哈笑道："本官受皇恩大矣，理当为国分忧，谁敢违抗朝廷，本官定不轻饶，苏纳海、苏克萨哈就是例子！"

班布尔善听出了鳌拜的得意，慢条斯理地说："月满而亏，盛极而衰，大人还是应小心为是。"

鳌拜疑惑地问："班大人所言何意？难道皇室里有人暗算本官？"

"那倒没有，不过依在下看，皇上虽年少，但城府极深，太皇太后也经历三朝，藏而不露，高深莫测，与其共事应高度警惕。"

阿思哈喝了一口酒，面带兴奋之色，笑道："班大人多虑了，依眼下形势，鳌大人位高权重，德高望尊，门人弟子遍布朝野，部院大臣、督抚将军很多是鳌大人一手栽培的，大人在朝中振臂一呼，应者云集，太皇太后和皇上不会不知，怎会对鳌大人动心思呢？"

康熙匆匆来到慈宁宫，孝庄见了，忙问道："何事如此惊慌？"

"熊赐履上疏，指责鳌拜，孙儿不知如何发落，是否留中不发，拿不定主意。"说着把奏疏从袖中取出交予孝庄。

孝庄看奏疏上写道："民生困苦已极，官吏私人加派多于官家所征，各种杂税已超过正额，水旱之年，皇上常下令免除税捐，而实际上却有名无实，地方官照常加收，民生依旧多艰，得到的不过是贪官污吏而已。究其故，非仅仅为地方官之错，其上有监司，监司之上有督抚，故督抚廉则监司廉，地方官不得不廉；督抚贪则监司贪，地方官不得不贪。我朝入关日久，朝政积习未除，国计隐忧可虑，天下治乱，实系于宰辅之身……"

孝庄面无表情看完后，问："皇上怎么看这件事？"

康熙说："矛头直指鳌拜，孙儿想留中不发，以免激怒鳌拜，打草惊蛇，使苏克萨哈的悲剧重演。"

孝庄摇摇头，语气严肃地说："孙儿应马上明发各部院大臣，奏议朝廷行政之失。若留中不发，熊赐履想为皇上制造舆论的苦心就白费了，把奏疏明发各部院，让大臣们都知道朝政积习未除皆因宰相所致，同时皇上下旨斥责熊赐履妄奏，让鳌拜无话可说，这才是两全之策。"

熊赐履奏疏下发后的一次朝会上，群臣交头接耳，康熙适时"啪"地拍了一下御案，大声喝道："熊赐履！"

"臣在！"

"尔以为是朕的老师，便可妄行冒奏，竟敢说我大清腐败无能，天下政事凋敝，以此妄奏沽钓虚名，乱我朝人心，今日若不罚你，满朝文武人心不服。罚半年俸禄，闭门思过一个月以示惩戒。"

索额图听了皇上的话，心里暗暗思虑，这虽然是在敲鸡骂狗，但鳌拜也没话可说，索额图要帮皇上把戏演到底，于是他出列奏道："皇上息怒，臣以为大臣上书言事，乃其本分，即使言过些许也可原谅，臣观熊大人所言，虽有危言耸听之嫌，但绝无沽名钓誉之心，若皇上如此斥责，怕堵塞言路，遮蔽圣听。"

康熙见索额图出面保熊赐履，马上意识到索额图的意图，故意怒道："熊赐履恃恩放肆，朕决不能饶，否则怎能保持我朝正确的言论！"

鳌拜脸上浮起一丝不易察觉的冷笑，奏道："圣上能不庇宠臣，怒斥恩师，可见圣上深明大义，有贤明君主之风，老臣甚感欣慰。"完全是一种居高临下的口吻。

转眼间，钦安殿内众少年入宫已有时日了，功夫日益见长，每次与康熙过招，明知道康熙功夫不如自己，但就是不敢摔倒他。所以他们觉得只要让皇上开心就行，没必要天天苦练。

明珠发现这种情况以后，呵斥道："我们奉旨在此习练，不仅仅是逗皇上高兴，我们要成为天下第一勇士，建功立业，光宗耀祖。若不好好练，日后怎么能担当御前护驾的重任？面对不知深浅的劲敌，怎能有把握取胜？"

康熙来到钦安殿时，正巧碰到明珠在训斥手下，康熙为了活跃气氛，先让布库手们表演对练。尽管跟康熙交手他们觉得没意思，但让他们一一对练时，却个个卖力，谁都怕自己在皇上面前丢脸，表演十分精彩。

康熙不由得鼓掌喝彩。少年们见皇上夸奖，个个喜形于色。明珠为了杀他们的傲气说："这里有两个石锁，你们轮流提着在院内走一圈。"

每个石锁二三百斤，少年们一人提一个石锁用尽全力才能慢慢地走几步，走着走着脚下步子已经乱了。

康熙看得正起劲，脱下龙袍，准备试试身手。突然随从太监跑来，俯身低声道："皇上，鳌大人求见。"

"现在哪里？"

"就在院外。"如此情景康熙略一沉思道："宣他进来。""皇上有旨，宣鳌大人进见！"太监喊道。

"哈哈，皇上，布库练得如何了？"鳌拜进来看见少年们累得满头大汗、步履蹒跚的狼狈相，开心地笑了。

康熙如今一看到鳌拜心里就有气，可还是和颜悦色地说："久闻卿家武功卓绝，今儿能否让朕开开眼界？"

"既然圣上有命，臣不敢不遵，这样吧，老臣的花拳绣腿也不敢在圣前卖弄，臣就试试臂力吧。"你看这鳌拜说话也乖巧得很。只见鳌拜把大缨帽和朝珠一并摘掉，递与身边的纳莫，快步向门口而去，还没等众人反应过来，就见他已从门口回来，双手举起门口的一只大狮子走了过来，来到众人身边撒开一只手，单手举石狮绕院转了一圈，来到康熙等人面前，他面不改色，气不发喘。突然鳌拜将石狮抛向空中，众人皆惊，那鳌拜不慌不忙，两腿扎下马步，伸出单掌去接住那石狮子，然后稳稳当当放于地上。

康熙惊得愣住了，他只听说鳌拜勇冠三军，武功高强，万没想到他如此神力。

"启奏皇上，太皇太后懿旨请皇上慈宁宫说话。"苏麻喇的喊声把康熙提醒了。

"太皇太后有旨，卿若有事可乾清宫候朕。"鳌拜看着康熙穿上龙袍扬长而去，又看了看场内惊呆的黄毛小子，脸上浮出轻蔑的冷笑，转身而去。

鳌拜离去后，众人才缓过神来，明珠厉声道："看见了吧，人外有人，天外有天，在这个院子里练得不错，出去了就可能栽跟头，井底之蛙！以后看你们还敢偷懒！"

自此以后，少年们一个个在练功时卖力得很，谁都知道冰冻三尺非一日之寒，钦安殿内更多的是摔打声和飞溅的汗水。

过些天，太皇太后来到钦安殿，看到明珠训练的小勇士们个个精神百倍，心里的高兴自不必说，她似乎看到了未来。趁少年们休息时跟他们拉起家常，少年们觉得孝庄像个慈祥的老奶奶。

孝庄看见一个中等个头，不胖不瘦，眼珠放光的少年，心中喜欢，便问："你叫什么名字？多大了？"

"小的叫乌查，今年十一岁。"

"你的家里都有什么人？"

"我的阿玛叫图海，在太平川任把总。"

"图海？"孝庄一怔。她知道图海原是多尔衮手下的一员悍将，十三四岁便威震三军，从龙入关，立有赫赫战功，多尔衮专政时很器重他，授予大学士衔，他是当年最年轻的大学士，多尔衮事发，被贬漠北。玄烨登极大赦天下时，得受皇恩，结束流放，效力军中，这个图海以后定要重用。再看这小乌查，不愧为将门虎子，年仅十一岁，便有大将风度，她又笑着问："你怕鳌拜吗？"

小乌查一挺胸脯，昂然道："奴才不怕，虽然鳌大人力大无穷，我长大后一定会超过他！"

"好！"孝庄拍了拍乌查的头，抬头望着众少年大声道，"尔等均奉旨在此苦练本领，要个个练成身怀绝技的壮士，超过鳌拜，成为天下第一武士。"

众人一齐跪地山呼："奴才一定谨记太皇太后的教诲！"

"慈宁宫赏你们一千两金子，每位小武士五十两，明大人二百两，剩下的留在这儿，奖给勤快之人。"

明珠忙跪地道："多谢太皇太后的恩典，奴才奉旨练兵，职责如此，怎敢受太皇太后的金子？"

"马上就该过年了，权作过年的赏礼，只要你们一心跟着皇上，听皇上的话，日后金银有的是！高官厚禄也有的是！"孝庄说。

"多谢太皇太后，奴才等一定效忠皇上，誓死跟皇上走！"

"好！好！好！你们练吧，哀家到花园看看花去。"孝庄走出去了。

大年初二，按惯例，百官要上朝向皇上朝贺新年。部院大臣们先向皇上贺喜，然后向鳌拜贺喜，唯有索额图只向皇上贺喜，然后退立一旁。鳌拜虽然面带微笑看一眼索额图，心中却骂道："索额图，你别仗着是名门之后，又有后宫撑腰，总有一天，我会让你知道我的厉害。"

散朝后康熙十分生气。孝庄劝道："什么事都不能急，要慢慢来，现在已到了关键时刻，一定要沉住气，鳌拜越骄横，越说明他对我们麻痹。刚才索额图来慈宁宫说要弹劾鳌拜，你可借此机会将索额图重调宫中。"第二天，索额图上书进一步制造舆论，康熙故伎重演，斥索额图不尊鳌太师，反而攻击鳌太师，免去侍郎之职，回宫御前行走。

从此宫中有索额图、曹寅、费扬古等全力准备铲除鳌拜的一切工作。明珠也加紧训练布库手。

这一日早朝鳌拜出列奏道："皇上，臣上次当面奏请皇上让遏必隆大人早日启程，去江宁为平西王筹军粮之事，不知圣上何时下旨？"鳌拜的想法是辅臣现在就自己和遏必隆二人，筹粮本是难事，如果遏必隆把这事搞砸了，以后自己在朝中就是一个人说了算，再也没有对手了。虽然遏必隆与自己不远不近，但他到底是皇亲啊。

"那好吧，遏必隆，你准备一下去江宁筹平西王的军粮之事。"康熙顺水推舟，这事也只有遏必隆去合适。他还要在遏必隆出发前面授机宜。

"臣领旨。"

遏必隆刚谢恩毕，阿思哈出列奏道："皇上，奴才近日接到广西奏，有人在去年考核官吏中徇私枉法，请圣裁。"

康熙闻言大喜，脸上却阴沉着，厉声道："政治清明乃立国之本。先祖在时对贪官污吏恨之入骨，今日岂能容此等小人坏我官场政风。朕令卿为钦差，亲自去广西查办此事。"

阿思哈一愣，此去广西路途遥远，而且那里人烟稀少，瘴气弥漫，没有什么京官愿去。

鳌拜看出了阿思哈的心思，忙为他解围，道："皇上，阿大人主管吏部，不宜离京远行，还是另选吏部他人前往为宜。"

康熙道："阿大人乃一部之首，整顿吏治，广西山高皇帝远，去的官级太低，怕威震不住。就这么定了！"

鳌拜也觉得在这件事上同皇上争得太过分，会引起百官反对，也就不再说什么了。

转眼间，清明节到了，修坟扫墓成了头等大事，这日朝会上康熙道："大清入关日久，盛京皇陵虽有奴才守着，但也日久失修，朕本想巡幸盛京祭祖修坟，无奈国事缠身不能成行，经太皇太后同意，朕决定派和硕承泽亲王硕塞和大学士班布尔善一道去盛京祭扫先祖，修缮皇陵。"

"臣遵旨。"硕塞与班布尔善异口同声回道。

"你二人即日启程，顺道走昌瑞山，也祭扫一下先帝之陵，等到达盛京也就是清明节了。"

班布尔善身为宗室，但能代皇上去祭列祖列宗也是一种荣耀，无论公私都没理由拒绝。

数日后，早朝不见鳌拜，康熙觉得不对劲，问吏部说是鳌拜有病在家，不能上朝。此后多日仍不见鳌拜上朝，康熙遂召索额图、熊赐履等进宫商议，分析结果是鳌拜见他的党羽纷纷被派出京，使他有所担心，另外借此试探一下皇上对他的忍耐程度，摸清底牌再见机行事。

最后索额图鼓足勇气说："为了消除鳌拜疑心，皇上可以去鳌府探视，让他感到皇上的关怀。"

孝庄坚决反对，她怕万一……

可康熙坚定地说："不入虎穴焉得虎子，朕突然出现在他府上，给他一个措手不及，况且还带着大内高手，外围巧装侍候，谅也无妨。"

一切布置妥当。索额图在鳌府门官前一亮腰牌低声道："圣上闻听鳌大人病了，特来看望，速禀鳌大人！"

门房开门时，早有人后院飞报鳌拜。鳌拜与儿子正在花园散步，一听皇上驾临速回卧房，并让儿子代己迎驾。

那摩佛行礼后，引领康熙来到堂门口，正见两个仆人架着鳌拜出迎康熙，鳌拜见了康熙马上伏地感激道："奴才何德何能，偶有小疾竟让皇上御驾来视，惭愧之极！"

康熙忙上前扶起鳌拜，安慰道："卿乃是大清栋梁，当朝宰辅，贵体欠安让朕心中不安，目下国事维艰，卿要快快养好病，辅佐朕开创千古基业。"

在他们说话间，索额图已抢先入室站在重要位置，他看见鳌拜袍子里面露出了匕首，立即紧张起来，以眼神示意侍卫们提高警惕，自己则站在鳌拜身旁，密切注视着鳌拜的举动。

康熙继续说："卿数日不能上朝，朕十分担心卿的病情，今日见卿气色尚好，想来已初愈无碍。朕回去后再让太医院来人给卿诊治，缺什么药到太医院去取，望卿早日康复。朕还想跟卿学功夫呢。"康熙说得很诚恳。

鳌拜听了康熙的话笑了，皇上毕竟是个孩子，还想着那日钦安殿的事呢，这样想着嘴上却说："皇上绝顶聪明，稍有人为皇上做做示范，皇上定会无师自通，练成绝世之功。"

"好！朕就等卿愈后，来宫给朕示范。今天不早了，卿体有恙，朕就不再搅扰了，希望卿早日康复，朕回宫了。"康熙说罢起身，在侍卫们簇拥下出鳌府回宫。鳌府众人恭送圣驾离开。

回宫后，太皇太后忙问："没有什么不顺吧？哀家的心都提到嗓子眼了。"

索额图道："禀太皇太后，奴才在鳌拜给皇上行礼时，见他袍下藏有匕首。看来老贼心怀异志，不可再姑息了。"

听索额图说此话，康熙也十分震惊。

孝庄沉思片刻，坚定道："先下手为强，赶在鳌拜党羽返京前动手吧！索额图、费扬古、明珠你们加紧布置！注意保密！"

时值初夏，太阳刚出来便暖暖的，钦安殿内一片繁忙，布库手们在明珠的调教下练得非常卖力。康熙突然驾临钦安殿给他们做战前动员。康熙说："尔等知道朕召你们练布库为何吗？"

众人一惊，皇上为何会说出这样的话，组建善扑营不是专门为皇上作陪练的吗？

康熙继续说："朕召尔等练布库，并非仅仅为了陪朕练布库，还有更重要的事，那就是保护朕、忠于朕，唯朕的命令是听。"

"愿为皇上赴汤蹈火！"众人齐声道。

听到大家表忠心，康熙吩咐拿酒来，然后咬破中指让血滴入酒坛，明珠与众勇士一一仿效，最后每人手持一碗酒。康熙道："朕要铲除鳌拜，朕的成败荣辱，大清江山的稳固与否，全仰仗诸位了，朕愿与诸位同生死共患难！"说罢，一仰脖子就饮了血酒。

明珠激动道："士为知己者死，今日奴才们能得到皇上如此器重，虽死犹荣！"

众勇士纷纷道："奴才愿为大清效力，誓死保卫皇上，保卫大清，誓与大清共存亡。"说完一起饮下手中血酒。

康熙向明珠使了个眼色转身而去，明珠会意，立即安排撒网捕鑫鱼，每天集中训练勇士，不得自由出宫，随时准备擒贼。

一日，鳌拜正在后花厅逍遥地打拳，一名仆从手拿平西王吴三桂的六百里加急奏折来见。鳌拜展开一看，还是讨要粮饷的，语气中明显带有不满。他生气道："本爷正在生病，直接呈御览！"

那仆从小心道："回主子爷，这折子就是皇上退回让主子爷看的，说主子爷是辅臣，应该拟个主意才是，如果再呈送御览……"

鳌拜骂道："遏必隆这个老乌龟，三个月前就去江宁了，平西王不知底细，讨债鬼似的缠着本官何用？"他哪里知道，遏必隆离京前康熙面授机宜，让遏必隆只管游山玩水，不要为云南筹粮。

气了一会儿，鳌拜终于坐不住了，高喊一声："更衣，本爷要上朝。"

来到钦安殿，远远见康熙身着武服在练布库，鳌拜一脸不屑，心中道：这乳臭未干的毛孩子竟这样迷恋布库。再看宫门两边的侍卫都是自己的人，他放心大胆地步入后宫之门。康熙迎着鳌拜走来，脸上泛着潮红，头发被汗水浸湿贴在前额上。见鳌拜要行礼，就说："鳌大人免礼吧，听说卿乃大清朝第一勇士，擅长布库，上次卿又表演了大力神功，很让这些小子们佩服，可他们不知天高地厚，竟想与卿较量布库，不知卿意如何？"

鳌拜差点没把鼻子气歪。自己刚病了没多少天，朝廷的事就没人过问了，吴三桂三天两头催要军粮，皇上反而在这儿练什么布库。

趁鳌拜正愣神，一个布库小童已扑了上来，鳌拜并不躲闪，抓住小童摔出老远，正在这时又有两小童上来，一边一个想扳倒鳌拜，那鳌拜气沉丹田，屈蹲马步稳如泰山，顺势一手一个把两小童抛向空中。

"好！真勇士也！"康熙拊掌大笑，鳌拜趾高气扬正要收势。

突然，十几个小童围成一圈，如猛虎下出般同时扑向鳌拜。鳌拜见状马上迎战，打算卖卖老，怎奈他算盘打错，前面两场是为了麻痹他，其实围过来的十几位，个个精壮勇猛，虽都不是鳌拜的对手，但俗话说："双拳难敌四手，饿虎也怕群狼。"鳌拜终于被精心训练的小侍卫们扭捆住。鳌拜厉声叫骂，也没人理睬，费扬古与明珠迅速蹿过来，把刀架在了他的脖子上。只见康熙用轻蔑锐利的目光瞪着他道："把鳌拜关进宫中死牢！"费扬古带着一帮布库手将鳌拜押了下去。

康熙冲进慈宁宫，高喊："皇祖母，鳌拜被捉住了！"他在前面跑，明珠带着几名侍卫在后面跟着。

孝庄手中的匕首"铛"的一声掉到了地上。康熙一下子扑进了孝庄的怀里，孝庄震了一下，立即语气镇静地说："费扬古，你马上去内务府传旨，把赛本得、纳莫二人拿住，凡鳌拜选的侍卫全部换下来，着内领侍卫大臣噶布喇马上接管大内，清除贼党。"二人领旨而去。

孝庄又转身对索额图说："索大人，局势紧张之时，你要多为国操劳，传哀家懿旨，拿住噶褚哈、泰壁图、迈音达，收监入狱，等候处置，你亲自去办！"

"嗻。请太皇太后放心，臣定谨慎行事！"索额图领旨而去。

"明珠，你带人去鳌府捉拿鳌拜全家！"

"嗻！"明珠领旨而去。

紧接着派人密去东北着和硕承泽亲王把班布尔善拿下，解往京师；着人去广西拿阿思哈，也着人去拿直隶总督莫洛回京；着江南织造曹玺速送遏必隆回京。

一切停当，康熙传召议政大臣于乾清宫议事。众大臣纷纷入宫，见宫内戒备森严，卫兵侍卫频频调动，个个心中惊疑，不知出了何事，立在乾清宫前，小声议论着。

康熙一出现在大家面前，大家齐呼万岁。见礼毕，康熙威严道："鳌拜结党专横，欺君犯上，朕已将其拿住，其朋党该抓的也已实施抓捕，今令议政大臣立刻严参他及其同党之罪。"

三个月后，安亲王岳乐奏道："启奏皇上，臣等领旨朝议鳌拜等人罪行，经议政大臣公议，鳌拜等共有三十款大罪。议将鳌拜革职立斩，其亲子及弟亦斩，妻并孙为奴，家产籍没，族人有官职及在护军者，均应革退各鞭一百，其侄赛本得、纳莫凌迟处死。其同党大学士班布尔善、尚书阿思哈、噶褚哈、马尔赛及其以下九人革职斩立决，妻子为奴，家产籍没。"

"为何没有议遏必隆？"

岳乐一愣，面有难色："遏必隆只是附和鳌拜，并非同党，只是有失辅臣之职……"

康熙没等他说完，抢过话题说："革了他的职敲打敲打吧！"遏必隆毕竟是皇亲，且没有太大恶行。

这夜慈宁宫孝庄望着康熙道："为君之道，宽以待人，行仁政，兴王道，此事不必株连过多，除朝中罪大恶极者外，均可免死从轻处罚。鳌拜还是不杀为宜。多尔衮虽有罪，但他毕竟是大清的开国元勋，落了个悲惨的下场，苏克萨哈明知是忠臣也遭杀害，鳌拜虽罪该处死，但他也经历了三朝，确有大功，还是宽容些，免得让大臣们心寒，有兔死狗烹之感。"

于是康熙发明诏：处鳌拜终身监禁；遏必隆革去太师职；班布尔善、阿思哈、噶褚哈、穆尔玛等系部院大臣，皆附鳌拜权势，结党营私，狼狈为奸，为害百端，罪在不赦，全部正法。其他均依议政会奏议。

又拟旨：着刑部为苏克萨哈、苏纳海等以下为鳌拜处死、革职、降级者，一一据实平反昭雪。着吏部整顿吏治，废除辅政大臣，收回批红权。

铲除鳌拜集团这场惊心动魄的政治较量，是康熙君临天下后，孝庄对他的关键性指导与帮助。当时康熙年仅十六岁，还缺乏足够的智慧与经验。若无孝庄的指教他很难在亲政后第三年，便一举粉碎这一把持朝政多年，势力颇大的宗派集团。显然，鳌拜集团存在的时间愈长，对清朝的危害愈大，势必积重难返。铲除鳌拜集团，排除了威胁皇权的危险，扫除了清朝向前发展的绊脚石，康熙真正掌握了清朝大权。

在对鳌拜集团的斗争中，康熙从祖母身上学到了很多东西，除坚决果敢的作风外，给他印象最深的是祖母待人处事宽厚豁达的态度。正是在孝庄的影响下，他处置鳌拜及其党羽时，运用宽严相济、打击面小、安抚团结大多数朝臣的策略，收到了人心安定、朝政稳定的效果。孝庄的言传身教使康熙逐步具备一代名君所应有的宽阔胸怀和气度，这不仅在此次斗争中显示出来，在其以后漫长的统治岁月里，无论是平息党争，还是处理两废太子事件中，或有重要举措时，这种方针策略依然完整地保留下来，足见孝庄的智慧、品德与作风，已经体现在康熙身上，并由他继承发扬光大了。

另外，孝庄指导玄烨宽大处理鳌拜集团也是对当年两黄旗大臣同心协力拥立顺治的回报，表明她为保护幼孙，从清朝的长远统治计，不得不清除对她效忠多年的老臣时手下留情。作为一位政治家，孝庄的这种做法难能可贵。

九、魂归昭西陵

平三藩

孝庄沉思很久，终于下定了决心说："三藩之患，早晚都要解决，长痛不如短痛，时间越长，三藩势力越强，大清国力越弱，倘若再放纵，必将养虎为患。从此次二王上疏请求撤藩来看，他们已做好了充分的准备，再延误下去，对大清不利。"康熙也说："朕考虑了，天下大权，唯一人操纵，不可旁落。吴逆等蓄谋已久，不早图之，养痈成患，何以善后？况且事势已成，撤亦反，不撤亦反，不若先发制之。"

早春三月，天空中弥漫着微微湿润的空气，风还有一丝丝凉意。此时的康熙已年满二十，他身穿一件普通外套，俨然一位英俊青年的模样。像每天一样，早朝后他都要从乾清宫到慈宁宫，向他的祖母请安，还要与祖母商量朝中的诸多事宜。

慈宁宫内的老太太精神依然矍铄，见了康熙高兴地笑道：

"乖孙儿，退朝了。"

康熙毕恭毕敬地向祖母行了礼，然后搀扶着祖母向外走，边走边建议祖母要经常到院子里走走，活动活动筋骨。

孝庄一边向外走，一边满意地笑道："皇上现在已稳掌朝纲，又整顿了吏治，天下也算是太平了，我也没什么可挂念的了。"

康熙叹了一声，忧心忡忡地向祖母道："当前漕运不济、黄河泛滥、三藩割据。这三件大事是我心头大患，尤其是三藩，他们的势力越来越大，胃口也越来越大，天下所收银粮的一半要供给他们，孙儿担心的是再不撤藩，恐怕要不了几年，大清就养不了他们了。"

孝庄听了孙儿的话，脸上的微笑渐渐消失了，她微微点头道：

"藩要撤，要注意稳妥，三位藩王都是功臣，他们为大清立下了汗马功劳。如果他们自愿撤藩，一定要优厚对待，不可让汉人说我们诛杀功臣呀！"

孝庄说着说着，对孙子油然生起一阵爱怜之情，不由谆谆教诲道：

"皇上待民尚宽厚仁慈，温良恭敬，然须时时留意为帝之威仪，出语要三思，为政要精勤，以继先祖遗志，则哀家无愧于心矣。古人都说做君主很难，芸芸众生，只有天子可身临其上，百姓的生存，子民的抚育，皆赖君而行。唯多思治国之道，使四海康泰富饶，安居乐业，帝业永固，万世无疆方可焉！"

康熙听祖母谆谆教诲，很受感动，忙应道：

"孙儿一定谨记太皇太后教诲，勤政爱民，创一代不朽伟业。"

祖孙俩正在说话，内侍匆匆跑来，跪地奏道：

"启奏皇上，兵部尚书明珠大人求见。"

康熙有些吃惊，有什么急事，明珠竟追到慈宁宫来了，马上道：

"宣他进宫。"

这位兵部尚书明珠，曾任御前侍卫，后迁内务府郎中、弘文院学士，去年又升任兵部尚书，深受康熙皇帝倚重。

明珠进了宫，忙给皇上、太皇太后施礼。

"明大人，有何要事？"

明珠奏道：

"启奏皇上，奴才刚刚收到平南王尚可喜的六百里加急，不敢延缓，斗胆觐见。"

康熙问明珠道："平南王的奏折是何时递进大内的？"

"启禀皇上，是今日卯时递进的。"明珠答道，"奴才不敢耽搁，立刻乘马送达御前。"

康熙接过奏折，展开一看，脸上的表情顿时严肃起来，上面写道：

"臣蒙受皇恩，得以封王，代王子镇守一方，今奴才年老体衰，梦思故里，是故奴才大胆上奏恳请陛下能体谅奴才，让奴才在有生之年，归还辽东，为报皇恩，奴才愿留犬子代父尽忠。"

皇上看完后递给明珠，明珠看毕，抬头看康熙，康熙平静地说：

"明大人，谈谈你的看法。"

明珠不敢推诿，忙道：

"以奴才之见，尚可喜想告老还乡是真。"

"他没有什么意图？"康熙追问道。

明珠沉思了一会儿，点头道：

"难道平南王有以子袭爵之意？"

康熙笑了笑："朕早在等他们告老还乡，就势撤藩。他倒想到朕前面去了，老的还没走，小的便在那地方算计着接班，看来朕的皇位要世袭，他们的王位也要世袭了。"

孝庄虽没看奏折，但从他们君臣的谈话中已听出奏折的内容了，问康熙道：

"皇上打算如何处理此事？"

"平南王可以归还辽东，朝廷安排专门人员护送他衣锦还乡，并拨专款在其老家赐建豪宅，颐养天年，也可在京都择宅而居。但其子不可袭职，所守之藩撤除，并入周围上省。明珠，按朕的意思，草拟诏书。"

孝庄有些诧异，忙道：

"皇上，君无戏言，做事应三思而后行，如果撤藩，激起突变，怕后患无穷。"

"皇祖母，不撤藩才后患无穷。此次上书的是平南王，他的势力最弱，年龄最大，孙儿下令撤藩，可试探其他两王的态度，若他们按兵不动，朝廷只撤平南王，等他们都年老时，可依例撤藩，若他们反对，朝廷则会另想对策。"

孝庄看到孙子不理解自己的意思，笑道：

"哀家不是反对撤藩，而是提醒皇上做事要三思而后行，不可意气用事。"

康熙点头道：

"皇祖母指教甚是，孙儿再与众臣商议商议。"

关于撤藩的事，争论了一个上午，谁也说服不了谁，众议无果而散。

康熙又来到慈宁宫，他想听听祖母的意见，孝庄见他愁眉苦脸的样子，心中已猜出几分。笑道："廷议如何？"

"皇祖母，依你之见，是否应撤藩？"

孝庄对康熙这句话，沉思很久，终于下定了决心说道：

"三藩之患，早晚都要解决，长痛不如短痛，时间越长，三藩势力越强，大清国力越弱，倘若再放纵，必将养虎为患。从此次二王上疏请求撤藩来看，他们已做好了充分的准备，再延误下去，对大清不利。"

康熙一掌击在案上，愤然道："这个藩朕是撤定了，疮越长越大，越长越深，既然必须挖去，不如早挖。"说罢，起身离去。祖母的一番话，更坚定了他撤藩的信心和决心。

这日吴三桂在都统吴国贵、胡国柱及一大群亲兵护卫下，乘马从报国寺回到藩王府邸，心里充满了愉快情绪。他在藩府那高大威严的大门前下了马，一直走近银安殿前的铜旗杆，胡国柱、吴国贵等齐声叫喊："反！反！"

夏国相恐吴三桂犹豫坏了大事，又重申道："王爷，反了吧！"

这时，已揣摩透吴三桂心思的夏国相，叫了一声"王爷！"

夏国相的耳语使吴三桂面露喜色，不住点头说："就照你所说的去办……"

云南境内风云骤变。省城昆明及分驻省内水陆要冲的绿营各部，从次日起，突然紧急集中起来，开始演练攻城夺寨，水陆战阵。原来严加守护的各处重关险隘，又开上去成倍兵丁。驿站渡口，增设了游动岗哨，气势汹汹盘查入滇行人。凡出滇之人悉被阻回，遇有反抗，立即砍杀。云南境内一时间浊浪翻腾，黑云滚滚，似乎末日将临。南北邮传被禁了，云南与外界隔断了消息……

而在昆明藩王府及属下各个衙门中，却开始了检点文书、款项，筹集车辆船只，好像就要办理移交手续，并且准备启程离滇了。专责盛情款待钦差的王府长史，让钦差折尔肯和傅达礼品尝云南风味佳肴"白豆腐鱼""头脑""漆油炖鸡""火烧猪"……的同时，更殷勤地将每日检点文书等项进展情形一一禀报。可这两位钦差大臣哪里知道，一场历时八载、祸及半个中国的三藩叛乱就要爆发了……

康熙十二年（1673年）十二月二十一日，正值隆冬时节，青年皇帝在御座上落座以后，不像平时早朝那样，而是一反往日情形，开口就叫："兵部尚书明珠！"

"奴才在！"

这情景使朝臣们感到意外，他们预感到似乎发生了什么事情，不由得目光投向北面的丹墀。头戴珊瑚顶冠、身着麒麟补服的兵部尚书明珠，手捧一长方形花梨木匣，走到丹墀上黄案前跪下，将木匣恭设于案，奏道："奴才启奏皇上，湖广总督蔡毓荣疏奏，吴三桂杀了云南巡抚朱国治，竖起灭清复明的叛旗，率所部兵丁叛乱。"

明珠此言一出，丹墀下的朝臣们吃惊得纷纷瞪大了眼睛，不由面面相觑，有几个胆小的人甚至抖颤起来。康熙指挥若定，环视群臣。

朝臣们为皇上坚定的平叛态度所鼓舞，恢复了原来神情的兵部尚书明珠，精神抖擞地道：

"兵部俱已准备停当，恭候皇上圣谕。"

康熙皇帝从御座上起立，手扶黄案，遥望着远方，口授道："逆贼吴三桂穷蹙来归，我世祖章皇帝念其输款投诚，授之军旅，锡封王爵，恩赏有加；迨及朕躬，委以重任，晋爵亲王。殊恩优礼，亘古所无。讵料吴三桂阴图不轨，径行反叛，祸国殃民，罪不容诛。今削其爵，特将宁南靖寇大将军顺承郡王勒尔锦统领劲旅，前往扑灭。兵威所至，克期荡平。"

康熙说到此处，口气转缓："……但念地方官员民人等身在贼境，或心存忠义，不能自拔；或被贼驱迫，怀疑畏罪；大兵一到，玉石莫分，朕心甚为不忍。爰颁敕旨，通行晓谕，尔等各宜安分自保，勿为贼助……南北军民，皆朕赤子，必不容忍吴三桂横行凶逆，裂我封疆。宣谕中外，天下咸知。钦此。"

侯万昆边录诏谕边想：皇上果然气度非凡。斥叛逆，义正词严；恤下情，温语良言。这道诏谕颁出，朝廷大军浩荡南下，地方百姓壶浆相迎，那逆天背民的吴逆三桂还能逃得了天诛……他将诏谕录毕，忽然想起一事，抬起头问道："皇上，臣有一言，不知是否当讲？"

康熙说道："朕深知尔——言虽不多，殊有见地。说吧！"

"臣以为应拿逮吴三桂之子吴应熊。"

索额图闻听此言一怔，微微竖起耳朵，注意地听侯万昆说下去。

"吴应熊身为额驸却背叛朝廷，网罗奸党，养蓄亡命，图谋不轨。且刺探皇上行止，日夕飞报云南藩府……"

明珠此时插言道："吴应熊侦知皇上诏谕撤藩，即先派亲信密报吴逆，早钦差一天送达。"

索额图尽管刚才受了康熙皇帝严斥，但当他想到在此关键时刻如不出来说话，额驸爷就会真的被拿逮了，还是大着胆子插言道："皇上，吴应熊是太宗皇帝十四额驸，万不可……"

他的话还没说完，康熙皇帝便将那鹰隼一般的目光倏地射向他的眼睛，久久盯着他，直盯得他无力地低下头。康熙转身面向明珠，厉声谕道："拿逮额驸吴应熊！"

"奴才遵旨。"明珠应声礼毕，跨着大步走下丹墀。

四天之后，康熙下令，倾全国之兵南下进剿。

孝庄十分关注战场的情况，总盼着有好消息传来，可前线传来的都是不利的消息。仅仅数月，云贵川湘鄂闽六省尽失，台湾郑成功之子郑治也趁机反攻大陆。吴三桂的兵马分三路北上，饮马长江，西线已突破长江，进入陕西、甘肃。孝庄再也坐不住了，对太监李强道：

"传哀家的懿旨，召兵部尚书明珠入宫。"

不多时，明珠急急地跑来，进殿伏在地上，口称：

"奴才明珠叩见太皇太后。"

孝庄心中不悦，瞥一眼地上的明珠，脸上罩上了层霜，冷冷地道：

"明珠啊，你身为兵部尚书，昔日因练兵有方屡受嘉奖，为何战事一开，大清的军队一败千里？"

明珠闻言大骇，伏地叩头：

"奴才无能。大清入关已久，鳌拜又专权多年，武备已松弛，官兵贪图安逸，前线满族将领和士兵贪生怕死，将领在阵前观望逗留，不思振旅湍进，有的还和士兵一道自作伤痕，有时因一人受伤，即数十人扶拥送回，如此兵马焉能取胜？昔日我八旗官兵骁勇善战，所向披靡，战无不胜。现在却是这等局面，奴才练兵，仅为禁卫之师，今举国之兵皆如此，奴才又有何策？"

孝庄听了也大吃一惊，她原本也知八旗官兵不如以往，但不知竟退化到如此地步，此事只怪明珠，倒也冤枉了他。但作为兵部主管，应积极筹划，协助皇上用兵。面对此种局面，束手无策，也算失职，于是，又道：

"明珠啊，这等局面如何扭转，总不能坐等吴三桂杀到京师吧？"

"启奏太皇太后，奴才以为应调先帝整顿的绿营兵作为平叛主力，或许可扭转不利战局。"

"此事向皇上进言了吗？"

"还没有，奴才还没想好，不敢妄奏，今日太皇太后问起，奴才这才大胆进言。"

"蒙娃，快去乾清宫，请皇上入宫请安。"孝庄心急如焚，巴不得马上就能听到前线胜利的消息。

康熙不知祖母如此急着召见有何事，急匆匆地来见，见明珠立在一旁，稍稍愣了一下。明珠马上跪地见驾。

康熙见过祖母，坐在旁边，孝庄看明珠仍低着头，便道：

"明珠啊，你也坐下回话。"

"多谢太皇太后！"明珠满怀感激，欠了身子坐在一只凳子上。

孝庄太后用焦急的目光注视着康熙，心中又急又没办法，很无奈地道：

"皇上，前线战事真让人担心，不知可有良策能扭转局面？"

康熙故作镇定地笑道：

"太皇太后不必担心。吴三桂久怀异志，对谋反早有准备。朝廷对他多有松懈，不加防备，今战事一开，他自然占上风，并无可忧之处，一旦他锋芒过后，朝廷自会扭转不利局面阻止他前进。"

孝庄道："皇上有何良策？"

康熙慷慨道："太皇太后，孙儿决定处死吴贼之子吴应熊和孙子吴世霖，以寒老贼之胆，绝群奸之望，激励三军之心。"

孝庄点头道："明大人以为可用绿营兵做平叛主力，替下满兵，皇上以为如何？"

康熙颇踌躇了一阵，疑虑道："绿营兵均为汉兵汉将，以汉人去打汉人，万一阵前倒戈，后果不堪设想。"

孝庄也觉得有道理，又看了看明珠，明珠忙道："皇上也许过忧了。大清入关至今，中原汉人已归化我朝。绿营兵虽为汉兵汉将，但多受我大清皇恩，受先帝和皇上二代帝王恩泽，定会尽忠于皇上。再说，吴三桂举兵进攻南明，在昆明以弓弦绞杀南明永历帝于闹市，已寒汉人之心，今虽以复明相号召，但无人相信他。绿营兵将自然不会听信吴贼之言，背弃恩主。"

"不错，明大人言之有理，绿营兵是我大清优养多年的兵卒，不会背恩。皇上就信任他们，调以重任吧。"孝庄坚定地说道。

"那好，朕马上下诏，令全国绿营兵悉数调往前线。"康熙相信祖母的眼光。她从没做错过大事，在用人上也有独到之处。

明珠献策道："太皇太后，皇上，奴才以为眼下用兵之策应剿抚并用。"

孝庄和康熙都望着他，目光中充满疑问，明珠忙道："现在三藩叛乱，但平南、靖南二王只是受吴三桂之诱，随从作乱，其他叛将王辅臣、孙延龄等也是望风而动。如果朝廷下令停撤平南、靖南二藩，对归降的叛军予以保全，恩养安插，赦其以往，不复究治，定可瓦解叛军，孤立吴贼，扭转今日不利的局面。"

孝庄和康熙相互看了一眼，点了点头，以为此言有理。

青年康熙皇帝自即位以来第一次遇上如此严重的局面，开始时未免有些震惊，但不久便镇定下来。他谕令兵部每隔四百里设一驿站，前线军情均由快马邮传，奏折到达京师后，无论白天黑夜，立即呈递御前，不许延搁。因此吴三桂和耿精忠的一举一动，他都能了如指掌，他并且根据随时变化的形势及时采取相应的措施。军国大事如此繁重，他不得不兢兢业业，昼夜辛劳，以致每日都很疲惫；也许这重担放在常人肩上早就把身子压垮了。但他自幼演习弓马，练得体魄强健，又值血气方刚年纪，并且自信贵为天子异于常人，所以并不觉得穷于应付。常常是子夜时分离座，于乾清宫丹墀上踱步一周，便恢复精力如初，即使"连轴转"也不感到疲劳。

乾清宫正间里响起了人们的脚步声和低语声，刘春禄侧耳细听，知道是太皇太后和皇后来了。太皇太后这不平常的举动使他心里一震，他本能地想照例喊一声"太皇太后驾到"，却见阁门处达奇向他摆了摆手，又听太皇太后谕道："不要高声喊了，别打扰了皇帝。"她一边说着，便走进了西暖阁。年轻的皇后和六个宫女也鱼贯跟了进来。

太皇太后夤夜驾至乾清宫，使青年康熙皇帝深感意外。他以为发生了什么事情，忙从宝座上下来，给皇祖母跪安。待到抬起头来，看清太皇太后慈祥的微微笑容，他才放下心来。在明亮的灯光下，他见皇祖母头顶冬用东珠饰顶薰貂古服冠，身披御寒黑狐端罩，似乎上边还裹着寒气，不由激动地说道：

"皇祖母有何慈谕，叫玄烨去慈宁宫一趟就行了，何劳夤夜至此……着实使孙儿不安。"

康熙的话出自内心深处。他对太皇太后的崇敬，远非平常孙辈对祖母的感情可比。他钦佩皇祖母早在皇祖在世时就为大清江山立下了卓越功劳，皇父年幼时她又驾驭摄政王理政，得以顺利入关定鼎。自己冲龄即位，全赖皇祖母做后盾。要不是她深谋远虑，四年前怎能智除鳌拜？如今吴三桂叛乱，虽凶焰万丈，但有她老人家做主心骨儿，何愁不能克期荡平！

太皇太后凝望着康熙，见他虽精神奕奕，却显得有点儿消瘦，尤其是鼻梁，好像隆起得更高了些。他虽然已满二十一岁，做皇帝已经十三年了，可在太皇太后眼中仍然是个孩子。她心疼地说："皇帝又是这么晚还不安寝！夜夜如此，怎么得了？"

"皇祖母不是也没有安寝吗？"康熙说着，眼神里闪出了一丝调皮的笑。

"笑，笑，你还笑！"太皇太后心上升起一股祖孙亲情，说道，"我没有安寝还不是因为皇帝！怎么我两次命人送八宝如意粥来皇帝都没吃啊？"

康熙闻言不安起来，说道："孙儿不知道皇祖母等着我吃粥后才安寝……"他指指御案上的奏章，解释说，"告急奏章太多……"

"今儿个来了多少？"

"三百七十八件。"

"又是这么多！"太皇太后说着走近御案，拿起一件件朱批过的奏章，边看边说："怎么都呈皇帝这儿来了！内阁和兵部就不去分办几件？"

康熙说道："是我让他们悉数送来。皇祖母不是常常训诫，'皇上要自己做，不要别人代做'吗！"

太皇太后听了这话，深情地凝视他良久，说道："你这样经常记着我的话，我就放心了——可我还说过要多加珍摄，怎么就忘了？"

康熙连忙说："皇祖母时时刻刻为我操心，以后一定谨遵慈训。"

年轻的皇后赫舍里氏一直恭谨地站在太皇太后身后。这时她那美丽的眼睛瞧着康熙，轻轻地叫了一声"皇上"，想说什么，却又低下了头。

康熙一双机敏的眼睛，瞧见她的嫩脸上升起了两朵红云。在绢灯的映照下，显得更加妩媚可爱了。她今夜也头顶东珠饰顶的冬用古服冠，身着华丽的薰貂端罩。康熙从上到下端详着她，待到看见她那明显隆起的端罩时，他忽然想起，她已有孕七个月了。

她，也只有她从他的眸子里读出了他的炽情。她与他一样，也极想与他单独在一起……但是，当她抬起头来注视他时，她那好看的唇里飞出的声音却是："皇上，太皇太后命御膳房新做了银耳燕窝粥，还有几样饽饽……"

青年皇帝瞧着眼前的银耳燕窝粥和饽饽，心上涌动起一股热流——有谁能像皇祖母和皇后这样惦着自己呢！

太皇太后笑眯眯地向他说："皇帝这回该好好吃了吧！"

康熙答道："是，皇祖母。"

太皇太后又说："天快亮了，用膳后就安寝吧，我也该回慈宁宫了。"

太皇太后在皇后赫舍里氏和宫女的簇拥下向暖阁门走去。刚出门又转过身来，朗声向康熙说道："差点忘了一件大事——明儿个散朝后皇帝到慈宁宫来一趟。"

"是，皇祖母。"康熙恭敬地答应毕，又问道，"皇祖母莫非对玄烨有何训诫……"

"不，"太皇太后没等他往下说就截住了他的话，一字一句说道，"我要犒军。"

"犒军！"这两个字送入康熙的耳朵，使他的双眼突然放出喜悦的神采。他明白，这是皇祖母维护祖宗骑射开基的大清江山的坚定表示，也是她在关键时刻对自己的莫大支持，他兴奋得几乎喊出声来："谢皇祖母！"

太皇太后满意地一笑，迈开大步走出了西暖阁。她走得很快，有意给皇帝和皇后腾出工夫说几句体己话。但康熙和赫舍里氏却不约而同地加快了脚步，紧随在太皇太后身后，簇拥着她通过金砖墁地的正间，欢欢喜喜出了乾清宫。

年轻的康熙皇帝送走了尊敬的皇祖母，回到西暖阁，一直处于亢奋状态，办事效率也似乎快多了。他用过夜膳，将待批的奏章朱批已毕，仍没有睡意。

康熙皇帝几乎是每日都要到慈宁宫给太皇太后问安，每当走到慈宁宫门时，他心上就涌动起一股特殊的感情。他经常处于浩繁的军国大事之中，只有与皇祖母的会面，才能得到暂时的摆脱，并且可以享受到慈祥的祖母给予爱孙的骨肉亲情，这使他感到人世间的温暖。

慈宁宫东暖阁里，太皇太后正在等待散朝后的康熙皇帝来见。

"给皇祖母请安！"康熙英姿勃勃地跨进暖阁门，跪在太皇太后面前。

太皇太后欢喜得满脸是笑，连忙伸出一只手拉他起来，说道："起来，快起来。"

太皇太后伸出一只暖烘烘的大手拉住康熙结实有力的手，将他带到大炕前，指着早已摆放在那里的十二只云龙裸金大木箱说："皇帝，你看——"

太皇太后边说边示意宫女掀开上层六只木箱的箱盖。康熙见一只木箱里摆着金银元宝，一只木箱里是珍珠、宝石、翡翠，另四只木箱里放满绫罗绸缎。

太皇太后说道："这是我几十年撙节的体己，都拿出来了。"

"皇祖母这是要……"

太皇太后笑了："我不是说过了——今儿个我要犒军！"

康熙也笑了，他明亮的眸子里洋溢着生动的光芒，说道："皇祖母犒军只需颁旨命户部拨银就是，何需动用皇祖母历年撙节！"

太皇太后说道："犒军是我的心意，怎能用朝廷款项充数？"

康熙说道："那也不能将皇祖母数十年体己全数动用——"他招招手，把慈宁宫首领太监叫到近前，谕道："尔从各箱中取一些金银绸缎，共为一箱，留作太皇太后犒军之用，其余都抬回原处。"

"嗻！"那太监说着就去动手。

"慢着。"太皇太后命他停下来，转向康熙说道，"皇帝，如今逆贼作乱已波及六省。我大清自定鼎以来，还从未出现过如此局面。设若江山不保，我要这些金银何用？前线将士为大清江山一统，栉风沐雨，抛头洒血，我拿出这点东西赏他们还不应该？"太皇太后说到这里，一手扶住爱孙的肩膀，深情地说，"我曾和你说过，为人君者，要深知得国得众之道，如今我再补上一句：得众才能得国，得国不忘得众！"

康熙两只聪颖的眼睛注视太皇太后良久，领悟地说："孙儿记住了……得众才能得国……得国不忘得众。"

太皇太后满意了，她朝太监们挥挥手，说道："把这十二只木箱都抬到西苑去，一箱也不留。"

香藕斋是太皇太后预定犒军的所在。

杰书、岳乐、尚善、洞鄂、喇布鱼贯进入暖阁，向太皇太后和康熙皇帝行礼完毕，便挺身直躯雄赳赳地站在两厢。他们兴奋的目光，都瞧着太皇太后慈祥而开朗的面容。他们怀着迫切的心情，等待她的示下。太皇太后望着这几个受命为大将军的亲王、贝勒，见他们一个个威风凛凛，目光中充满自信，不由欢喜得笑容满面，谕道："当年吴三桂和耿仲明都是穷蹙来降，太宗皇帝与世祖皇帝广布仁德，将其收留，后来还赐以王爵，委以重任，命守滇、闽。如今吴三桂和耿精忠竟然背负皇恩，举兵反叛，且日益嚣张，摇动江山社稷。皇帝是以增调大军，弭平叛乱，尔等此次领兵南下，或运筹帷幄，或冲锋陷阵，均心神俱劳；八旗士卒更怠极艰苦，恢复城池，收还失地，无不当先履险，甚或血洒疆场、为国捐躯。我年事已高，不能亲到军前，今趁尔等离京出征之机，将我数十年撙节悉数拿出——"说到此处，太皇太后用手指指面前木箱里的金银、珠宝、绸缎等物，接着说道，"犒赏尔等及帐下官兵。尔等宜将此意晓谕全军知道。"

在太皇太后面前挺胸侍立的杰书、岳乐、尚善、洞鄂、喇布等听罢慈谕，一个个热血沸腾，信心倍增，齐刷刷地捋下马蹄袖，跪在她的脚下。杰书激动得声音颤抖地说："奴才等谢太皇太后。太皇太后恩比天高，全军将士受此殊恩，定当奋勇杀贼，戮力图报。"

太皇太后满意地点点头，说道："我等着你们的奏凯捷音。"

太和殿首领太监随即跟着尖声高喊："授敕印！"

康熙皇帝亲手将面前黄案上的五颗铜铸大将军敕印递给太和殿首领太监，首领太监恭敬地接过敕印，然后交给索额图等人。大学士索额图捧着镌有"进剿福建奉命大将军"和"宁海将军"的敕印，授给康亲王杰书和贝子傅喇塔；大学士图海捧着镌有"进剿江西宁远平寇大将军"的敕印，授给安亲王岳乐；协办大学士、兵部尚书明珠捧着镌有"安远靖寇大将军"的敕印，授给贝勒尚善；学士伊桑阿捧着镌有"扬威大将军"的敕印，授给简亲王喇布；学士工部侍郎额库礼捧着镌有"定西大将军"的敕印，授给贝勒洞鄂。为隆重的仪式激动得几乎落下泪来的康亲王、安亲王、简亲王、贝勒尚善和贝子傅喇塔，立即跪在御前向康熙皇帝叩头。

康熙皇帝率领他们诣堂子行礼毕，康亲王等即于八杆迎风飘扬的大纛前跪倒叩头。这时振奋人心的牛角号齐鸣，响遍行云，康亲王杰书、安亲王岳乐、简亲王喇布、贝勒尚善、贝勒洞鄂，终于控制不住感情，激动得流下了热泪。康熙帝庄严地传谕："出征！"并把他们送至西长安门外，目送他们的身影消失在远方地平线上，才返回紫禁城中。

"三藩"叛军，连战连败。吴三桂为挽救其颓势，于1678年（康熙十七年）即皇帝位于衡州，是年即死，部将拥其孙吴世璠继位。但颓势不可挽救，清兵由江西攻入湖南，长洲、衡州相继陷落，长江防线亦破，世璠等逃回云南。1681年（康熙二十年），清兵由四川、湖南、粤东三路攻入云南，包围昆明，城破，世璠自杀。耿精忠等亦被清兵解京处死。为时八年，波及十省的三藩叛乱至此平息。两年后，康熙又毅然对台用兵，一举收复了台湾，完成了天下统一的大业。在康熙除逆定位、统一天下的过程中，孝庄作出了无可比拟的贡献，影响和塑造了一代伟岸之君。

风雨五台山

说着说着，孝庄又哭了起来。康熙忙劝道："皇祖母不要太难过，过去的已经过去了，你看孙儿现在已长大了，先帝在九泉之下会体谅皇祖母的苦心的。""儿呀，额娘对不住你啊……额娘想你了……"孝庄的哭泣声划破了五台山寂静的天空……

这些日子孝庄天天做梦。一次她梦见一人身披金甲伏在她面前哭泣，昨晚竟看见先帝披袈裟，在五台山上遥望京师。于是孝庄决定要巡幸五台山进香。

来到乾清宫，康熙正与几位上书房的臣子们商讨东北罗刹国的事，忽听内侍高喊："太皇太后驾到——"抬头看时，祖母已在一位尼姑的搀扶下，来到了殿上，他忙起身来迎：

"太皇太后，有事派人来传一声，为何亲自来了？"

"没什么大事，哀家近日老是心神不定，晚上老做梦。想出京巡幸巡幸，解解闷。"

康熙忙笑道：

"如此小事何劳太皇太后费心，也该出京看看，散散心了，不知太皇太后想到哪儿去呢？"

"五台山。"孝庄神色庄重，目视前方若有所思地说。

"五台山？"众人大惊，五台山距离京城近千里远，还要翻山越岭，七十岁高龄的太皇太后怎能翻山越岭，长途颠簸呢？

康熙笑道："太皇太后若想上香求佛祖赐福大清子民，可选京郊的寺庙，五台山山高路远，车马劳顿，太皇太后的凤体怕吃不消。"

孝庄径自道：

"京郊寺院怎与五台山相比呢？那是释迦佛祖居住说法之地，真佛藏身之所。哀家已是黄土埋到脖子上的人了，还为自己祈求什么？我一心祈盼皇上帝位永固，天下太平也就安心了，所以五台山哀家去定了，皇上若忙，哀家一个人去。"

康熙忙笑道："祖母出巡，当然由孙儿陪伴，一同前往。"孝庄见康熙终于松口了，十分高兴。

康熙出生时父亲十七岁，母亲十五岁，他们自己本身还是孩子，再加上清规戒律，刚一落地便由奶妈抚养，八岁时，父亲驾崩，十岁时，母后仙逝。父母对他来说只是一个模糊的身影。所以对东陵中孝陵里的父母，只有道义上的忠孝之念，并无多少真情可言，可他对眼前的祖母充满了感激和依恋之情。在他幼小时，从祖母那儿得到了人间亲情，祖母不仅选立他为帝，而且精心照料和教诲他成长，并帮他出谋划策，无论出巡、谒陵、避暑从不离开左右。现在祖母要到东陵看看先帝，康熙也可拜祭先帝和母后。

穿过陡峭的山口，迎面是一片方圆数百丈的平原，绿茵如盖。平原的北边是一座巍峨的高山，此山曰昌瑞山，山南麓已有一座高大坟墓，另一侧，正有人在修墓，这就是被历代风水先生称为"万年龙虎抱"的风水宝地。那高大的陵墓下葬着大清入关后的第一位皇帝，孝庄太皇太后的儿子、康熙的父亲——顺治帝福临。

康熙翻身下马，上前搀扶孝庄，众侍卫分列两侧，禁军们也围住了陵门。进了陵门，迎面有一穿堂，两侧有宫室，供谒陵人休息。过了穿堂，有一片宫宇，那是皇上的行宫。一轮皎洁的明月挂在东面的山头，山里的夏夜很寂静，空气中弥漫着一股泥土气息，混和着野草味和各种花香。

山坡上有一座巨大的陵墓，墓前的石碑上依稀可见有一行字："体天隆运定统建极英睿钦文显武大德弘功至仁纯孝章皇帝之墓。"碑前有一个很大的平台，上面摆放了各种各样的时令水果和酒菜。三炷香燃起三个红点，朦胧月光下，可见紫烟袅袅。

"福临呀，额娘来看你了，你的儿子也来看你了，你就安心吧！福临啊，额娘对不住你，不该逼你啊！"

老人伸出颤抖的手，轻轻抚摸着陵墓，就像轻轻抚着儿子的脸一样。孝庄扶着陵墓走了一圈，最后在墓前一个平台上坐下来，康熙不愿打碎她的美梦，不去劝她，他知道祖母心中有一个流血的伤口，她虽极力掩饰，但伤口仍在不断流血，任何人也抚慰不了，只有让她把痛苦发泄出来，伤口才会慢慢愈合。康熙看着祖母那欲哭无泪、欲言又止的神情，很是伤心。

康熙知道祖母老了，对儿子的思念和内疚也与日俱增，不由得劝道：

"皇祖母不必伤心，孙儿明白您的心情，当年所做的一切，都是一个母亲应该做的。"

听了这话，孝庄更伤心，竟嘤嘤地哭出声来，像个委屈的孩子似的，哭泣道：

"玄烨呀，难得你如此设身处地地为哀家着想，哀家最近老是梦见你父皇，他一会儿对哀家笑，一会儿对哀家哭，搅得哀家心神不宁；也不知哀家做错了什么事，上苍早早地带走了你的先父，竟不给我们母子一个沟通的机会。"

"人已不在这么多年了，还这样自责和内疚有什么用呢？是皇阿玛把自己放错了位置，不按皇帝的要求去做，固执地去追求应该舍弃的东西，这是命运，是大清的一劫，又能怪谁呢？皇祖母不必如此难过。"

听了皇孙的话，孝庄不但没有停止哭，反而更伤心了，用手拍打着陵墓，大声道："你听到了吗，这是你儿子说的话。如果你听到了，还会怨额娘吗？儿啊，额娘快能见到你了，九泉之下，我们母子不要再争了。"

康熙不由自主地热泪满面，跪在墓前给先帝磕了几个响头，轻轻道："请皇阿玛不要再怨恨皇祖母了，现在你的儿子已主持朝政，天下统一，繁荣昌盛，你跟皇祖母应该高兴才是呀！皇阿玛，九泉之下请你放心，生前没尽的孝道，儿臣已替你尽了，儿臣一定会好好侍奉皇祖母，让她老人家安安稳稳地颐养天年。儿臣正在努力地做，儿臣不会给祖宗丢脸的。"

孝庄对康熙说："也不知为什么，哀家这些年老是梦见你皇阿玛，他身穿袈裟跪在地上哭，说是佛祖不许他出家。每次见他如此，哀家心里就如刀绞一般。你皇阿玛生前就一心想出家，但被哀家劝阻，他死后仍想当和尚，可还不能实现心愿，所以请孙儿去五台山上香，祈求佛祖开恩，了却你皇阿玛的心愿。这次佛祖终于同意了你皇阿玛的请求，允许他去五台山修炼。哀家一定要去五台山当面向佛祖致谢。"经孝庄这么一说，康熙这才明白皇祖母为何七十多岁高龄还亲去五台山。原来是为了去谢恩，真是可怜天下父母心啊！

在通往五台山的驿道上，人欢马嘶，车轮滚滚。渐近太行山了，路越来越难走。虽是驿道，但也是又窄又坎坷不平。由于车轿颠簸，康熙传旨放慢速度。迎面是一道慢坡，驿道要从坡半腰绕过去。御辇行在山坡上，道路崎岖不平，起伏跌宕，孝庄的御辇颠簸不已。康熙对祖母道："皇祖母，要不要停下休息休息？"

孝庄掀起帘子，看看马上的孙儿，满脸笑容，很轻松地道："没事，哀家吃得消，还是赶路吧，早到五台山，早了心愿，皇上回京还有要事要办。"

康熙笑道："什么事也比不上皇祖母的身体重要，还是保护凤体要紧。"

孝庄在辇内笑道：

"别担心，哀家能挺得住。皇上也要注意安全啊！"祖孙俩相互关心，相互鼓励着，不知不觉就穿过了这处险地。

御辇在山中艰难跋涉，行了十几日，终于来到了五台山下的龙泉关。

这是一个小镇，在五台山下，扼住北去恒山，南到太原，西到吕梁的交通要塞，地势险要，山中交通不便。大清在此驻兵，由于康熙已多次来巡，镇旁山脚下建有行宫，行宫建得不大也不豪华，仅是一处大四合院而已。

孝庄太后与康熙住于行宫内，其他的臣子住在行宫内的一些偏房小屋，康熙刚刚安顿停当，便传令道：

"费扬古，快派人去把此地的把总传来，朕有事问他。"

没过两分钟，把总满头大汗地跑来，伏地叩道："奴才叩见皇上，吾皇万岁！万岁！万万岁！"

"平身！朕此番前来是陪太皇太后来五台山进香的，所以想找道直通五台山。你在此驻守多年，不知可有山道可过御辇？"

把总闻言忙道：

"启奏皇上，五台山山高路陡，仅有两条山道可通峰顶，奴才在此多年，并未听说有道可过御辇。"

孝庄的心情十分激动，她根本不去想其他的，只想如何去佛祖面前进香，祈请佛祖保佑儿子在另一世界能获得新生，赐福给孙儿和大清子民，而对康熙的话一点儿也没听进去：

"皇上，哀家下了这么大的决心，不远千里，来到山下，不让哀家上山，哀家能答应吗？哀家已七十多岁了，还能来几次五台山？就是走，哀家也要走到山顶。"

康熙见祖母铁了心，也没办法，只好笑应道：

"既然皇祖母铁了心要上山，明日孙儿一定尽最大的能力让您老人家了却凤愿。"

孝庄太后起了个大早，天刚亮，她便起了床，在宫内走走，这是她几十年来养成的习惯，不喜欢睡懒觉。宫中的侍卫、随从早在忙活了，有的检查御辇的车轮、刹车，有的准备一些上山必备的东西。

太阳刚出来，太皇太后的御辇便出了宫，向五台山上驶去。

路越来越难走，辇车每上一个台阶都要费很大的力气。人似乎退化到了远古时期，需要借助前肢才能走。又上了几十个台阶后，路稍稍平缓了些，众人长出了一口气，脚下也渐渐放快。但大家知道，更艰难的路还在后面。

康熙与苏麻喇从辇中扶出孝庄，只见她神色紧张，喘着粗气，脸上已失去了常有的微笑，康熙拣了块大石头，苏麻喇走过来擦了擦上面的灰尘，蒙上一小块黄绸，扶孝庄坐了下来。

"皇祖母，还能坚持吗？"康熙关切地问。

"还行吧！不知到达山顶还有多远？"

康熙用手指着前方道：

"前面这段路最陡，如果能上去的话，到山顶就不远了。"

这时张英从那边小跑而来，伏地道：

"太皇太后，奴才奉劝太皇太后不要上山了。侍卫徒手而上，犹有坠崖之险，何况抬辇呢，万一有不测，奴才无法回朝面见群臣呀。"

康熙听了，也跪道：

"皇祖母，孙儿也请皇祖母下山，由孙儿代礼诸寺，以了心愿。"

孝庄再次看着那峭壁，她也动摇了。就是不抬辇，由人背也上不去。自己步行更不行，在平地走路仍蹒跚摇晃，何况在峭壁上呢。

沉默良久，又不由抬头望了望山顶，看那缥缈不定的云雾，她目光中流露出无限的神往和无奈，最终叹了口气，点点头道：

"看来哀家很难实现凤愿了，唉，人老了没用了，若再年轻十岁，哀家就是爬也要爬上去，现在没办法了，只有劳皇上登山代礼诸寺了。"

众人闻言大喜，康熙忙道：

"孙儿一定把皇祖母的话捎到佛祖那儿，也把老人家的心思说与佛祖听，想必他一定会原谅的。"

孝庄又长叹了一声，再一次抬头遥望那烟云缥缈的山顶。突然起身跪地，对着山顶磕了三个头，默默祈祷了一番，起身回到辇内。

"送太皇太后下山——"张英高声喊道。

康熙要亲自扶辇下山，孝庄劝道："皇上不必送了，还是上山吧！一上一下多累人，待会儿如何能上去？"

"皇祖母放心，孙儿年纪轻轻，再走两趟也没关系。等孙儿把您送下这陡坡，再上山。"

下了陡坡，康熙扶着辇道：

"皇祖母，孙儿去了，回到行宫好好休息。"

孝庄十分关切地望着康熙，心疼地道："皇上若累了，可明日再上山。"

"孙儿不累，今日清凉寺为佛祖举行开光大典，住持还等着孙儿剪彩呢。皇祖母回宫吧，孙儿一定会代皇祖母向佛祖上香，并向佛祖解释清楚的。"

孝庄点点头，挥挥手道：

"去吧，路上小心！"

康熙带着几位大臣和十几位侍卫近身而去，重新攀登那段山路。孝庄太后伫立山下，遥望着那高高的山顶，默默地祈祷："儿啊，愿佛祖开恩，收你为徒，你在九泉之下好好修炼吧！"

康熙来到山顶，低声对费扬古道：

"传朕的旨意，佛祖开光大典，朕就不剪彩了。让方丈派一高僧陪朕到后山佛祖讲法处为佛祖上香。"

不多时，费扬古带了一名僧人来到茶亭，那僧人也不多说，低头引着几个人向后山走去。康熙到几个寺庙一一上了香，又暗暗把祖母亲临五台山之事说给佛祖听，请佛祖能体谅一位七旬老人的心情。

康熙感觉这次上香，比前三次更虔诚，也更心动。此刻的皇上想独自一人静一静。他登上五台山山顶，回头看看费扬古、张英等人，轻声道："你们先下去吧。"

费扬古默默点头，带众人后退至百步外，康熙看看身后的众人，又看看前面的一座小山峰，轻轻迈步，独自去登那个峰顶。踏上峰顶，环顾四周，群山环抱，起伏连绵，郁郁葱葱，向阳的山坡苍松翠柏，山谷中烟雾缭绕，恍若仙境。

不远处的山顶上，清凉寺静静地立在那儿，登高俯视，那座古寺青砖灰瓦，朱栋雕栏，三进院落，殿宇整齐，大门口人来人往，川流不息，寺内紫烟袅袅。善男信女，神色虔诚。康熙替祖母做完佛事便下山了。

太皇太后下榻在九泉关的行宫内，宫中灯火辉煌，康熙坐在孝庄的榻前，详细汇报着五台山各寺上香的情况。孝庄不时地点头。最后，康熙还是忍不住问道：

"皇祖母，先帝来过五台山吗？"

孝庄吃惊地望着康熙道："先帝生前有意巡幸五台山，可就在临行前突然生病而崩，夙愿未了。哀家想起此事便觉不安，这才让皇上多次巡幸五台山，以了先帝的心愿。"

说着说着，孝庄又哭了起来。康熙忙劝道："皇祖母不要太难过，过去的已经过去了，你看孙儿现在已长大了，先帝在九泉之下会体谅皇祖母的苦心的。"

"儿呀，额娘对不住你啊……额娘想你了……"孝庄的哭泣声划破了五台山寂静的天空……

英魂归宿清东陵

她鼓足了全身最后一丝力气，抓住孙子的手，作出了她一生中最后的决定，她谆谆嘱咐康熙皇帝："玄烨，哀家去后，要节哀，要以万机为重。我身后之事特嘱你，太宗文皇帝梓宫安奉已久，卑不动尊，此时不便合葬。若别起茔域，未免劳民动众，究非合葬之义。我心念你们父子，不忍远去，务必于遵化安厝，我心无憾矣……"

自从孝庄从五台山回来后，不知是完成了心愿，还是心灵得到了一丝安慰，她强撑着的精神骤然松弛了下来，身体也大不如以前，日渐消瘦。

第二天一早，慈宁宫的宫女发觉有些不对，往日太皇太后已唤人起床，可今天没有，宫里静悄悄的，蒙娃有些惊异，难道太皇太后喊过了，没有人听到？

蒙娃只好不召而进，到了榻前，只见太皇太后满脸潮红，嘴唇干裂，正喃喃而语。这下可把蒙娃惊坏了，慌忙惊呼数声："太皇太后，太皇太后，您怎么啦！"

孝庄没有睁眼，只是转了转头，表示听到了，蒙娃用手试了试额头，很烫，忙惊叫道："快传太医，太皇太后病了。"

不多时，两名太医来到宫中，望闻问切后，开了一副药方。蒙娃问道："王御医，太皇太后的病情如何？"

王御医顿了顿道：

"太皇太后已七十余高龄，任何小病都不能忽略。人老了身子骨就不硬朗了，哪怕一点小病也能惹出大祸。眼下太皇太后得的是风寒，应该马上告诉皇后和京外的皇上。"

蒙娃点了点头，差了两名宫女去坤宁宫，当面禀告皇后，皇后闻言，急急忙忙来到慈宁宫。

"皇祖母！皇祖母！您怎么啦？"皇后跪在孝庄的病榻前，凄声呼唤着。孝庄微微睁开了眼，看了看眼前的一切，又闭上了。

一个宫女悄悄过来，附在皇后的耳边小声奏道："皇后娘娘，明大人来了。"

"宣他进来！"

明珠来到殿内，见太皇太后躺在榻上，身上盖着薄被子，皇后跪立在榻前，六宫嫔妃也全跪在殿内。

"奴才闻太皇太后凤体欠安，十分不安，特来给太皇太后问安，请太皇太后安心养病，凤体早日康复。"此次皇上出塞避暑，京城之事全托与明珠。

"明大人，你过来。"孝庄道。

明珠以膝代步，来到榻前，伏在地上，孝庄很吃力地大声说道："哀家这病一时也好不了，不过也没什么大碍，皇上正在塞外，不要惊了他。"

明珠忙道：

"太皇太后已七十多岁高龄，虽是小疾也不可忽略，奴才以为，此事应立刻奏报皇上，皇上乃忠孝之君，对太皇太后孝顺之至，万一有一点闪失，奴才和娘娘都担当不起啊！"

皇后也觉得明珠所言极是，于是道：

"此事就由明大人起草奏章，明日以六百里加急奏报皇上。"

五天后，康熙驰马直奔慈宁宫。见到祖母双目紧闭，十分伤心，跪在榻前，泣声道："皇祖母，皇祖母……"

孝庄听到孙儿的声音，马上睁开双眼，吃力地笑笑，举起双手抚摸着康熙的脸。康熙用双手抚着那双发烫的手，十分悲痛，他知道祖母正在发高烧，转脸问皇后：

"药吃了吗？"

"回皇上，刚喂过药。皇祖母正在发热，喝药后，正在散热，所以，身上很烫。"

三位御医伏在地上，等候皇上垂询。

"王御医，太皇太后的病情如何？"

"回皇上，太皇太后染上的是风寒症。此病即便是年轻人染上，也没有治愈的一定把握，更何况是七十多岁的老人。奴才无能，对此苦无良策。眼下能做的，只有稳定病情，迁续时日。至于太皇太后能否康复，奴才还没有把握。"

另一位御医见康熙伤心垂泪，忙伏地劝道：

"皇上不必悲伤。太皇太后此病，乃衰老所致，身体各处的机能都已衰退，并非一两副药就可奏效，但并非一点希望都没有。太皇太后一生坎坷，为大清立下了汗马功劳，上苍一定会赐福给太皇太后和皇上，奇迹一定会出现。请皇上放心。"

康熙知道御医是在安慰自己，奇迹的出现是微乎其微了，挥手道：

"罢了，尔等就候在慈宁宫里，随时待传，跪安吧！"

康熙端起药碗，舀一勺放在嘴前吹吹，然后亲自用舌尖试试汤药热不热，等到不凉不热时，才放到祖母的唇边，慢慢喂下。十分小心，十分有耐性，让宫女、太监们真心敬佩他的孝心。

晚上，康熙席地而坐，隔幔静候，见祖母昏睡，只好取过几封奏折来阅。这是西北抚远大将军图海的奏折，说噶尔丹图谋不轨，窥视中原，现正在招兵买马，有犯边之意。康熙不由心烦意乱，宫中祖母病危在床，边境强敌虎视中原，罗刹国在东北屡屡犯境，噶尔丹又在西北跃跃欲试，中原刚刚平定三藩，攻取台湾，臣民尚未喘息，国力还没有恢复，看来又要用兵了。唉，中原的百姓还要增加赋税。他们会不会骂朕横征暴敛，朕若不加征，西北如何用兵？若西北不用兵，必将养虎为患。等到噶尔丹的势力更强大时，战事很难在短时间内结束，到时候，百姓的苦难会更深。

康熙日夜守护在病榻前，脸色显得有些憔悴。孝庄每次醒来，都能看到孙儿在自己的眼前，精神上有莫大的安慰。

康熙知道，祖母当年下嫁虽迫不得已，也确实得到了满族贵族们的认可，可现在朝中掌握大权的人有不少是汉人，汉人讲究这些。就是现在的满臣也已深受汉人的影响，思想上已基本汉化。他们不会同意让太皇太后与太宗合葬，如果不让太皇太后与太宗合葬，如果不让太皇太后归葬昭陵，先帝的脸面，朕的脸面放在哪儿？老人家的一生为大清耗尽了最后一滴心血，死后连皇陵都不能进吗？这让做儿子的、做孙子的于心何忍？想来想去，康熙去天坛为祖母祈福延寿，希望天人合一，上苍赐福。

就在康熙向天祈祷的时候，孝庄太后从昏迷中醒来，躺在病榻上，静静地在宫中聆听着天籁。

"太皇太后，皇上去天坛为太皇太后祭天祈祷去了。"蒙娃跪在榻前，附在她耳边轻声道。

孝庄闻言，轻轻一笑。她知道自己已经被死神操纵于股掌之中了，谁也救不了自己。死亡真的要降临，她反而平静了。虽然她曾多次想象自己如何死去，以何种方式离开这个世界，可每次都是在一丝惊悸和莫名的恐惧中结束这种幻想，但今天不行了，她不能不想到"死"。她曾对孙儿说自己不怕死，那是她安慰孙儿的。她是怕死的，不是留恋这个世界，而是有一块心病，她不知该如何向孙儿诉说。现在孙儿长大成人，有千古帝王的风范，大清在他手上一定会固若金汤，永垂帝统。可对儿子她愧疚太多，但将他的后代抚育成人，保住大清的基业，儿子若九泉有知，会原谅自己的。

最令她难以面对的是死去已四十年的丈夫，自己下嫁多尔衮，无论对自己、对丈夫在今天看来都是有辱名节的事。若葬于盛京，定会遭到反对、诋毁与猜疑，即使凭孙儿的帝威勉强行事，对后世子孙来说，也是一个难言的尴尬。怎样做才能不损皇族的尊严，又不让孙儿为难呢？没有办法做到这一点，看来，这次又要牺牲自己来维护皇室的荣誉与尊严了。

孝庄慢慢睁开眼，大殿的屋顶旋转了起来，良久，才慢慢停下来。她试着抬头，可怎么也抬不起来，自己的手、脚也不听使唤。

"皇祖母。"耳旁这一声呼唤，把孝庄的魂魄又重新拉回到了躯体内，她艰难地动了一下头，只见榻前跪满了人，最前面的是孙儿康熙，后面是皇后、皇贵妃及后宫的嫔妃，几位小皇子也跪在大人的后面。他们虽然对榻上的病人不太熟悉，但他们知道，那是大清国最伟大的人。

孝庄的头脑十分清醒，她知道这可能是回光返照，自己的大行之期就在今日，心中的话必须说出，否则就没机会了。张开嘴，用力说道：

"你们都下去吧，哀家要和皇上说几句话……"

所有的人都一一退了出来，暖阁里只剩下病榻上将要离去的病人和跪在榻前的亲人。

孝庄望着早已是泪流满面的康熙，自己也一阵阵心酸，两行热泪情不自禁地流了出来，她张了几次嘴，可喉头像堵上了一块石头，心头有千言万语，却不知从何说起。时间在一分一秒地过去，祖孙俩就这样默默地对视着，任凭泪水肆流，康熙伸出手，轻轻拭去祖母脸颊的泪水，轻声安慰道：

"皇祖母，有什么话就说吧。"

她鼓足了全身最后一丝力气，抓住孙子的手，作出了她一生中最后的决定，她谆谆嘱咐康熙皇帝："玄烨，哀家去后，要节哀，要以万机为重。我身后之事特嘱你，太宗文皇帝梓宫安奉已久，卑不动尊，此时不便合葬。若别起茔域，未免劳民动众，究非合葬之义。我心念你们父子，不忍远去，务必于遵化安厝，我心无憾矣……"

康熙听了这些话心如刀绞，他完全理解祖母内心的苦衷，伏在榻上大哭道："皇祖母为大清耗尽了心血，最终不能按理归葬，这不是让孙儿不孝吗？孙儿怎么忍心啊？不！不！孙儿做不到！"可无论康熙再怎么大哭大喊，孝庄也无力回应。

"来人！快来人！"康熙大声喊道。

两名御医飞快跑进屋，跪在榻前，仔细打量了一下，轻轻地摇头。康熙突然感觉自己的手在颤抖，在痛，这才看见祖母的一只手仍死死地握着自己的手，很紧，很紧……

御医伏在地上，低声道：

"皇上，太皇太后驾崩了！"

康熙二十六年（1687年）十二月二十五日，孝庄文皇后病逝于慈宁宫，享年七十五岁。

康熙如梦初醒，仔细望着祖母，原本泛着红晕的脸开始变得苍白，剧烈起伏的胸脯也停了下来，紧握着自己的那只手渐渐变凉了，双眼紧闭，表情很安详。

"皇祖母，你不能走啊！你怎么可以丢下孙儿啊！"康熙终于醒了过来，伏在祖母的身上大哭起来。

一时间，守候在外的后宫妃嫔和殿外等候的诸王公大臣，个个扑地痛哭，哀声四起，声震殿宇。此时的康熙哀恸已极，顿足捶胸，呼天抢地。

康熙二十六年十二月二十七日，康熙下令将孝庄皇后生前素喜居住的五间慈宁宫撤下移建于昌瑞山清东陵的孝陵附近，为孝庄举行了俭朴的葬礼。从京都到遵化的路上，康熙亲自披麻戴孝，扶柩而行。此后，每年清明，昌瑞山下的五间大殿都会迎来康熙和他的百官，伫立灵前默默祈祷祝福。

孝庄为了辅佐福临、玄烨两代幼主，倾注了自己的全部心血，为大清王朝作出了卓越的贡献，深受后代子孙们的尊敬和爱戴。她奠定了康乾盛世基业。顺治康熙朝还是比较开放的，乾隆朝正值西方工业革命时期但因实行闭关锁国政策而拉大了中西方的差距，出现了盛极而衰的颓势，这是后话，此不多述。

孝庄文皇后的梓宫在安奉殿停放了三十八年之久，而最终于雍正三年（1725年）才由曾孙胤禛安葬于清东陵的风水墙外的地宫内。因其位于皇太极昭陵以西，故称昭西陵。她是一个野性的女人，来自茫茫的蒙古草原；她是一个神奇的女人，先后征服了两个逐鹿天下的男人的心；她是一个睿智的女人，翻转于政治的风口浪尖，为大清帝国开辟了盛世伟业；她是一个神秘的女人，没有人了解真正的她。她是中国封建社会盛世女杰第三人。

再版后记

  我主编的《兴国皇后孝庄》在 2007 年 1 月出版，2009 年重印一次，出版后受到不少读者关注。有鼓励的，有提意见的，也有不少读者要求邮购，还有读者问我是否变懒不干了。所以，我受出版社委托对该书修订再版，以应读者之需。这次再版，书名改为《智慧与传奇：孝庄太后》，整个内容也作了大的修改。这次修订再版主编是李古寅、田方；副主编是李欣容、孟晗、岳晓华、胡海鹰；编委是孟晗、田方、李欣容、岳晓华、胡海鹰；插图李长松。严真、王瑞曾撰写部分初稿。

  路漫漫其修远兮，吾将上下而求索。知我者谓我心忧，不知我者谓我何求。知人者智，自知者明。我致力于古籍整理、古文献开发、传统文化和中国古代思想史研究有年，虽然竭忠尽职，但真正满意的成果不多。现在，全社会焦躁轻浮，急功近利，投机取巧者众，踏实苦干者寡，能静心写书的有几人？能坐下来读书的又有几人？我虽然老迈愚钝，但当悬鞭自警，以不负读者厚望。本次再版，曾得到中国言实出版社张志华主任、商丘师院图书馆贾光主任的不少帮助，谨致谢忱。

李古寅

2015 年 5 月 29 日于郑州

（止）